18214
H

CATALOGUE

DE LA
BIBLIOTHEQUE
DE M. COUVAY,

CHEVALIER DE L'ORDRE DE CHRIST,

SECRETAIRE DU ROY.

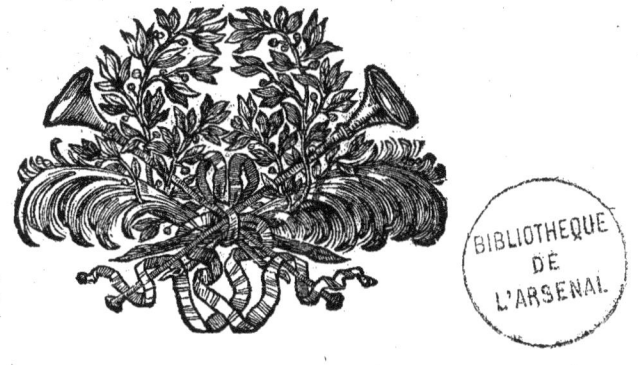

A PARIS,

MDCCXXVIII.

CATALOGUE
DE LA BIBLIOTHEQUE
DE M. COUVAY,
CHEVALIER DE L'ORDRE DE CHRIST,
SECRETAIRE DU ROY.

THEOLOGIE in Fol.
ECRITURE-SAINTE.

BIBLES POLYGLOTTES.

IBLIA POLYGLOTTA, curantibus Cl. Viro Mich. le Jay, & aliis doctissimis Viris. *Parisiis*. Vitré. 1645. 10. Vol.
  BIBLIA Polyglotta cum Apparatu, Appendicibus, Variis lectionibus & Annotationibus. Edidit Brianus Walton. *Londini*. 1657. 8. Vol.

BIBLES HEBRAIQUES.

BIBLIA Hebraïca, cum Nova Sebast. Munsteri Translatione & Notis. *Basileæ* 1534. 2. Vol.

TRADUCTIONS DE LA BIBLE.

Vetus Testamentum secundùm LXX Versionem latinè redditum, & ex auctoritate Sixti V. editum. *Romæ.* 1588.

La Sainte Bible en Latin & en François, avec des Nottes litterales. Par M. le Maître de Sacy. *Paris.* Desprez & des Essarts 1717. 4. Vol.

La Biblia que es los sacros libros del viejo y nuevo Testamento. 2. Ediçion revista y conferida con los textos Hebreos y Griegos, y con diversas translaçiones. Por Cypriano de Valera. *Amsterd.* Lor. Jacobi 1602.

Biblia en lengua Española traduzida Palabra por Palabra, de la Verdad Hebraïca. Por muy exçelentes Letrados. *Amsterd.* Gilly Joost. ann. mundi 5606.

COMMENTATEURS DE DIFFERENS Livres de la Bible.

Martini Borrhæi in Mosem divinum Legislatorem Commentarii. *Basileæ.* Joh. Oporinus. 1555.

Hier. ab Oleastro Lusitani, Prædicatorum Ordinis, Commentaria in Mosis Pentateuchum. *Antuerpiæ.* Vidua & Hæredes Stelsii. 1569.

Petri Martyris Vermilii Florentini in duos priores Libros Regum Commentaria. Ed. 2. auctior. *Tiguri.* Froschoverus 1567.

Aurea quinquaginta in Davidicos Psalmos Doctorum Græcorum Catena, interprete Daniele Barbaro, Electo Patriarcha Aquileiensi. *Venetiis.* Georg. de Caballis. 1559.

Commentaria in Psalmos Davidicos, Auctoris incogniti, nunc verò cogniti, R. P. Michaëlis Ayguani Ordinis Carmelitarum Præpositi. Edit. 8. *Lugduni.* Devenet. 1652.

Rey pacifico y Govierno de Principe Catolico sobre el Psalmo 100. Por el Padre Salvador de Mallea, de la Orden de la Redençion de los Cautivos. *Genovæ.* Barberio. 1646.

Cantici Canticorum Salomonis interpretatio, Auct. Lud. Soto-Mayor, Ordinis Prædicatorum. *Parisiis.* Mich. Sonnius. 1605.

Joh. Harthungi Enarratio Evangeliorum & Epistolarum. *Basileæ*. Joh. Hervagius. 1546.

R. P. Didaci de Baeza Soc. J. Commentaria moralia in Evangelicam Historiam. *Parisiis*. Sonnius 1629. 2. Vol.

EXPOSITIO Epistolæ D. Pauli ad Colossenses, per Episcopum Salisburiensem. Ed. 3. *Cantabrigiæ*. 1639.

HISTOIRES DE LA BIBLE.

HISTOIRE du Vieux & du Nouveau Testament. *Amsterdam*. Mortier. 1700. 2. Vol.

DISCOURS Historiques, Critiques & Moraux sur les Evenemens les plus mémorables du Vieux & du Nouveau Testament, par M. Saurin Ministre à la Haye, avec des Figures gravées sur les desseins de Mrs Hoët, Houbraken & Picart. Amsterdam 1720. 2. Vol.

VIES DES PATRIARCHES.

EL Governador Christiano deducido de la Vida de Moysen. Por el Maestro Fray Juan Marques, de la Orden de S. Augustin *Madrid*. Emprenta Real. 1640.

JOANNIS de Pineda de rebus gestis Salomonis Commentarii. *Lugduni*. Cardon. 1689.

EL Daniël Cortesano. Por el Rev. Señor D. Fr. Joseph Lainez Opisbo electo de Solsona. *Madrid*. Sanchez 1644.

EL privado Christiano deducido de las Vidas de Joseph y Daniel, por Jos. Laynez de la Orden de S. Augustino.

EL Principe Escondido; Meditationes de la Vida oculta de Christo, desde los doze hasta los treinta años. Por Marcos Salmeron. *Madrid*. Pedro de Horna y Villaneva 1648.

CRITIQUES SUR L'ECRITURE.

CRITICI sacri, sive Doctissimorum virorum in SS. Biblia Annotationes & Tractatus. *Londini*. 1660. 10. Vol.

TRIPLEX Index locorum Scripturæ Sacræ, Vocum Hebræarum, Rerum necnon Verborum Latinorum & Græcorum quibus in operibus J. Cocceii lux affertur. *Amstelodami*. Lomeren. 1679.

HIEROZOÏCON, sive de Animalibus

Scripturæ-Sacræ, libri duo Auct. Samuele Bocharto. *Londini*. Roycroft. 1643. 2. Vol.

BERN. Lamy Congregationis Oratorii Presbyteri, de Tabernaculo Foederis, de Sancta Civitate Jerusalem, & de Templo ejus Libri VII. *Parisiis*. Delespine 1720.

CLAVIS Scripturæ-Sacræ, Auct. Matthia Flaccio Illyrico. *Basileæ*. J. Oporinus. 1567.

AUGUSTINI Marlorati Thesaurus S. Scripturæ Propheticæ & Apostolicæ. Edit. 2. *Genevæ*. 1624.

DICTIONNAIRE Historique, Critique, Chronologique & Litteral de la Bible, par le P. Aug. Calmet. R. B. *Paris*. Emery 1722. 2. vol.

HARMONIES DE L'ECRITURE.

HARMONIÆ Evangelicæ Libri IV. Græcè & Latinè Auct. Andræa Osiandro. *Basileæ* 1561.

J. CLERICI Harmonia Evangelica, *Amstelodami*. Huguetan. 1700.

PERES DE L'EGLISE.

S. JUSTINI, Athenagoræ, Theophili, Tatiani & Hermiæ Opera, Græcè & Latinè. Coloniæ. Meyer 1686.

LES Oeuvres de S. Justin mises de Grec en François, par J. de Maumont. *Paris*. Vascosan 1554.

ORIGENIS in Sacras-Scripturas Commentaria quæcumque Græcè reperiri potuerunt. Ex interpretatione & cum Notis Pet. Danielis Huetii. *Rothomagi*. Berthelin. 1668. 2. Vol.

Q. SEPTIMII Florentis Tertulliani Opera, ex Edit. Rigaltiana, de novo edidit, notisque & dissertationibus illustravit Phil. Priorius. *Lut.-Parif.* Le Petit. 1675.

LES Lettres de S. Augustin traduites en François par M. du Bois de l'Academie Françoise, avec des Remarques. *Paris*. Coignard. 1684. 2. Vol.

RECUEILS d'ANCIENS MONUMENS

D. LUCÆ d'Achery, M. B. Spicilegium, sive collectio Veterum aliquot Scriptorum qui in Galliæ Bibliothecis hactenus delituerant. E.N. Curantibus Edm. Martenne. M. B. & Lud. Franc. Josepho de la Barre.

Parisiis

Parisiis. Montalant 1723. 3. Vol.

JOH. Mabillonii vetera Analecta, Iter Germanicum & quædam alia. *Parisiis*. Montalant. 1723.

VETERUM Scriptorum & Monumentorum Historicorum, Dogmaticorum, & Moralium amplissima Collectio. Studio Edmundi Martenne & Ursini Durand M M. B B. è Congregatione. S. Mauri. *Parisiis*. Montalant 1724. 3. Vol.

THEOLOGIENS.

ARBOL de la Ciencia de el iluminado Maestro Raymundo Lulio, nuevamente traducido por el Teniente de Maestro de Campo General D. Alonso de Zepeda y Adrada, Governador de el Thol-huys. *Brussellas*. Foppens. 1663.

LAS Catorze Questiones del Tostado *Burgos*. 1545.

LIVRES DE DEVOTION.

EVA è Ave ou Maria Triumfante. Por Antonio de Sousa de Macedo. V. E. *Lisboa*. Galram. 1720.

AGRICULTURA Christiana, Moral, y Politica. Por el P. Juan de Pineda de la Orden de S. Francisco. *Salamanca*. 1690. 2. Vol.

LIBRO de la Verdad, donde se contienen dozientos dialogos sobre la conversion del Pecador. Por el Maestro Pedro de Medina. *Malaga*. Juan Rene. 1620.

CUPIDO Prostrado, Amor profano Desvanecido, Trattado Moral. Por Gregorio de Olivares, Mestre Escola da sé da Guarda. *Lisboa*. Manescal. 1709.

OBRAS del muy R. P. Maestro Luys de Granada de la Orden de santo Domingo. *Girona*. Basp. Garrich. 1720. 2. Vol.

LA introduction del Symbolo de la Fe. Por el muy R. P. Maestto Fray Luis de Granada de la Orden de santo Domingo. *Barcelona*. Hier. Margarit. 1643.

OBRAS Espirituales del P. Pedro de Rivadeneyra de la Companhia de Jesus. N. E. *Madrid*. 1690.

OBRAS Christianas del P. Juan Eusebio Nieremberg, de la Companhia de Jesus. *Madrid*. Emprenta Real. 1665. 3. Vol.

DISCURSOS de varia Historia que tratan de las Obras de misericordia, y otras materias morales. Por el Licenc. Diego de Yepes. *Toledo.* Rodriguez. 1592.

MYSTICA Ciudad de Dios. Por Sor Maria de Jesus, Abadeſſa de el Convento de la immaculada Concepçion de la Villa de Agreda. N. E. *Amberes.* 1722. 3. Vol.

DISCURSOS Theologicos y Polyticos compueſtos por el Fr. Juan Martinez, Confeſſor del Rey Nueſtro Señor. *Alcala de Henares.* 1664.

JARDIN de Amores ſanctos, y Lugares comunes. Por el Padre Fray Franc. Ortiz Lucio, de la Obſervancia de S. Franciſco. *Alcala de Henares.* Liquerica. 1589.

THEOLOGIENS MAHOMETANS.

ALCORANI Textus univerſus Arabicè & Latinè, cum notis & illuſtrationibus Lud. Maraccii. *Patavii.* è Typog. Seminarii. 1698. 2. Vol.

THEOLOGIE In Quarto.

ECRITURE-SAINTE.

BIBLES HEBRAIQUES.

BIBLIA Hebraïca cum punctis. *Pariſiis* ex Edit. Roberti-Stephani. 1543. 4. Vol.

TRADUCTIONS DE LA BIBLE.

BIBLIA Sacra Vulgatæ Editionis juſſu Sixti V. P. M. recognita. *Antuerpia.* Ex Officina Plantiniana. 1650.

TRADUCTIONS DE DIFFERENS Livres de la Bible.

LE Nouveau Teſtament de Nôtre-Seigneur Jeſus-Chriſt, traduit en François ſur l'Original Grec, avec des Nottes Litterales. Par Charles de Beauſobre & Jacques Lenfant. *Amſterdam.* Hubert. 1718. 2. Vol.

COMMENTATEURS DE l'Ecriture-Sainte.

COMMENTAIRE Litteral ſur tous les Livres de l'Ancien & du Nouveau Testament. Par le P. Calmet R. B. II. E. *Paris*. Emery 1715. 32. Vol.

Los dos Estados de la Espiritual Hierusalem sobre los Psalmos CXXV Y CXXVI. Por el Maestro Fray Joh. Marquez de la Orden de S. Augustin *Medina-del-Campo*. Lasso. 1603.

Conjecturas sagradas sobre les Prophetas primeros. Por el H. R. Ishak de Acosta. *Leyden*. Ann. Mundi 5482.

David perseguido y Alivio de Lastimados. Por el Doctor D. Christoval Lozano. II. E. *Valencia*. Ravanals. 1698. 3. Vol.

El Hijo de David mas perseguido Jesu-Christo. Por el Doctor D. Christoval-Lozano. *Barcelana*. 1716. 3. Vol.

Escuela de Daniel, discursos Politicos y morales à su profecia. Por el Doctor D. Gines Miralles Marin Colegial en el de S. Clemente Martyr de la Universidad de Alcala de Henarez. *Madrid*. Juan d'Ariztia 1722.

CRITIQUES SUR L'ECRITURE.

Histoire Critique du Vieux Testament. Par le P. Richard Simon. *Amsterdam*. 1650.

Introduction à l'Ecriture-Sainte, traduite du Latin du P. Lamy. *Lyon*. Certe. 1709.

PERES DE L'EGLISE.

Traité d'Origenes contre Celse, traduit du Grec par Elie Bouhereau. *Amsterdam*. Des-Bordes. 1700.

THEOLOGIENS.

Dissertations sur l'Existence de Dieu. Par M. Jacquelot. *La Haye*. Foulque. 1697.

La Religion Chrétienne prouvée par les faits. Par M. l'Abbé Houtteville. *Paris*. Dupuis. 1722.

Joh. Christ. Wagenseilii Tela ignea Satanæ. *Altorfi*. 1681. 2. Vol.

Philippi à Limborch de Veritate Religionis Christianæ Amica Collatio cum erudito Judæo. *Goudæ*. Ab Hoeve. 1687.

BENEDICTI De Spinofa Opera Pof-
thuma. 1677.

DE la Frequente Communion. Par M.
Arnaud, Docteur de la Maifon de Sor-
bonne. *Paris*. Vitré 1644.

SENSUS Sacræ Facultatis Theologicæ
Conimbricenfis circa Conftitutionem Apof-
tolicam quæ incipit *Unigenitus Dei Filius*.
Conimbricæ. 1717.

DEL Titulo de la Cruz de Chrifto Señor
Nueftro. Por Ant. de Laredo Salazar.

MYSTIQUES & SERMONAIRES.

TRIUNFOS de las Armas Catolicas
por interceffion de Maria N. Señora. Por el
Licenciado Juan de Tamayo Salazar, Secre-
tario de l'Obifpo de Plafenfia. *Madrid*.
Diego Diaz de la Carrera. 1648. 2. Vol.

LES quatre Livres de l'Imitation de Je-
fus, traduits & paraphrafez en Vers fran-
çois. Par P. Corneille. *Roüen*. 1656.

LAS Obras de la S. Madre Terefa de
Jefus E. II. *Anvers*. Emprenta Plantiniana.
1649. 3. Vol.

EXERCICIO de perfeccion y Virtu-
des Chriftianas. Por el Padre Alonfo Ro-
driguez. *Barcelon*. Bapt. Sorita. 1618.

EL attento. Por el Padre D. Eftevan
Ramos Monge del Orden de S. Bafilio.
Granada. Ochoa. 1677.

TRATADO Politico y Moral de la
Verdadera Amiftad chriftiana. Por el Li-
cenciado D. Juan de Arrelano Marino,
Inquifidor. *Murcia*. Lorente 1684.

LOS Sermones Dominicales y Santora-
les predicados en la Univerfitad de Sala-
manca. Por el P. Antonio Perez de la
Orden de fan Benito. *Medina del Campo*.
Laffo. 1603.

SERMOENS do P. Antonio Vieira da
Companhia de Jefus. *Lisboa*, 1679. 15.
Vol.

THEOLOGIE In Octavo & In Douze.

ECRITURE-SAINTE.

TRADUCTIONS DE DIFFERENS Livres de la Bible.

HEPTATEUCHUS, Job & Evangelium Nicodemi Anglo-Saxonicè; & Historiæ Judith fragmentum, Dano-Saxonicè. Opera Eduardi Thwaites. *Oxoniæ.* E Theatro Scheldoniano. 1678.

PSALTERIUM Græcè juxta Exemplar Alexandrinum: (Opera J. Pearsonii) *Oxoniæ.* E Theatro Scheldoniano. 1678.

PROVERBIOS de Salomon: Los doze Capitulos, desde el Cap. 10. al Cap. 22. traduzidos con dos comentos y parafrasis en nuestro idioma castellano. Por el P. M. Fray Alonzo Remon, Predicador y Coronista de todo el Orden de N.S. de la Merced. *Madrid.* Flamento. 1625.

ISAÏE traduit en François, avec une explication tirée des Saints Peres, & des Auteurs Ecclésiastiques. *Paris.* Roulland. 1679.

LE Nouveau Testament de N. S. Jesus-Christ, traduit en François selon l'Edition Vulgate, avec les differences du Grec. (Par Isaac le Maître de Sacy.) *Mons.* Migeot. 2. Vol.

LE Nouveau Testament de N. S. Jesus-Christ, de la Traduction des Docteurs de Louvain. N. E. *Paris.* Osmont 1701.

EL Nuevo Testamento revisto y conferido con el texto Griego. Por Cypriano de Valera. *Amsterdam.* Henrico Lorençi. 1625.

VIES DES PATRIARCHES.

DAVID perseguido del Marques Virgilio Malvezzi, traduz. de Toscano en Español Castellano. Por D. Alvaro de Toledo. *Barcellona.* Ped. Lacavalleria. 1636.

CREDITOS de la Sabiduria, y accion la mas discreta de el Rey Salomon. Por D. Juan Baños de Velasco y Azevedo. *Malaga.* Matt. Lopez. 1662.

El libro de la Reyna de Saba.
Jonas Propheta en otro tiempo Predicador de los Ninivitas; y en este, de todos. Por D. Antonio Ortiz de Zuñiga, Presbitero. *Madrid*. De Paredes. 1588.

CRITIQUES SUR L'ECRITURE.

Traité de la Verité, & de l'Inspiration des Livres du Vieux & du Nouveau Testament. Par M. Jaquelot. *Rotterdam*. Fritsch. 1715.
Regles pour l'intelligence des Saintes-Ecritures, (Par M. l'Abbé d'Asfeld) *Paris*. Etienne. 1716.
Compendio del Rico Aparato y Hermosa Architectura del Templo de Salomon. Por el P. Martin Estevan Jes. *Alcala*. Gracian 1615.

PERES DE L'EGLISE.

Les Regles de la Morale Chrêtienne, recueillies du Nouveau Testament, par S. Basile, (& traduites par Godefroy Hermant) *Paris*. Savreux 1661.
Apologetique de Tertullien de la Traduction de M. de Giry, de l'Académie Françoise. N. E. le Latin à côté. *Paris*. Jombert. 1684.
M. Minucii Felicis Octavius, cum integris omnium Notis ac Commentariis, novaq. recensione Jac. Ouzelii, cujus & accedunt animadversiones: insuper Joh. Meursii Notæ, & Liber Julii Firmici Materni V. C. de Errore Profanarum Religionum. *Lugduni-Batav*. Hackius. 1672.
Las Confessiones de S. Augustin traduzidas de Latin en Romance Castellano: Por el Padre Maestro Fray Sebastian Toscano de la Orden. de S. Augustin. *Amberes*. Mart. Nucius 1555.
L. Coelii Lactantii Firmiani Opera omnia quæ extant, cùm selectis Variorum Commentariis, Opera & studio Servati Gallæi. *Lugduni-Batav*. Hackius. 1660.
Govierno Politico y Santo, Hallado en los Libros de Consideracion de S. Bernardo, traducido y glossado por el Maestro Fray Joseph de Almonacid de la Orden de San Bernardo. *Madrid*. Alvarez. 1676.

THEOLOGIENS.

SYMBOLO de la Fe en Lengua y Letra China per el Padre Fray Thomas Mayor, de la Orden de Santo Domingo. Binondoc. 1607.

PROPUGNATIO Terminorum & Doctrinæ illuminati Doctoris Beati Raymundi Lullii circa Mysterium S. Trinitatis. Aut. D. Idelphonso de Zepeda Fortalitii Tholhuysiensis ad Scaldim Gubernatore. *Bruxellis.* Vivien. 1666.

MEMOIRES pour servir à l'Histoire des Controverses nées dans l'Eglise Romaine; sur la Prédestination & sur la Grace, depuis le Concile de Trente. *Cologne.* 1689.

NORTE Espiritual que muestra las Fiestas fijas y mobiles de todos los Dias del Año. Por Bernabe Veries, Racionero de Montalban. *Roma.* Luyg Grinani. 1630.

LIBIO de la Concepçion Virginal compuesto por el iluminado Maestro Raymundo Lullio, traducido en Español por D. Alonzo de Zepeda Governador de el Fuerte de Tholhuys y Dependientes. *Brusellas.* Vivien. 1684.

TRATADO de las siete Missas de señor San Joseph en reverencia de sus siete Dolores, y siete Gozos. Por el Padre Gabriel de Santa Maria Definidor General de Discalços de la Merced. *Cadiz.* Nuñez de Castro 1693.

EL mayor prodigio. Caso exemplar, Origen de las Missas de San Vincenté Ferrer. Por Franc. Redon de Valencia. *Madrid.* Ocampo 1634.

EXCELENCIAS del Nombre de Jesus, y su Cofradia. Por el R. P. Fr. Lucas de Santo Thomas, de la Orden de Predicadores. II. E. *Madrid.* Abad. 1697.

CAMINO del Cielo partido en siete Jornadas, para los siete Dias de la Semana. Por el Miguel Alfonso de Carranza de la Orden del Carmen. *Valencia.* Juan-Chrys. Garriz 1601.

INSTRUCCION y obligacion del Christiano fundada en los siete Sacramentos de la Iglesia. Por el R. P. Fr. Pedro de Drozeo Obispo de Temuia. *Madrid.* Juan de Paredes. 1656.

LA Tradition de l'Eglise, sur le sujet de la Pénitence & de la Communion, par M. Antoine Arnaud, Docteur de la Maison de Sorbonne. *Paris.* Vitré. 1653.

12 THEOLOGIE IN OCTAVO & IN DOUZE.

Casos raros de la Confeſſion, con reglas, y modo facile para hazer una buena Confeſſion general o particular. Por el P. Chriſtoval de Vega Jeſ. *Lisboa*. Juan de Corta. 1667.

Guia de Penitentes, Com regras, è modo facil para fazer huma Confiſaõ geral de muitos annos em menos de duas horas. Por D. Leon de S. Joſeph, Uliſiponenſe, Conego regrante de S. Agoſtinho. *Lisboa* da Coſta. 1675.

Essais de Morale de M. Nicole. *Paris*. Deſprez. 1713. 10. Vol.

Les Provinciales, écrites en François, par Louis de Montalte, (Blaiſe Paſcal) & traduites en Latin, en Eſpagnol, & en Italien, par Louis Wendrock. (M. Nicole.) *Cologne*. 1684.

Les Imaginaires & les Viſionnaires, (par M. Nicole.) *Cologne*. 1683. 2. Vol.

Traité de la Pratique des Billets entre les Négocians, (par M. Carrel.) Docteur en Théologie, II. E. *Mons*. Migeot. 1684.

Le Moine Marchand, ou Traité contre le Commerce des Religieux, traduit du Latin de Théophile Raynauld. *Amſterdam*. Brunel. 1714.

Traité des Diſpenſes du Carême, par M. Hecquet. *Paris*. Fournier. 1709.

Traité des Alimens de Carême, par M. Andry, Docteur & Profeſſeur en Medecine. *Paris*. Coignard. 1713. 2. Vol.

Del uſo bueno y malo de las Comœdias, y de ſu deſengaño : y como ſe devan permitir y como no. Por el Padre Fray Juan Gonçalez de Criſtaña de la Orden de San Auguſtin. *Madrid*. Martin. 1610.

Elogios de la Verdad è Invectiva contra la Mentira. Por M. F. Pedro Enrique Paſtor de la Orden de San Auguſtin. 1640.

Discurso de la Verdad. Por D. Miguel Mañera Vicentelo, Cavallero de la Orden de Calatrava. *Sevilla*. Lopez de Haro.

Escuela de la Verdad. Por el Padre Antonio Fuente la Peña Capuchino. *Madrid*. Lor. Garcia 1701.

Sacro Plantel de varias, y divinas Flores: fertil Primavera del ſupremo Jardin y celeſtial Floreſta. Precioſo Material de fragantes y oloroſos Ramilletes, para recreo eſpiritual de las Almas. Por el Fr. Balleſter

De la

de la Orden de la Redençion. *Valencia*. Claudio Macé. 1652.

HERACLITO Chriſtiano Vorando Vicios y Exortando Virtutes. Por el Doctor D. Miguel de Meca Bobadilla, Abad y Cura principal perpetuo de dicha paroquial. *Burgos*. 1693.

MANUAL de Exercicios Eſpirituaes, para ſer Oraçam Mental, em toto o diſcurſo do anno en Caſtelhano pelo P. Thomas de Villacaſtin da Companhia de Jeſus. *Lisboa*. Joaõ Galraõ. 1678.

IMAGE de la Vida Chriſtiana Ordenana por dialogos. Por el P. Fray Hector Pinto de la Orden de S. Hieronimo, Luſitano: traduz. en Caſtelhano. Por el Dotor Illeſcas. *Madrid*. Cuſin. 1572. 2. Vol.

EL Deſpretador en el ſueño de la Vida. Por D. Diego Enriquez de Villegas Cavallero y Comendador de la Orden de Chriſt; y Capitan de Coracas Eſpañoles. *Madrid*. Emprenta Real. 1667.

TRATADO para hazer buena Eleccion de Eſtado, eſcrito en latin por el Padre Leonardo Leſſio, y traduzid. Por el P. de la Porta, de la miſma Companía de Jeſus, natural de Amberes. *Pamplona*. 1624.

DIVERS ſujets de Méditation ſur les moïens de bien prendre l'eſprit de ſa Vocation, & pour ſe bien gouverner dans ſon Etat, tirées de diverſes Lettres d'un Serviteur de Dieu. *Paris*. Laize-de-Breſche. 1674.

PRÉPARATION à la Vie Religieuſe pour la Conduite ſpirituelle des Novices des Convens Réformez de l'Ordre du Mont-Carmel. *Paris*. 1664. 4. Vol.

DIRECTOIRE des Novices Chartreux, de l'un & de l'autre Sexe. 1676.

EL Conſeioro Chriſtiano, Politico, y Moral, muy neceſſario para qualquier eſtado de Perſonnas. Sacado à Luz aora nuevamente por el Licenciado Pedro de Ledeſma, Maeſtro de Eſcuelas de la Villa de Caſcante. *Valencia*. Friõ Meſtre. 1678.

EXERCICIOS Eſpirituaes muyto Uteis às Religioſas para ſe entreteremno Diſcurſo dos dez Dias em que ſe retiraõ à ſoledade. Compueſto en Frances pelo P. Hier. de Sens Lente de Theologia à Definidor da Provincia dos Capuchinhos de Paris. 1640. Traduzidos por huma Capuchinha Franceſa. *Lisboa*. Ped. Galrao. 1698.

D

EL Eſtudiante perfecto, y ſus Obligaciones. Por el P. Alonzo de Andrade Jeſuita. *Madrid*. Quiñones. 1644.

TRAITE' de l'Excellence du Mariage, de ſa néceſſité, & des moïens d'y vivre heureux, où l'on fait l'Apologie des Femmes, contre les calomnies des Hommes. Par Jacques Chauſſé, Sieur de la Ferriere. *Paris*. Charpentier. 1707.

TRAITE' de la Jalouſie, ou moïens d'entretenir la paix dans le Mariage. *Paris*. Joſſet. 1685.

IV. Inſtructions ſpirituelles tirées de diverſes Lettres d'un Serviteur de Dieu, pour ſe bien former à l'Oraiſon. II. L'idée de la Vie Religieuſe. III. De la paix de l'Ame. IV. De l'humilité & de l'avidité. II. E. *Paris*. Laize-de-Breſche. 1676.

LETTRES ſpirituelles qui contiennent divers avis pour la pratique des Vertus Chrétiennes & des Retraites. *Paris*. De Laize-de-Breſche. 1676.

CONFORTACION y Conſuelo de Puſilanimes. Por el Pad. Fray Miguel de la Guerra, de la Orden de San-Bernardo. *Valladolid*. Godinez de Millis. 1607.

INSTRUCTIONS Spirituelles pour ſe bien gouverner dans la tentation & dans l'affliction. *Paris*. De Laize-de-Breſche. 1676.

LETTRES Spirituelles ſur les Scrupules. *Paris*. De Laize-de-Breſche. 1676.

SERMONAIRES.

SERMONES Quadrageſimales R. P. F. Michaëlis Menoti Sacræ Theologiæ quondã Profeſſoris Pariſienſis, ab ipſo olim Pariſiis declamati, nunc denuò & diligentiſſimè Caſtigati, & Novis Legum atque Canonum additamentis locupletati. *Pariſiis*. Claud. Chevallonius. 1526.

LA Perpetuité de la Foy & de la Religion Chrétienne dans les trois états, expliquée en deux cens Homelies du R. P. Paul Beurrier, Abbé de Sainte Genevieve de Paris. *Paris*. Pralard. 1680. 2. Vol.

SERMONS ſur les Myſteres de Nôtre-Seigneur, & de la Sainte Vierge, par M. l'Abbé du Jarry. *Paris*. Eſtienne. 1709. 2. Vol.

PANEGYRIQUES & Oraiſons funebres. Par M. l'Abbé du Jarry. *Paris*. Eſtienne. 1709. 2. Vol.

Luz Concionatoria de Varios Difcurfos Panegirycos y Morales. Por D. Joseph Antonio Ybañez de la Renteria. I. Parte. *Paris*. Langlois. 1712.

TRAITEZ SUR LA RELIGION.

TRAITE' de la Verité de la Religion Chrétienne. (par Jacques Abadie.) *Rotterdam*. Leers. 1705. 5. Ed. 3. Vol.

PENSE'ES de M. Pafcal fur la Religion & fur quelques autres fujets. Ed. N. augmentée de la Vie du même Auteur, & de quelques autres Differtations. *Amfterdam*. Wolfang. 1688.

LETTRE de R. Ifmaël Ben Abraham Juif converti, (M. Fourmont,) à M. l'Abbé Houteville, fur fon Livre intitulé : la Religion Chrétienne prouvée par les faits. *Paris*. Thibouft. 1722.

CENTINELA contra Judios puefta en la Torre de la Iglefia de Dios con en tradato, Caudal y defvelo del Pad. Fr. de Torre Joncillo de Defcalços de la Regular Obfervancia de San-Francifco. *Madrid*. Julian de Paredas. 1674.

DISSERTATION fur le Meffie, où l'on prouve aux Juifs que Jefus-Chrift eft le Meffie promis & prédit dans l'ancien Teftament, par M. Jacquelot. *La Haye*. Foulque. 1699.

PRÆADAMITÆ, five Exercitatio fupper verfibus 12. 13. 14. Cap. 15. Epiftolæ D. Pauli ad Romanos. (Auct. Ifaaco de la Peyrere.) 1655.

CONTROVERSISTES.

EXPLICATION de quelques difficultez fur les Prieres de la Meffe, à un nouveau Converti par M. Boffuet, Evêque de Meaux. *Paris*. Veuve Mabre-Cramoify. 1689.

DE la Communion à Jefus-Chrift, au Sacrement de l'Euchariftie, contre les Cardinaux Bellarmin & du Perron. Par J. Meftrezat, Miniftre en l'Eglife Réformée de Paris. *Sedan*. Jannon. 1625.

ANATOMIE de la Meffe. Par Pierre du Moulin, 3. Ed. *Genéve*. Aubert. 1640.

RE'PONSE au Livre de M. de Condom, qui a pour titre : Expofition de la Doctrine de l'Eglife fur les Matieres de Controverfe. 2. Ed. *Quevilli*. Lucas. 1673.

SECONDE Réponse à M. de Condom, où l'on réfute l'Avertissement & les Pieces qu'il a fait mettre à la tête de la N. E. de son Traité de l'Eglise Catholique. 1680.

EL Azote en invectiva del Cavallero Marino Contro la quatro Ministros de la Maldad, traduzido por D. Placido Carrillo y Arragon, Cavallero de la Orden de Calatrava. *Zaragoça*. Chrift de la Torre. 1642.

ATHÉES DÉISTES & SOCINIENS.

L'ALCORAN des Cordeliers, c'est-à-dire Recueil des plus notables bourdes & blasphêmes impudens de ceux qui ont osé comparer S. François avec Jesus-Christ, tiré du grand Livre des Conformitez, jadis composé par F. Barthelemi de Pise, Cordelier en son vivant. *Geneve*. Laimarie. 157.

L'INTRODUCTION au Traité de la Conformité des merveilles Anciennes avec les Modernes, ou Traité préparatif à l'Apologie d'Herodote. (par H. Estienne.) *Genève*. 1666.

ALARDI Uchtmanni U. C. Vox Clamantis in deserto ad Had. Beverlandum. *Medioburgi*.

HISTOIRE des Tromperies des Prêtres & des Moines, décrit dans un Voïage d'Italie, par M. d'Emiliane. 5. Edit. *Rotterdam*. Acher. 1716. 2. Vol.

TRADUCTION du Traité de Samuel Petit, Professeur en Théologie à Nismes, touchant la Réunion des Chrêtiens, avec quelques Observations qui ont été faites sur un Livre Latin du S. Gaussen. 1670.

LES Justes raisons que les Protestans de France ont euës de se réünir à l'Eglise Romaine, sous le Regne de Loüis le Grand, par le S. Forestier, Ministre envoïé de LL. HH. PP. dans leurs Ambassades à la Cour de France, & à la Porte Ottomane. *Paris*. Roulland. 1687.

COMMENTAIRE Philosophique sur ces Paroles de Jesus-Christ : *Contraints les d'entrer*, ou Traité de la Tolerance Universelle, par M. Bayle. N. E. *Rotterdam*, Fritsch & Bohm. 1713. 2. Vol.

JULII Cæsaris Vanini Neapolitani, Theologi, Philosophi & J. V. D. de Admirandis Naturæ Reginæ & Mortalium Arcanis Libri IV. *Lutetiæ*. Adr. Perico. 1616.

BERNARDINI Ochini Senensis Dialogi xxx. in duos Libros divisi quorum Primus est de Messia, continetque Dialogos XVIII. Secundus est, cum de rebus variis, hinc potissimum de Trinitate. *Basileæ*, 1563. 2. Vol.

TRACTATIO de Polygamia, in qua Ochini & Montanistarum Argumenta refutantur, ex Theod. Bezæ Prælectionibus in I. ad Corinthios Epistolam. *Daventriæ.* Columbius. 1551.

TRAITE' des Cérémonies superstitieuses des Juifs, tant anciens que modernes. (Par Benoît de Spinosa) *Amsterdam.* Smith. 1677.

LIBERII de Sancto Amore Epistolæ Theologicæ. (Auct. Joanne Clerico) *Irenopoli (Amsterdam.* 1679.)

ETAT de l'Homme dans le Peché Originel. (*Amsterdam.* Bernard.) 1714.

THEOLOGIENS MAHOMETANS.

LA Religion des Mahométans, traduite du Latin de M. Reland, (par M. Durand) & augmentée d'une nouvelle Confession de foy Mahometane qui n'avoit pas encore paru. *LaHaye.* Vaillant. 1721.

L'ALCORAN de Mahomet, translaté de l'Arabe en François, par le Sieur du Ryer, Sieur de la Garge Malezair. *Amsterdam.* 1649.

JURSIPRUDENCE
In Folio.

DROIT PUBLIC.

DICTIONNAIRE Universel de Commerce, Ouvrage posthume du Sieur Jacques Savary des Brulons, & donné au Public par M. l'Abbé Savary son Frere. *Paris*. Etienne. 1723. 2. Vol.

POLITCA para Corregidores, y Señores de Vassallos, en tiempo de Paz, y de Guerra. Por el Licenc. Castillo de Bovadilla del Consejo del Rey D. Philippe III. *Amberes*. Verdussen. 1704. 3. Vol.

COLLECÇAÕ dos Regimentos Reaes Contem'os Regimentos pertençentes à administraçaõ da Fazenda Real. Por Antonio Manescal, Escudeyro, Cavalleyro, & Lyvreyro da casa Real. *Lisboa*. Manescal. 1718. 2. Vol.

DROIT CANONIQUE.

ANCIENNE & nouvelle Discipline de l'Eglise, touchant les Bénéfices & les Beneficiers, par le P. Thomassin. *Paris*. Montalant. 1725. 3. Vol.

GOVIERNO Eclesiastico pacifico y Union de los dos Cuchillos Pontificio y Regio. Por el Doctor D. Fray Gaspard de Villarroel Opisbo de Santiago de Chile. *Madrid*. Garcia Morras. 1656. 2. Vol.

NUEVA Impression de Breves y Bulas Pontificias tocantes al estado Ecclesiastico, y alas gracias del subsidio y Escusado. Por los Señores D. Manuel Guillen de la Aguila y D. Fernando Villamarin Suarez y Novoa. *Madrid*. Garcia Morras. 1666.

JURISPRUDENCE
In Quarto.

DROIT PUBLIC.

LE Droit de la Nature & des Gens, ou Syſtême général des Principes les plus importans de la Morale, de la Juriſprudence, & de la Politique, traduit du Latin de feu M. de Puffendorf, par Jean Barbeyrac, Profeſſeur en Droit & en Hiſtoire à Lauſanne. *Amſterdam*. 1712. Pierre de Coup. 2. Vol.

DROIT de la Guerre & de la Paix, par M. Grotius, traduit du Latin, par M. de Courtin. *Paris*. Arnold Seneuze 1687. 2. Vol.

NEGOCIATIONS de Paix, faites à Cologne en 1658. *Paris*. Cramoiſy. 1658.

RECÜEIL des Traitez de Paix, de Treve, de Confédération faits par la France, avec les Princes Etrangers. *Paris*. Frederic Leonard. 1693. 7. Vol.

TRAITE' de Paix entre la France & la Savoye, conclu à Turin, le 29. Aouſt 1696. *Paris*. Frederic Leonard. 1697.

TRAITE' de Paix & de Commerce, Navigation & Marine, entre la France & l'Angleterre; conclu à Utrech, le 11. Avril 1713. *Paris*. Fournier. 1713.

TRAITE' de Paix entre le Roy & l'Empereur, conclu à Raſtat, le 6. Mars 1714. *Paris*. Fournier.

LE Parfait Négociant, ou Inſtruction générale pour ce qui regarde le Commerce, par M. Jacques Savary. *Lyon*. Lyons. 1701.

LE même. II. Edit. 1702.

PARERES, ou Avis & Conſeils, ſur les plus importantes matieres du Commerce. Par Jacques Savary. 1688.

CHANGES Etrangers, par le Sieur Barrême. *Paris*. 1709.

DROIT CANONIQUE.

DISSERTATIONUM in Concilia

Generalia & Particularia, Tomus 1. Auctore Ludovico Thomaffino Oratorii Jefu Presbytero. *Paris.* 1663.

HISTOIRE du Concile de Trente, de Fra-Paolo, traduite par M. Amelot de la Houffaye. *Amsterdam.* Blaeu. 1686.

LETTRES Anecdoctes de Cyrille Lucar, Patriarche de Conftantinople, avec des Remarques fur le Concile de Jerufalem, & diverfes Pieces fur la créance des Grecs modernes, publiées par Jean Aymon. *Amsterdam.* L'Honoré. 1718.

TRAITE' Hiftorique de l'Etabliffement & des Prérogatives de l'Eglife de Rome, & de fes Evêques. Par Loüis Maimbourg. *Paris.* Cramoify. 1696.

REPLICATIO Melchioris Goldafti Haiminsfeldii pro facra Cæfarea & Regia Francorum Majeftate adverfus Jac. Gretferum. *Hanoviæ.* Villerian. 1611.

DROIT ROMAIN.

UNG Réveille matin. Sive ad Edictum Imperatoris Diocletiani de Maleficiis & Manichæis in Codice Hermogeniano quod in Chriftianos fcriptum eft, Ant. Benbellonæ de Godentiis Commentarius. *Servestæ.* Schlerius. 1602.

COMPENDIO de las Leyes expedidas fobre la Caza nuevamente defendida, è illuftrada, Pratica Civil y Criminal en la materia de Reales Bofques y Sitios, y fu expedicion en los Tribunales. Por el Licenc. D. Gafpar de Buzanda. *Madrid.* Sanchez. 1691.

DROIT FRANCOIS.

RECUEILS d'Edits fur le Domaine, 2. Vol.

TARIF Général des Droits d'Entrées & de Sorties du Roïaume, arrêté au Confeil Roïal, le 18. Septembre 1664. *Paris.* 1664.

ORDONNANCE de Loüis XIV. donnée au mois de Mars 1673. (fur le Commerce.) *Paris.* 1673.

ORDONNANCE de Loüis XIV. touchant la Marine. *Paris.* Thierry. 1681.

ORDONNANCE de Loüis XIV. fur le fait des Eaux & Forêts. *Paris.* Le Petit. 1679.

RECUEIL des Edits & Déclarations rendus pour l'établissement de la Compagnie des Indes. 2. Vol.

RECUEIL d'Edits & Déclarations sur l'établissement de la Banque-Roïale. 2. Vol.

RECUEIL sur le *Visa*.

RECUEIL d'Edits & Déclarations du Roy.

JURISPRUDENCE
In Octavo & In Douze.

DROIT DES GENS.

HUGONIS Grotii de Jure Belli & Pacis. Libri III. Accedunt J. F. Gronovii Notæ. *Amsterdam.* Jansson à Waesberge. 1680.

NOUVEAU Recüeil de Traitez d'Alliance, de Tréve, de Paix, de Garentie, & de Commerce, entre les Princes de l'Europe, depuis la Paix de Munster 1648. jusqu'en 1709. Par M. du Mont. *Amsterdam.* L'Honoré. 1710. 2. Vol.

PORTRAITS des Plenipotentiaires assemblez à Munster pour la Paix en 1648. Par Moncornet.

HISTOIRE du Traité de Paix conclu à S. Jean de Luz, entre les deux Couronnes en 1659. traduite de l'Italien du Comte Galeazzo Gualdo Priorato. *Cologne.* Cruggen. 1665.

HISTOIRE du Traité de la Paix conclu entre les deux Couronnes en 1659. avec un Recüeil de Pieces concernant le Duc de Lorraine. *Cologne.* De la Place. 1665.

RE'PONSE à la premiere Partie des difficultez & oppositions à la Paix Generale. *Villefranche.* 1676.

ACTES & Memoires des Negociations de la Paix de Nimegue 3. Edit. *La Haye.* Moetjens. 1697. 8. Vol.

LETTRES & Negociations de MM. d'Estrades, de Croissy & d'Avaux Plenipotentiaires à Nimegue, avec les Réponses de M. de Pomponne. *La Haye.* Moetjens. 1710. 2. Vol.

F

LETTRES, Memoires & Negociations de M. le Comte d'Estrades Ambassadeur en Hollande depuis 1663. jusqu'en 1668. *Bruxelles.* Le Jeune. 1709. 5. Vol.

MEMOIRES politiques pour servir à la parfaite intelligence de l'Histoire de la Paix de Riswik. Par M. du Mont. *La Haye.* L'Honoré & Foulque. 1699. 2. Vol.

ACTES & Memoires des Négociations de la Paix de Riswick. 3. Ed. *La Haye.* Moetjens. 1707. 5. Vol.

ACTES, Mémoires & autres Pieces authentiques de la Paix d'Utrecht. *Utrecht.* Vande-Water & Van-Poolsum. 1714. 6. Vol.

LETTRES & Mémoires sur la conduite de la presente Guerre & sur les Négociations de Paix jusqu'à la fin des Conférences de Gertruydenberg. *La Haye.* Johnson. 1711.

AVIS aux Négociateurs sur les nouveaux Plans de Partage. Traduit de l'Anglois. *Londres.* 1712.

REMARQUES, Mémoires & Lettres sur les presentes Négociations de Paix. Traduit de l'Anglois. *Utrecht.* Leon de Putte. 1712.

DEFENSE du present Ministere de cette Guerre, avec une Piéce curieuse concernant les évenemens de cette Guerre. Traduit de l'Anglois. *Utrecht.* 1712.

LA Conduite des Alliez & du dernier Ministere, en commençant & en continuant la Guerre. Traduit de l'Anglois. *Liége.* Streel. 1712.

L'AVANT-COUREUR de la Paix. *Cologne.* 1713.

LA Sardaigne, Paranymphe de la Paix, aux Souverains de l'Europe. *Boulogne.* 1714.

MEMOIRES & Négociations secretes de diverses Cours de l'Europe, depuis la communication du second Traité de Partage jusqu'à l'entrée des Troupes Françoises dans les Places des Païs-Bas-Espagnols. Par M. de la Torre. *La Haye.* Moetjens. 1722.

DU Pouvoir des Souverains, & de la Liberté de Conscience en deux discours, traduits du Latin de M. Noodt, Professeur en Droit à Leyde, par M. Barbeyrac, Professeur en Droit à Lausanne, Membre de la Société Royale de Berlin. 2. Ed. Augmentée de plusieurs Notes, & de la Traduction du Discours de J.F. Gronovius sur la

Loi Roïale, & d'un Discours du Traducteur sur le Sort. *Amsterdam.* Humbert. 1714.

TRESOR du Commerce. Traduit de l'Anglois par M. L. V. *Paris.* Morel. 1700.

CONSIDERATIONS sur le Commerce & sur l'Argent, par M. Law. *LaHaye.* Neaulme.

CRITIQUE Historique, Politique, & Galante, sur les Loteries. Par M. Leti, avec des Considerations sur l'Auteur & sur l'Ouvrage. *Amsterdam.* 1697. 2. Vol.

LE Guidon general des Finances, par J. Hennequin, avec des Notes de Vincent Gellée. *Paris.* Regnoul. 1637.

DROIT CANONIQUE.

LA Politique charnelle de la Cour de Rome, tirée de l'Histoire du Concile de Trente, par le Cardinal Pallavicin. 1719.

TRAITE' de l'Autorité des Rois, touchant l'Administration de l'Eglise, par M. Talon, President à Mortier au Parlement de Paris. *Amsterdam.* 1700.

TRAITE' de la Régale, imprimé par Ordre de M. l'Evêque de Pamiers. *Cologne.* Schouten. 1681. 3. Ed.

LE veritable Testament des Jesuites ou l'esprit de la Société infidele à Dieu, au Roy & à son prochain. *Cologne.* Forgeur. 1688.

L'ABBE' Commendataire, ou l'injustice des Commendes. Par le Sieur Desbois-Franc. (D. Delfau) *Cologne.* Shouten. 1673.

DROIT FRANCOIS.

DISSERTATION sur le droit d'Aubeine. Par M. Emanuel de Gama. *Paris.* Moëtte. 1706.

ORDONNANCE de Louis XIV. pour les matieres Criminelles du mois d'Août 1670. *Paris.* 1670.

LE nouveau Traité des Aydes, Tailles & Gabelles. Par Lazarre du Crot. *Paris.* Besogne. 1645.

LES Exercices des Aydes de Normandie, par Guerin. *Paris.* Cramoisy. 1687.

DECLARATION du Roy portant Reglement general pour tous les Officiers de la Grande-Chancellerie.

PHILOSOPHIE
In Folio.

PHILOSOPHES ANCIENS.

Aristotelis Opera omnia, græcè & latinè, veterum ac recentiorum Interpretum ut Turnebi, Casauboni & Pacii emendatissima. Edidit Guill. du Val, Pontesianus. M. D. *Lutetiæ.* Typis Regiis. 1619. 2. Vol.

Sexti Empirici Opera. Stephano & Gentiano Herveto Interpretibus. *Paris.* Pralard. 1621.

S. Empyrici Opera, græcè & latinè cum Variorum notis, & J. A. Fabricii. *Lipsiæ.* Glediths. 1718.

Confucius Sinarum Philosophus, latinè redditus, Studio & opera RR. PP. Societatis Jesu. *Paris.* 1687.

MORALE.

Coronica y Historia general del Humbre. Por el Doctor Juan Sanchez Valdes de la Plata. *Madrid.* Sanchez. 1598.

Microcosmia y Govierno Universal del Hombre Cristiaño. Por el Maestro F. Marco Antonio de Canios Prior del Monasterio de S. Augustin de Barcelona. *Madrid.* Biuda. 1695.

Les Essais de Michel de Montagne. N. E. *Paris.* Huré. 1657.

OECONOMIQUE & POLITIQUE.

Le Théatre d'Agriculture, & Ménage des Champs, d'Olivier de Serres, Seigneur de Pradel. *Paris.* Mettayer. 1600.

Les six Livres de la République, de J. Bodin Angevin. N. E. *Lyon.* Dupuis. 1580.

Politicorum Libri X. de Perfectæ Republicæ Statibus. Auct. Adamo Contzen S. J. & S S. Litterarum in Academia Magantina Professore. *Mogontiæ.* Kinckius.

Regimiento de los Principes. *Sevilla.* 1496.

PHILOSOPHIA moral de Principes para su buena Crienca y Govierno y para Personas de todos estados. Por el Pad. Juan de Torres de la Compañia de Jesus. *Burgos.* Varesio. 1596.

CONSEJO y Consejero de Principes. Por D. Lorenzo Ramirez de Prado.

EL sano Consejo, y Efficaz Auxilio con que todo Vassalo, para ser leal, debe servir à su Rey, y Señor. Por D. Fernando Calderón de la Barca. *Madrid.* Franc Martinez. 1715.

TRATADO del Effuerco Bellico Heroyco. Por el Doctor Palacios Ruvios. *Salamanca.* 1524.

PHISIQUE. HISTOIRE NATURELLE.

C. PLINII Secundi Historiæ Naturalis Libri XXXVII. Quos interpretatione & notis illustravit J. Harduinus. Edit. Altera *Paris.* Coustelier. 1723. 3. Vol.

HISTOIRE du Monde de Pline, traduite par Ant. du Pinet. *Paris.* Giffart. 1622.

JOH Eusebii Nierembergii S. J. Historia Naturæ maximè Peregrinæ. *Antuerpia.* Plantin. 1635.

ISTORIA naturale di Ferrante Imperanto N.E. Aggiunte di Giov. Maria Ferro. *Venetia.* Combi. 1672.

ARTS.

EL Porque de la Musica en que se contiene los quatro Artes de Ella, Cantollano, Canto de Organo, Contrapunto, y Composicion. Por El Maestro Andrés Lorente. *Alcala de Henares.* Xamares. 1672.

FRANCISCI Salinæ, Burgensis, Abbatis sancti Pancratii de Rocca Scalegna, & in Academia Salmaticensi Musicæ Professoris, de Musica, Libri VII. *Salmanticæ* Gastius. 1577.

PICTORUM aliquot Celebrium Germaniæ Inferioris Effigies, una cum Dom. Lampsonii hujus artis peritissimi Elogiis. *Antuerpia.* 1572.

IMAGES de divers Hommes d'Esprit sublime, qui par leur Art & leur Science, devront vivre éternellement. *Anvers.* 1647.

EL Museo Pictorico y Escala Optica. Por D. Ant. Palomino de Castro y Velasco.

Madrid. Bedmar. 1715. 2. Vol.

L'Harmonie du Coloris dans la Peinture, réduite en Pratique Mécanique, & à des Regles sures & faciles. Par J. C. le Blon. *Londres*. 1725.

Libro de la Monteria que mando escrivir Rey D. Alonso de Castilla, y de Leon ultimo deste nombre, acrecentado por Gonç. Argote de Molina. *Sevilla*. Pescioni. 1582.

Arte da Cavallaria de Gineta è Estardiota, Bom primor de ferrar & Alveitaria, por Ant. Galvam d'Andrade Cavallero de la Orden de Christo. *Lisboa*. Costa. 1678.

MEDECINE.

Petri Andreæ Matthioli Opera, Curante Casp. Bauhino. *Basileæ*. Konigs. 1676.

Hortus Indicus Malabaricus adornante Henrico Van Rheede & illustrantibus Joh. Cascario & Arnold Syen. *Amstelodami*. Van Someren. 1678. 8. Vol.

Polyanthea Medicinal. Pello Juan-Curuo Semmedo. 3. Ed. *Lisboa*. Galram. 1716.

Observaçoens Medicas doutrinaes. Pello Juam Curuo Semmedo. *Lisboa*. Galram. 1707.

Histoire générale des Drogues, par Pierre Pomet. *Paris*. Loyson 1694.

PHILOSOPHIE
In Quarto.

PHILOSOPHIE ANCIENNE.

Siete libros de Seneca traduzidos por el Lic. Ped. Fr. Navarrette, Cavallero de Santiago. *Madrid*. Emprenta-Real. 1727.

PHILOSOPHES MODERNES.

Abregé de la Philosophie en Tables par Louis de Lesclache.

Abregé de la Philosophie de Gassendi. Par M. Bernier Docteur en Medecine. *Paris*. Michallet. 1675.

LA Geometrie de René Descartes. *Paris*. Angot. 1664.

L'HOMME de René Descartes, & un Traité de la formation du Fœtus, du même Auteur: Avec les remarques de Louis de la Forge, Docteur en Medecine. *Paris*. Le Gras 1664.

LETTRES de M. Descartes. *Paris*. Angot 1667.

LES Principes de la Philosophie écrits en latin par René Descartes, & traduits en françois par un de ses amis. *Paris*. Girard. 1668.

METAPHYSIQUE.

LE Systême de l'Ame, par le Sieur de la Chambre. *Paris*. Dallin. 1664.

FRANCISCUS Sanchez, quod nihil scitur. *Lugduni*. Griphius. 1581.

DIALOGOS Philosophicos en defensa del Atomismo. Por D. Alexandro de Avendaño. *Madrid*. 1716.

TRATADO da sciencia Cabala, composto por D. Fr. Manoel de Mello. *Lisboa*. Carvalho. 1724.

MORALE.

EL Dezenganado Philosophia moral de Miranda. *Toledo*. Francisco Calvo. 1663.

PESO y fiel contraste de la Vida y de la Muerte, con un Tratado intitulado: Observaciones de Palacio y Corte: Por el Contador Matt. de Zubiaur. *Madrid*. Garcia 1650.

DIEZ Privilegios para Mugeres Prenadas: Por el Doctor Juan Alonso y de los Ruyzes de Fontecha, con un Diccionario Medico. *Alcala de Henares*. Luys Martynez. 1606.

TODOS los Estados de Mugeres: Por el P. F. Juan de la Cerda, Natural de Tendilla, de la Orden de S. Francisco. *Alcala de Henares*. Juan Gracian. 1599.

LA Dama Beata: Por Joseph Camerino Procurador de los Reales Consejos, Notario y Secretario de Breves y Comissiones Apostolicas, en el Tribunal de la Nunciatura de su Santidad. *Madrid*. Pable du Val. 1655.

EL Amigo Verdadero y Leal por el

Principe de Barbançon D. Alberto d'Aremberg. Por Julian de Paredes. *Madrid.* 1671.

EL Templo de la Fama con instrucciones politicas y morales: Por el Fr. Andrés Ferrer de Valdecebro, de la Orden de Predicadores. Le da à la Estampa D. Ausias Antonio Ferrer de Valdecebro. *Madrid.* Emprenta-Imperial. 1680.

HERACLITO y Democrito de nuestro Siglo. Dialogos morales sobre la Nobleza, la Riqueza y las Lettras. Por Ant. Lopez de Vega. *Madrid.* Diaz de la Carrera. 1641.

HOSPITAL Real de la Corte: por D. Franc. Vermudez de Pedraça. *Granada.* 1644.

LES Essais de Michel de Montagne, avec des Notes de Pierre Coste. *Paris.* La Societé. 1725. 3. Vol.

POLITIQUE.

OFFICIO del Principe Christiano, del Card. Roberto Bellarmino, traduzido por Miguel de Leon Soarez, Hidalgo de la Casa de su Majestad. *Madrid.* Gonzales. 1624.

TRATADO de la Religion y Virtudes que deve tener, el Principe Christiano para Governar sus estados, contro Nicolas Machiavelo. Por el Pedro de Ribadeneyra Jesuita. *Madrid.* Madrigal. 1595.

THEOPHILACTI Archiepiscopi Bulgariæ Institutio Regia. Græco-Lat. Interprete Petro Possino. *Paris.* E Typog. Regia. 1651.

STANISLAI Orichovii Roxolani de Institutione Regia Libri duo, cum Præf. Jac. Gorscii. *Cracoviæ.*

REPUBLICA Mista, por D. Juan-Fernandez de Medrano Señor de Valde Osera. *Madrid.* Emprenta-Real. 1602.

TRATADO de Republica y Policia Christiana. *Madrid.* Emprenta-Real. 1615.

PRINCIPE Perfecto y Ministros ajustados, documentos politicos y morales en Emblemas. Por el P. Andres Mendo de la Compañia de Jesus, Lector de Theologia y de sagrada Escritura en Salamanca. *Leon-de-Francia.* Boissat. 1662.

ARTE Real para el Buon Govierno de los Reyes. Por el Licenciado Geron. de Zevallos. *Toledo.* 1623.

PHILOSOPHIE IN QUARTO.

CATECISMO Real y Alfabeto Coronado, por el Maestro Fr. Juan de Roxas. *Madrid.* Garcia. 1672. 2. Vol.

LOGROS de la Monarquia & Aciertos de un Valido, por D. Pedro de Navarra y de la Cueva. *Madrid.* Paredes. 1669.

INSTRUCCION de D. Juan de Silva Conde de Portalegrette, quando embio D. Diego su Hijo à la Corte.

ARISTIPPE, ou de la Cour. Par M. de Balzac. *Paris.* Courbé. 1658.

TRACTADO del Consejo y de los Consejeros de los Principes. Por el Doctor Bartol. Felippe. *Coimbra.* Mariz. 1584.

EL Embaxador, por D. Juan Antonio de Vera y Zuñiga. *Sevilla.* 1620.

L'AMBSSADEUR & ses Fonctions, par M. de Wicquefort. *A la Haye.* 1681. 2. Vol.

ADVERTENCIAS para Reyes, Principes, y Embaxadores; por D. Christoval de Benevente y Benavides. *Madrid.* 1643.

EL Secretario por el Capitan D. Bern. Gonçalez Guemes de la Mora. *Madrid.* du Val. 1659.

VERDADERA Razon de Estado. Discurso-politico de D. Fern. Alvia de Castro. *Lisboa.* Craeesbeck. 1616.

AVISOS en materia de Estado y Guerra, por Luys Vallé de la Cerda. *Madrid.* Madrigal. 1599.

AVISOS morales, urbanos y politicos. Por Don Manuel de Azias. *Madrid.* Domingo Garcia. 1658.

EL intimo amigo de l'Hombre; la Prudencia en seis Consejos, politicos morales, catholicos, perfectos. Por Pedro de S. Theresa, Carmelita Descalço. *Madrid.* Eugenio Rodrigués. 1680.

VARIOS Eloquentes libros recogidos en uno, escribienronlos differentes Autores. *Valencia.* 1714.

PHYSIQUE.

MISCELLANEA Medico-Physica Academiæ Naturæ Curiosorum Germaniæ. *Paris.* Billaine. 1672.

LES Merveilles des Indes Orientales & Occidentales, ou nouveau Traité des Pierres précieuses. Par Robert de Berquen, Marchand Orphévre. *Paris.* Lambin. 1669.

H

MATEMATIQUES.

Nouveaux Elemens de Mathematiques. Par le P. Prestet. II. Ed. *Paris*. Pralard. 1689. 2. Vol.

Essay d'Analyse sur les Jeux de Hazard (par M. de Montmort.) II. ed. *Paris*. Quillau. 1713.

L'Arithmetique des Marchands par Cl. Boyer. *Lyon*. Gaudion. 1634.

Examen y Censura por el Doctor Simon de Tovar del modo de averigar las alturas de las Tierras, por la altura de la Estrella del Norte, tomada con la Ballestilla. *Sevilla*. Cabrera. 1595.

ARTS.

Noticia general para la Estimacion de las Artes y de la Manera, en que se conocen la liberales de las que son mecanicas. Por el Licenç. Gaspard Gutierrez de los Rios. *Madrid*. 1600.

Le Vite de' piu Pittori, Scultori & Architetti, di Giorgio Vasari. II. Ed. *Bologna*. 1647. 3. Vol.

Le Vite de' Pittori, Scultori & Architetti dal Pontificato di Gregorio XIII. sino à tutto quello d'Urbano VIII. scritte da Giov. Baglioni. *Roma*. 1649.

Le Maraviglia dell'Arte: overo le Vite de gl'illustri Pittori Venetii dal Cavalier Carlo Ridolfi. *Venezia*. 1648.

Entretiens sur les Vies & sur les Ouvrages des plus excellens Peintres anciens & modernes. (Par André Félibien.) *Paris*. Le Petit. 1666. 3. Vol.

Discours prononcez dans les Conferences de l'Academie-Royale de Peinture & Sculpture. Par M. Coypel. *Paris*. Collombat. 1721.

Retrattos de Michaël Angelo Buonarotti.

Libro de la Ginetta de España. Por Pedro Fernandez de Andrada. *Sevilla*. La Barrera. 1599.

Le Parfait Marefchal, par le Sieur de Solleyfel, Ecuyer du Roy. N. Ed. *Paris*. Mariette. 1723.

Origen y dignidad de la Caça. Por Juan Mateos Ballestero. *Madrid*. Martinez. 1634.

Arte de Ballesteria y Monteria escritta con metodo. Por Martinez de Espinar. *Madrid*. Emprenta-Real. 1644.

TRATADO de Ensayadores. Por Juan Fernandez del Castillo. *Madrid*. Flamenco. 1623.

MEMORIAL por la Agricoltura crianca, Artifices, Marinerio del Reyno. 1633.

DISCURSOS del amparo de los Pobres, por el Doctor Christoval Perez de Herrera. *Madrid*. Sanchez. 1598.

TRATADO de Re militari hecho à manera de Dialogo que passo entre los illust. Señores D. Gonçalo Fern. de Cordoua Llamado grand Capitan, y D. Pedro Manrique de Lara, Duque de Najara. *Brussellas*. Roger Velpius. 1590.

CARGOS y Preceptos militares para salir con brevedad famoso y valiente Soldado, assi en la Infanteria, Cavalleria, come Artilleria. Compuestos en Italiano por Fray Lelio Brancacho, y traduzidos en Castellano por el P. D. Idelfonso Scavino Clerigo Reglar. *Barcelona*. 1639.

PERFEITO Soldado è Politica militar, pello Doctor João de Medeiros Correa, Auditor Géral do Exercito da mesma Provincia. *Lisboa*. Henr. Val. de Oliveira. 1659.

DISCURSO militar. Proponense algunos inconvenientes de la Milicia destos Tiempos y su Reparo. Por el Marques de Aytona. *Valencia*. 1635.

POLITICA y Mecanica militar para Sergento-Mayor de Tercio, por el Maestro de Campo D. Fr. Davila Orejon, Gaston, Capitan general de la Ysla de Cuba. *Madrid*. Juan de Paredes. 1669.

L'ECOLE de Mars, par M. Guignard, Lieutenant Colonel du Regiment de Thil Infantetie. *Paris*. Simart. 1725. 2. Vol.

DICTIONNAIRE de Marine. *Amsterdam*. Mortier. 1722.

MEDECINE.

COMMENTARII in sex Galeni Libros de Morbis & Symptomatis. Franc. Valeriola Medico Auctore. *Lugduni*. Gryphius. 1540.

DECHADO y Reformacion de todas las Medicinas Compuestos Usuales, è de el modo de las hazer, por Alonso de Jubera Boticario. *Valladolid*. *Cordoua*. 1578.

RABAT-JOYE de l'Antimoine triomphant, ou éxamen de l'Antimoine justifié de M. Eusebe Renaudot. Par M. Jacques Perreau, Docteur en Medecine de la Faculté de Paris. *Paris*. Moinet 1654.

PIECES diverses sur la transfusion du Sang.

DESENGAÑO contra el mal Uso del Tabaco por el Doctor Fr. de Leiva Aguilar Medico Philosopho, de la Ciudad de Cordoua. *Cordoua*. Salvador de Cea Tesla. 1634.

LIBRO que trata de la Enfermedad de las Bubus. por el Doctor Pedro de Torres Medico. *Madrid*. Sanchez. 1600.

HISTOIRE de l'Académie Roïale des Sciences, avec les Mémoires tirez des Registres. *Paris*. 1699. & suiv. 22. Vol.

PHILOSOPHIE
In Octavo & In Douze.

PHILOSOPHIE ANCIENNE.

LES Caracteres de Théophraste, traduits du Grec par M. de la Bruyere, avec les Mœurs de ce Siecle. N. E. augmentée de la Défense de M. de la Bruyere, par M. Coste. *Amsterdam*. Westeins. 1720. 3. Vol.

EPICTETI Enchiridion, cùm Cebetis Thebani Tabula G. L. ex recensione Abrah. Berkelï cùm ejusdem & Wolfii, Casauboni, Caselii & aliorum notis, & Græca Paraphrasi. *Lugduni-Batavorum*. Grasbeck. 1670.

ORTOGRAFIA Kastellana nueva i perfeta i el manual de Epikteto, i la Tabla de Kebes Filosofos Estoikos ; traduzidos de griego por el Maestro Gonz. Korrea ; Katedratiko de propredad de Lenguas Xubilado y de Majores de Griego en la Universidad de Salamanka. *Salamanka*. Tavernier. 1630.

LES Hypotiposes, ou Institutions Pyrrhoniennes de Sextus Empyricus, traduites du Grec, avec des Nottes. (par M. Huart.) 1725.

L. Annæi Senecæ Opera, cùm integris Justi Lipsii, J. F. Gronovii, & selectis Aliorum.notis Accedunt in Quæstionum Naturalium & Libros ὑπολύπιωσιν Emendationes. *Amstelodami.* Elzevirius. 1672. 3. Vol.

Los dos Libros de Clemencia escritos por Lucio Anneo Seneca, traduzidos por D. Alonso de Revenga, Cavallero de la Orden de Alcantara. *Madrid.* Luis Sanchez. 1626.

PHILOSOPHES MODERNES.

La Philosophie de M. Descartes contraire à la Foy Catholique, avec la réfutation d'un Imprimé fait depuis peu pour sa défense. *Paris.* Caillou. 1682.

LOGIQUE.

La Logique, ou l'Art de penser. VII. Edit. *Amsterdam.* Westein. 1697.

La Logique ou Systême de Réflexions qui peuvent contribuer à la netteté & à l'étenduë de nos connoissances, par J.P. de Crouzaz, Professeur en Philosophie dans l'Université de Groningue. III. Edit. *Amsterdam.* L'Honoré & Chastelain. 1725. 2. Vol.

METAPHYSIQUE.

Essais de Theodicée sur la Bonté de Dieu, la Liberté de l'Homme, & l'Origine du Mal. Par M. Leibnitz. *Amsterdam.* Mortier. 1720.

De l'Existence & des Attributs de Dieu: des Devoirs de la Religion naturelle, & de la Verité de la Religion Chrétienne, traduit de l'Anglois de M. Clarck, par M. Ricotier. *Amsterdam.* 1717.

Recueil de diverses Pieces sur la Philosophie, la Religion naturelle, l'Histoire & les Mathématiques, par M. Leibnitz, M.M. des Maizeaux, Clarck, Neuton, &c. *Amsterdam.* Changuion. 1720. 2. Vol.

Examen de Ingenios para las Sciencias por el Doctor Juan Huarte. IV. Edit. *Amsterdam.* Ravestein. 1662.

Traité Philosophique de la Foiblesse de l'Esprit Humain, par M. Huet. *Amsterdam.* Du Sauzet. 1723.

Philosophie d'Amour, par Leon Hebreu traduit de l'Italien par M. du Parc Champenois. *Lyon.* Benoît Richard. 1585.

ENCHIRIDION Leonis Papæ Imperatori Carolo Magno in munus pretiosum datum. *Moguntiæ.* 1681.

LE Monde Enchanté de Baltazar Becker, ou Examen des Sentimens communs touchant les Esprits, traduit du Hollandois. *Amsterdam.* Pierre Rotterdam. 1694. 4. Vol.

APOLOGIE pour les Grands Hommes soupçonnez de Magie, par Gab. Naudé. *Paris.* Cottin. 1669. 2. Vol.

MORALE.

TROIS Livres de la Sagesse, par M. Pierre Charron, Parisien, Chanoine Théologal & Chantre de l'Eglise de Condom. *Bordeaux.* Millanges. 1606.

DE la Sagesse, Trois Livres, par Pierre Charron Parisien, Docteur en Droit. Derniere Edition. *Paris.* Fuge. 1630.

CONSIDERATIONS sur la Sagesse de Charron, par le Sieur Chanet, IV. Ed. *Paris.* Le Groust. 1634.

GULISTAN, ou l'Empire des Roses, traduit du Persien de Musladini Saady, par M. Galland. *Paris.* Veuve Barbin. 1704.

EL Theatro del Mundo del Pedro Bovistuau, Llamado Launay, traduzido de Lengua Francesa en la nuestra Castillaña, por el Maestro Balt. Perez del Castillo. *Emberes.* Mart. Nutio. 1594.

LE Héros traduit de l'Espagnol de Baltazar Gracian, avec des Remarques, (par le P. de Courbeville,) *Paris.* Pissot. 1725.

CARTA de guia de Casados y Avisos para Palacio de Don Francisco Manuel, traduzida del Portuguez en Castellano. *Madrid.* 1724.

LE Spectateur, ou le Socrate Moderne, traduit de l'Anglois de M. Steele, (par M. de Vau.) *Amsterdam*, Westein. 1719. 5. Vol.

REFLEXIONS Morales, Satiriques & Comiques, III. Ed. avec la Clef. *Amsterdam.* Bernard. 1716.

LE Jeu du Monde.

LE Jeu des Dames, avec toutes les maximes générales & particulieres ; Ortographe nouvelle, par Pierre Mallet, Ingenieur du Roy. *Paris.* Girard. 1668.

BIBLIOTHEQUE des Dames, contenant des Regles générales pour leur conduite, traduit de l'Anglois de M. Steele, par M. Janiçon. *Amsterdam.* Villard & Changuion. 1719. 2. Vol.

GLOSA a los muy singulares Proverbios del illustro Señor don Yñigo Lopes de Mendoça, Marques de Santillana. Por Luys de Aranda. *Granada.* Mena. 1575.

PERLA de los Proverbios morales de Alonso de Barros. *Lisboa.* 1617.

REMARQUES Morales & Politiques, recüeillies & composées par le Seigneur Theod. Comte de Bronckhorst. *Utrecht.* Waesbergue. 1646.

HISTORIAS Proveitozas. I. II. III. Parte que contem Contos de Proveito & exemplo para boa educaçam da Vida humana por Gonç. Fern. Trancozo. *Lisboa.* Bern. da Costa. 1710.

FLORESTA Española de Apoctemas ò Sententias, sabia y graciosamente dichas de algunos Españoles, corregidas por Melchor de Santacrux Dueñas. *Madrid.* Rubio. 1716.

COLLECÇAM moral de Apophthegmas memoraveis, por Dom Pedro Joseph Suppico de Moraes. *Lisboa.* Galraõ. 1720. 3. Vol.

POLITIQUE.

DISCOURS politiques de Louis-le-Roy. *Paris.* Morel. 1592.

EXECUÇION de Politicas y Brevedad de Despachos. Por el Doctor Luys Alvares Correa, Lusitano. *Madrid.* Alonso Perez. 1629.

IDEAS politicas y morales a la eterna Sabiduria, por D. Geronimo Fern. de Mata. *Toledo.* Juan Ruez de Pereda. 1640.

CARTILLA Politica y Christiana por D. Diego de Albornoz Tesorero y Canonigo de la santa Iglesia de Carthagena. *Lisboa.* 1667.

D. DANIELIS Clasenii de Religione Politica liber unus. E. II. *Servestæ.* Em. Bezelius. 1681.

TEATRO Abierto, Politico y Moral. Escriviole en lengua Toscana D. Antonio Lupis Veneciano, traducele en Español el P. Fr. Juan de S. Geronimo. *Madrid.* Manuel Ruyz. 1697.

DOTRINA Politica y Civil escrita por Aphorismos. Por el D. Eugenio Narbona. *Madrid.* Viuda Delgado. 1621.

REPUBLICA Original Sacada del Cuerpo Humano y compuesto por Hier. Merola Dotor en Philosophia y Medicina. *Barcelona.* Paolo Malo. 1595.

EL Principe di Nic. Machiavelli, è altre Opere. *Venegia.* Gab. Giolito de' Ferrari. 1550.

LES Discours de Machiavel sur la Premiere Decade de Tite-Live, traduits en François, & augmentez du Prince. *Paris.* Perrier. 1597.

COMMENTARIORUM de Regno aut quovis Principatu rectè & tranquillè administrando. Lib. III. Adversus Nic. Machiavellum. 1577.

DOCTRINA Phisica y moral de Principes, traduzida de Arabigo en Castellano, por Fr. de Gurmendi. *Madrid.* Parra. 1615.

AVISO de Principes en Aphorismos politicos y morales de la Historia de Saul. 1. Lib. Reg. Por el Padre Maestro Fray Pedro de Figueroa de la Orden de S. August. *Madrid.* De la Carrera. 1647.

REY Vencedor y Vencido que escrivio y glosso Fray Joseph de Almonacid de la Orden de San Bernardo. *Madrid.* Melchior Alvarez. 1691.

DELLA Ragione di Stato Libri x. del Signor Giovani Boteri, Benese. *Milano.* Pontio. 1598. V. Edit.

TESORO Politico in cvi si Contengono Relationi, Instrutioni, Tratati & varii Discorsi pertinenti alla perfetta intelligenza della Razion di stato. *Vicenza.* Giorgio Greco. 1603. 3. Vol.

DISCOURS du Gouvernement & de la vraïe raison d'Etat de Jean Antoine Palazzo Cosentin, traduit de l'Italien par Adrien de Vallieres, Escuyer Sieur des Aulnes. *Douay.* Bellere. 1611.

DISCURSOS de la Juridica y verdadera Razon de Estado, formados sobre la Vida del Rey D. Juan el II. Rey de Portugal. contra Machiavello y Bodino. Por P. Barbosa Homene. *Coimbra.* Carvalho. 1629.

IMPERATORIS Cæsaris Manuelis Palæologi Præcepta Educationis Regiæ ad Joannem Filium. Ex J. Sambuci Bibliotheca; Joh. Leunclavio Interprete. adj. Belisarii Neritinorum Ducis Liber ejusdem argumenti. *Basileæ.* Perna. 1578.

LE Conseiller d'Etat, ou Recüeil des plus générales considerations, servant au maniment

niment des Affaires publiques.*Paris*. 1642.

El Manuel de los Grandes, que efcrivio en Lengua Tofcana, Monfignor Sebaftian Quirini Arcobifpo de Nixia y Paris. Traduzido a l'idioma Caftellano por Matheo Prado Segretario de la Embaxada de Saboya. *Madrid*. Du Platre. 1640.

El Cortefano, traduzido de l'Italiano del Comte Baltazar Caftiglione en nueftro uulgar Caftellano por Bolan. *Valladolid*. Cordoua. 1569.

Aristippo ou l'Hombre de Corte, traduzido del Francés del Señor de Balzac, por Duarte Ribeyro de Macedo. *Paris*. Maucroix. 1668.

La Fortune des gens de Qualité, & des Gentilshommes Particuliers, par M. de Caillieres, Marêchal de Bataille des Armées du Roy. *Paris*. Loyfon. 1664.

Instruction pour un jeune Seigneur, ou l'idée d'un Galant Homme, par M. de la Chetardie. *Paris*. Le Gras. 1697.

Arte de medir Tierras, con Noticia para trazar Reloxes horizontales con fola Regla y Compas por D. Andres d'Avilla y Hereno, Capitan de Cavallos. *Valencia*. 1674.

Le Jardinier François. VIII. Ed. *Paris*. Cellier 1666.

PHYSIQUE & HISTOIRE naturelle.

Nouvelles conjectures fur le Globe de la Terre, par le Sieur Henry Gaultier, Ingenieur des Ponts & Chauffées du Roïaume. *Paris*. Cailleau. 1721.

Pense'es diverfes écrites à un Docteur de Sorbonne, à l'occafion de la Comete qui parut au mois de Decembre 1680. *Roterdam*. Leers. 1683.

Continuation des Penfés diverfes. *Ibid*. 1705. 2. Vol.

La même. IV. Ed. 1704. 4. Vol.

Traite' curieux de l'Aftrologie judiciaire, ou Préfervatif contre l'Aftronomancie des Genethliaques. Par C. Pithoys, Profeffeur de Philofophie en l'Académie de Sedan, & Prefet de la Bibliotheque de S. A. S. *Sedan*. Jannon. 1641.

Les Propheties de Michel Noftradamus, dont il y en a trois cens qui n'ont jamais efté imprimées. *Troyes*. Chevilot. 1611.

Les vraies Centuries, & Propheties de

K

Maître Michel Nostradamus, avec la Vie de l'Auteur, & plusieurs de ses Centuries expliquées par un Sçavant de ce temps. *Rouen*. Besoigne. 1691.

FISIONOMIA y varios Secretos de Naturaleza, por Geron. Cortez de la Ciudad de Valencia. *Madrid*. Zafra. 1680.

GASP. Bauhini Basileensis de Hermaphroditorum & Monstruosorum Partuum Natura, Libri duo. *Oppenhemii*. Gallerus. Aere Joh. Theod. de Bry. 1614.

IN Dioscoridis Libros V. de Materia Medica Amati Lusitani Doctoris Medici ac Philosophi celeberrimi Enarrationes. Accesserunt huic Editioni Adnotationes R. Constantini & Simplicium Picturæ ex Leon. Fuschio. *Lugduni*. Theob. Paganus. 1558.

HISTORIA de las Yervas, y Plantas sacada de Dioscoride, y otros insignes Autores, por Juan Jarava Medico. *Amberes*. 1557.

EL Fenix y su historia natural, por D. Joseph Pellicer de Salas y Tobar. *Madrid*. Imprimeria del Reyno. 1628.

MATHEMATIQUES & ARTS.

L'ARITHMETIQUE de Nicolas Tartaglia, traduite de l'Italien en François, par G. Gosselin de Caën. *Paris*. Beys. 1578.

L'ARITHMETIQUE en sa perfection mise en pratique selon l'usage des Financiers, Banquiers, & Marchands. Par M. le Gendre. X. Ed. *Lyon*. Vignieu. 1691.

FRAGMENTOS Musicos reglas generales para Canto llano, Canto de Organo, Contrapunto y Composiçion; por Fr. Pablo Nassare, Religioso de la Regular Observancia de Santo Francisco. *Zaragoça*. Martinez. 1683.

COMPARAISON de la Musique Italienne & de la Musique Françoise, (par M. de la Vieuville, Garde des Sceaux du Parlement de Normandie.) II. Ed. *Bruxelles*. Foppens. 1705. 3. Vol.

HARTMANI Schopperi de omnibus Artibus Liber Elegiaco Carmine conscriptus & elegantissimis Iconibus ornatus. *Francof. ad Moenum*. 1574.

L'ART de Peinture de Charles Alphonse du Fresnoy, traduit en François, avec des Remarques, (par M. de Pilles.) *Paris*. Langlois. 1668.

DESCRIPTION des Tableaux du Palais Royal, avec la Vie des Peintres à la tête. Par M. du Bois de S. Gelais. *Paris.* D'Houry. 1727.

VEGETIUS & alii de Re Militari Scriptores Antiqui, cum Notis Godefc. Stewechii, Franc. Modii & Petri Scriverii. *Vesaliæ Clivorum.* Hoogenhuyfen. 1670.

OPUSCULOS del Marqués de Bufcayolo Valencia Geronimo de Villa Graffa. 1669.

LES Fortifications du Comte de Pagan, N. E. augmentées de Remarques, par M. Hebert, Profeffeur en Mathematiques. *Paris.* Langlois. 1689.

LIBRO de Exerciçios de la Gineta por el Capitan D. Bern. de Vargas. *Madrid.* Pedro Madrigal. 1600.

LA Maifon des Jeux Académiques, augmentée de la Loterie plaifante. *Paris.* Loifon. 1668.

LE Jeu du Trictrac. *Paris.* Charpentier. 1698.

DECISIONS nouvelles fur les difficultez & incidents du Jeu de l'Ombre. *Paris.* Ribou. 1706.

RECUEIL General des Queftions traitées ès Conferences du Bureau d'Adreffe, fur toutes fortes de Matieres. *Lyon.* Valancol. 1666. 6. Vol.

PROBLEMAS Philofophicos del Licenciado Hier. de Huerta, Medico del Rey Felipe IV. *Madrid.* Juan Gonzalez. 1628.

CURIOSITEZ de la Nature & de l'Art, par M. l'Abbé de Vallemont.

VARIEDAD con fruto, por D. Andres Heredia, Capitan de Cavallos. *Valencia.* 1672.

MEDECINE.

EL Monftruo horrible de Grecia mortal Enemigo del Hombre, domado por D. Gonzalo Biefto de Olmedilla, Medico de la Real Cartuja del Paular. *Valencia.* 1669.

RECHERCHES de l'Origine & du Mouvement du Sang, du Cœur & de fes Vaiffeaux; du Lait, des Fievres intermittentes, & des Humeurs, par Jacq. Chaillou, Docteur en Medecine. II. Ed. *Paris.* D'Houry. 1699.

ANCHORA Medicinal para confervar la Vida con fanidad, por Doctor Franc. de Fonfeca Henriquez, Medico del Rey de Portugal. *Lisboa.* 1721.

ESSAY sur la Santé & sur les moïens de prolonger la vie, traduit de l'Anglois de M. Cheyne. *Paris*. Rollin. 1725.

ALBERTUS Magnus de Secretis Mulierum. *Amsterdam*. Jansson. 1655.

ARTE de Cozina, Pasteleria, Biscocheria y Conserveria, por Fr. Martinez Montino, Cozinero Major del Rey. *Madrid*. Viuda de Luis Sanchez 1628.

TRAITE' de la Génération des Vers dans le Corps de l'Homme. Par M. Andry. *Paris*. D'Houry. 1714.

DOS Libros, el uno trata de todas las Cosas que traen de Indias Occidentales que servien a la Medicina, y el otro de la Piedra Bezoar y de la Yerva Escorçonera, por el Dotor Nicoloso de Monardés. *Sevilla*.

PRIMERA Parte de los Problemas y Secretos Maravillosos de las Indias, por el Doctor Juan de Cardenas Medico. *Mexico*. Pedro Ocharte. 1591.

BELLES-LETTRES
In Folio.

GRAMMAIRIENS.

GLOSSARIUM universale Hebraïcum. Auct. Lud. Thomassino O. D. J. P. *Paris*. Typ. Regia. 1697.

THESAURUS Linguæ Grecæ ab Henr. Stephano constructus. 1572. 4. Vol.

GLOSSARIUM ad Scriptores Mediæ & Infimæ Latinitatis. Auct. Carolo du Fresne, Domino du Cange, Franciæ apud Ambianos Quæstore. *Paris*. 3. Vol.

DICTIONNAIRE universel François & Latin. *Trevoux*. Ganeau. 1704. 3. Vol.

TESORO de la Lengua Castellana & Española, por el Licenciado D. Sebastian de Cobarruvias. *Madrid*. Sanchez. 1611.

VOCABULARIO Portuguez & Latino. Pelo Padre Raphaël Bulteau. *Coimbre*. 1713. 8. Vol.

PROSODIA sive Vocabularium Bilingue Latinum & Lusitanum digesta per P. Ben. Pereyra S. J. E. N. *Eboræ*. 1697.

ORATEURS.

ORATEURS.

ORATORUM omnium, Poëtarum, Historicorum, ac Philosophorum eleganter dicta per G. V. Albertum de Eyb collecta. 1480.

POLYANTHEA ex Antiquis Recentibusque Auctoribus, opus collectum à Dominico Nano Mirabellio, & Bartholomæo Amantio. Accesserunt huic Editionii Franc. Torii Sententiæ. *Lugduni*. Cholinus. 1585.

POËTES LATINS.

LEs Métamorphoses d'Ovide en Latin & en François; de la traduction de Pierre du Ryer, avec de nouvelles Explications historiques. *Amsterdam*. Waesberge. 1702.

LA Historia que escrivio en Latin el Poetà Lucano traslada en Castellano, por Martin Lusso de Orepesa.

POËTES FRANÇOIS.

L y est le Roman de la Rose. *Paris*. Petit. 1531.

POËTES ESPAGNOLS.

LA Comedia Llamada Thebayda. *Valencia*. 1531.

POËTES PORTUGAIS.

LUSIADAS de Luis de Camoens comentadas por Manuel de Faria y Sousa. *Madrid*. Sanchez. 1639.

RIMAS varias de Luis de Camoens commentadas por Manuel de Faria y Sousa. *Lisboa*. Mello. 1685. 5. Vol. en 2 tomes

OBRAS do grande Luis de Camoês, com os Lusiadas commentados por Manoel Correa, com os argumentos do Joam Franco Barreto escrita por Manoel de Faria Severim. *Lisboa*. Ferreyra 1720.

LAs Obras d'Osias Marco Cavallero Valeciano, traduzidas Por D. Baltazar de Romany. 1539.

LAs quatrocientas Respuestas à otras tantas Preguntas que el illust. Señor D. Fadrique Henriquez Almirante de Castilla y otras Personas embiaron al autor que no quiso ser nombrado, mas de quanto era Frayle menor. *Carogoça.* Bernus. 1545.

COPLAS fechas por Fernand Perez de Guzman de Vicios y Virtudes.

ROMANCIERS.

HISTORIA del Emperador Palmerin. Hechos de Primaleon y Polendos sus Hyos y de Otros Cavalleros que à su Corte vinieron. *Madrid.*

DIALOGUES, HIEROGLYPHES, Emblémes.

DIALOGOS de D. Frey Amador Arraiz, Bispo de Portalegrette. N.E. *Coimbra.* Lomeyro. 1604.

JOH. Pierii Valeriani Bellunensis Hieroglyphica, & alia ejusdem Opuscula. *Item.* Hieroglyphicorum Emblematumq; Medicorum Decas. Auct. Lud. à Casanova Consiliario & Medico Regio. *Lugduni.* Frellon. 1626.

HIEROGLYPHES de Jean-Pierre Valerian, avec les deux nouveaux Livres de Cœlius Curio, traduit par J. de Montlyart. *Lyon.* Frellon. 1615.

RECÜEILS D'OUVRAGES.

LAS Obras de Xenophon transladas de Griego en Castellano por el Secretario Diego Gracian. *Salamanca.* Juan de Junta. 1552.

LES Oeuvres de Plutarque, translatées du Grec en François, par Messire Jacques Amyot. *Paris.* Vascosan. 1572. 2. Vol.

LES Vies des Hommes Illustres, Grecs & Romains, comparées l'une avec l'autre par Plutarque de Cheronnée ; traduites du Grec en François, (par Jacques Amyot,) *Paris.* Vascosan. 1558. 2. Vol.

MARCI Tullii Ciceronis Opera ex Petri Victorii Codicibus castigata. *Lutetiæ.* Rob. Stephanus. 1539. 2. Vol.

OPERE di Torquato Tasso colle Controversie sobra la Gerusalemme Liberata. *Firense.* 1724. 6. Vol.

HIER. Cardani Opera, tam hactenus excusa quam inedita, cura Caroli Sponii D. M. collecta. *Lugduni.* Huguetan. 1663. 10. Vol.

JUSTI Lipsii Opera Omnia. *Antuerpiæ.*

Plantin-Moret. 1637. 4. Vol.

Les Oeuvres de Pierre de Ronsard, Gentilhomme Vendomois, avec des Commentaires. Par Binet. *Paris.* Buon. 1623. 2. Vol.

Les Oeuvres de M. de Balzac, (publiées par M. l'Abbé Caſſagnes.) *Paris.* Jolly. 1675. 2. Vol.

Oeuvres de Nicolas Boileau Despréaux, avec des éclairciſſemens historiques donnez par lui-même. N.E. Augmentée de diverſes Remarques. *Amſterdam.* Mortier. 1716. 2. Vol.

Oeuvres diverſes de M. Bayle. *La Haye.* 1725. 4. Vol.

Obras de D. Diego de Saavedra. *Amberes.* Verduſſen. 1672. 3. Vol.

BELLES-LETTRES
In Quarto.

GRAMMAIRIENS.

Reduction de las Letras y Arte para enſeñar à ablar los mundos por Juan Pablo Bonet. *Madrid.* Abarca de Angale 1620.

Guil Robertſonii Theſaurus Linguæ Sanctæ. *Cantabridgiæ.* 1676.

────── Idem. Londini. 1686.

Explicationes in præcipuam Partem Artis totius Emanuelis Alvari è S.J. quæ ſyntaxim complectitur. à P. Joſepho Suarez S. J. *Ulyſſipone.* Des Landes. 1699.

Explicationes in Partem Primi Libri Artis P. Emanuelis Alvari è S. J. de Nominum Generibus ac de Verborum Præteritis & Supinis, novis curis editæ, opera PP. Collegii D. Antonii. *Ulyſſipone.* des Landes. 1697.

Dictionnarium Ælii Antonii Nebriſſenſis, caſtigatum. Acceſſit Dictionnarium Medicum Lud. Nunii. *Antuerpiæ.* Steelſius. 1545.

Petri Danetii Dictionnarium Latinum & Gallicum, ad uſum Ser. Delphini. *Paris.* Thibouſt. 1691.

Nouvelle Grammaire Françoiſe & Latine, par M. l'Abbé de Beaumont. *Pa-*

ris. Le Fevre 1721.

Le Dictionnaire Roïal du Pere Pomey. N. E. *Lyon.* Molin. 1677.

Remarques sur la Langue Françoise, (par M. de Vaugelas) *Paris.* Courbé. 1655.

Dictionnaire François de Pierre Richelet. *Genêve.* 1694.

Dictionnaire François & Italien, Italien & François, par Phil. Neretti, corrigé par M. Meusnier, Prêtre. *Venise.* Poletti. 1702. 2. Vol.

Le Tresor des deux Langues Espagnoles & Françoises, par Antoine Oudin. *Paris.* Courbé 1645. 2. Vol.

Le même. *Paris.* De Luynes. 1660.

Origem da Lingoa Porteguesa per Duarte Nuñez de Lião. *Lisboa.* Crasbeeck. 1606.

Dictionnarium Lusitanico-Latinum per August. Barbosam. *Brachara.* 1611.

Arte y Vocabulario de la Lengua de los Indios, Chaymas, Cumanagotos, Cores, Parias, y otros diversos de la Provincia de Cumana o nueva Andaluçia. Por el R. P. Fray Franc. de Tauste, Predicador Capuchino. *Madrid.* Villa-Diego. 1680.

Dictionnaire Roïal Anglois & & François, François & Anglois, par M. Boyer. *Amsterdam.* Humbert. 1719. 2. Tomes, 1. Vol.

RHETEURS & ORATEURS.

Mercurius Trismigestus, sive de Triplici Eloquentia, Sacra, Española, Romana. Auctore Magistro Barth. Ximenio Patone. 1621.

Les Femmes Illustres, ou les Harangues Héroïques de Monsieur de Scudery. *Paris.* Sommaville. 1632.

Panegyrique de Trajan, par Pline Second: *Paris.* Sommaville. 1638.

La Fama gelosa della Fortuna. Panegyrico sopra le Nascita, Vita, Azzioni, Governo di Luigi el Grande. Di Greg. Leti. *Gex.* 1680.

MYTHOLOGUES.

Philosophiez antiquez Poetica del Alonso Lopez, Princiano. *Madrid.* Junte. 1596.

Arte Poetica Española, por Juan

Diaz Renfigo. *Barcelona.* Texido. 1703.

THEATRO de los Diofes de la Gentilidad, por el P. Fray Balthafar de Victoria de la Orden de fan Francifco. *Barcelona.* 1722. 3. Vol.

POËTES LATINS.

P. Virgilii Maronis Opera, interpretatione & notis illuftravit Carolus Ruæus, S. J. *Parifiis.* Benard. 1675.

LAS Transformaciones de Ovidio, traduzidas en Tercetos y Octavas Rimas por el Licenciado Viana, con el Commento. *Valladolid.* Cordoua. 1589.

DECLARAÇION Magiftral fobre las Satyras de Juvenal, Principe de los Poëtas fatiricos, por Diego Lopez. *Madrid.* La Carrera. 1642.

POËTES FRANÇOIS.

LES Poëfies de Gombault. *Paris.* Courbé. 1646.

OEUVRES de M. Racine. *Londres.* Tomfom. 1723. 2. Vol.

OEUVRES diverfes de M. Rouffeau. *Londres.* Tomfom. 1723. 2. Vol.

LA Défenfe du Poëme héroïque, avec quelques remarques fur les Oeuvres fatyriques du Sieur Defpréaux, (par Pradon.) *Paris.* Le Gras. 1674.

LAS Obros de Pierre Goudelin, augmentados d'uno noubelo Floureto. *Toulou-fo.* Bofe. 1648.

POËTES ESPAGNOLS.

ORLANDO Furiofo de Ludovico Ariofto, traduzido en Romance Caftellano por D. Hier. de Urrea. *Salamanca.* Terranueva. 1578.

LOS tres Libros de Matheo Maria Boyardo, Conde de Scandiano, Llamados *Orlando Enamorado*, traduzidos en Caftellano por Franc. Carredo de Villena. *Toledo.* Rodriguez. 1581.

LA Victoria del feñor D. Juan d'Auftria en el Golfo de Lepante. Por Hier. *Corte Real.* 1578.

CLARIDANO en dos Puertos, por D. Jofeph Antonio Lopez de Galarza. *Circa.* 1580.

PRIMERA Parte de la Angelica de

Luys Barahona de Soto. *Granada*. Mena. 1585.

PRIMERA Parte de las Elegias de Varones Illuftres de Indias, por Juan de Caftellaños. *Madrid*. Gomez. 1589.

LA Araucana, por D. Alonfo de Ercilla. *Circa*. 1590.

SAGRADAS Poëfias de D. Luys de Ribera. *Sevilla*. Hidalgo. 1612.

LA Numantina de el Licenc. D. Franc. Mofquera. *Sevilla*. Luys Eftupinan. 1612.

EN NAXERA por Juan de Mongafton. Anno de 1618.

VERSOS de Fernando de Uberrera. *Sevilla*. Gab. Ramos. 1619. *Circa*. 1600.

EL Parnaffo Antartico de Obras Amatorias. Por Diego Mexia. *Sevilla*. 1608.

LA Filomena con otras diverfas Rimas, Profas y Verfos, de Lope de Vega Carpio. *Madrid*. Biuda de D. Alonfo Martin. 1621.

LA Vega del Parnaffo por el Frey Lope Felix de Vega Carpio. *Madrid*. Emprenta Real. 1637.

OBRAS en profa y en verfos de Antonio Lopez de Vega. *Madrid*. Emprenta Real. 1652.

OBRAS de D. Luys de Gongora. *Bruffellas*. Foppens. 1659.

RIMAS de Lupercio Idel Dotor Bartol. Leon de Argenfola. *En Zaracoça*. 1634.

VARIAS Rimas de D. Miguel Colodrero de Villalobos. *Cordoua*. Cea Tefa. 1629.

EL Fernando, ô Sevilla reftaurada, Poëma Heroïco efcrito con los verfos de la Gerufalemme Liberata. Por D. Juan Antonia de Vera y Figueroa I. Conde de Rocca. *Milan*. Eftafano. 1632.

POESIAS varias de Jofef Navarro. *Zaragoça*. Luna. 1654.

POEMA Heroïco de la Invencion de la Crux, por el Emperador Conftantino Magno. Por D. Franc. Lopez de Zarate. *Madrid*. Qurate. 1648.

OBRAS varias de D. Franc. Lopez de Zarate. *Alcala*. Fernandez. 1651.

SELVA fagrada d'el Conde D. Bernardino de Rebolledo Señor de Iriam. *Col. Agrip*. Ant. Kimkio. 1657.

OCIOS del Conde D. Bernardino de Rebolledo Señor de Iriam que da à Luz el

Licenc. Ifidoro Florez de Laviada. *Amberes.* 1660.

LAS Obras Poëticas de D. Bern. de Rebolledo Señor de Iriam. *Amberes.* Officina Plantiniana. 1661. 2. Vol.

POESIAS varias, heroïcas, fatyricas, y amorofas de D. Franc. de Trillo y Friguera. *Granada.* Emprenta real. 1652. Circà 1660.

VARIAS Poëfias fagradas y profanas que dexo efcritas D. Antonio de Solis y Ribadeneyra, recogidas y dadas à Luz por D. Juan Goyencehe. *Madrid.* Franc. del Hierro. 1716.

AUTOS facramentales allegoricos y hiftoriales de D. Pedro Calderon de la Barca. En *Madrid.* Manuel Ruiz de Murga. 1717. 6. Vol.

COMEDIAS de Calderon. 9. Vol. *Madrid.* 1725.

COMEDIAS de D. Auguftin Moreto. 3. Vol. En *Valencia.* Benito Mace. 1676.

COMEDIAS de Solis. *Madrid.* Juan de Areftia. 1716.

OBRAS de D. Luys de Villoa Pereyra, profas y verfos. *Madrid.* Sanchez. 1674.

CITARA de Apolo, Poëfias divinas y humanas de D. Auguftin de Salazar. 2. Vol. *Madrid.* Antonio de los Reyes. 1694.

ACADEMIAS Morales de las Mufas por Ant. Henr. Gomez. *Barcelona.* Rafael Figuero. 1704.

RAMILLETE poëtico de las difcretas flores del ameniffimo y delicado numen del Dotor D. Jofeph Tafalda Negrete Abogado de los Confejos de Aragon. II. Ed. *Zaragoza.* 1714.

AGUDEZAS de Juan Oven traducidas en metro Caftellano, illuftradas con adiciones y notas por D. Franc. de la Torre. *Madrid.* Villa-Nueva. 1721. 2. Vol.

POESIAS Comicas, obras poftumas de D. Francifco Baufes de Candarno. *Madrid.* 1722. Blas de Villanueva. 2. Vol.

COMEDIAS nuevas con los mifmos Saynetes, que fe reprefentaron en el rotiros y falon de Palacio de D. Antonio de Zamora en *Madrid.* Diego Martinez. 1722. 2. Vol.

POEMA Tragico del Efpañol Gerardo y defengano del Amor lafcivo nuevamente corregido por D. Gonzalo de Cefpedes. *Madrid.* Mart. Abad. 1723.

DELICIAS de Apolo hechas de variaz Poësias de los mejores ingenios de España. *Zaragoça*. Juan Ybar. 1670.

MODO para vivir eternamente, Discurso moral y politico y traducion del admirabile mancebo Mich. Verino. Por D. Pedro Alexandro de Arreffe y Ontiveros de Antequera. *Madrid*. Fr. Ant. de Villa-Diego. 1710.

LOS Lufiadas de Luys Camoës traduzidos de Portugues en Caftellano. Por Henr. Garces. *Madrid*. Drouye. 1591.

POËTES PORTUGAIS.

VITA Chrifti, Poëma de Manoel das Povoas Canonigo de *Lifboa*. 1614.

O Phœnix da Lufitania ou Aclamaçam de Sereniffimo Rey de Portugal D. Joam IV. Nome. Por Manoel Thomas. *Ruam*. Maury. 1649.

RECUEIL de Vers Portugais.

MUSICA do Parnaffo, dividida en quatro Coros de Rimas Portughefas, Caftelhanas, Italianas & Latinas, Pelo Capitam Mor Manoel Botelho de Oliveyra. *Lifboa*. Manefcal. 1705.

EL Foraftero, por Iacinte Arnal de Bolea. *Caller*. Gobetti. 1636.

EPISTOLAIRES.

EPISTOLAS familiares de D. Antonio de Guevara, Obifpo de Mondonedo. *Madrid*. And. Garcia de la Iglefia. 1673.

EPISTOLAS varias de D. Felix de Lucio Efpinofa y Malo. *Madrid*. Franc. Sauz. 1675.

RECUEILS D'OUVRAGES.

LES Vies des Hommes Illuftres, Grecs & Romains, traduites du Grec de Plutarque. Par J. Amyot, avec quelques autres Vies, traduites par Charles de Lefclufe. *Paris*. Perier. 1606.

LES Oeuvres de M. Sarrazin. *Paris*. Courbé. 1656.

LES Entretiens de M. de Voiture & de M. Coftar. *Paris*. Courbé. 1654.

OEUVRES mêlées de M. de S. Evremont. N. Ed. Londres. Tomfom. 1709. 3. Vol.

OEUVRES de M. de Tourreil. *Paris.* Brunet. 2. Vol.

TUTE le Opere di Nicolo Machiavelli Cittadino & Secretario Fiorentino, en 1550.

DISCOURS de l'Etat de Guerre & de Paix, de N. Machaviel, traduit de l'Italien en François, ensemble un Traité du même Auteur, intitulé le Prince. *Paris.* Courbé 1637.

JOH. Christophori Wagenseilii in Academia Aldtorfina Professoris Exercitationes sex varii argumenti. *Aldtorsi. Noricorum.* 1686.

CHOROGROPHIA de Alguns Lugares que stam em hum Caminho, que fez Gaspar Barreiros õ anno de MDXXXXVI. Começado na Cidade de Badajoz em Castella, te à de Milam em Italia, con algunas outras obras. *Coimbra.* Alvarez. 1561.

OBRAS de Lorenzo Gracian. *Amberes.* Corn. Verdussen. 1702. 3. Vol.

OBRAS varias de Antonio Lopez de Vega. *Madrid.* 1652.

OBRAS de D. Franc. de Quevedo Villegas *Brussellas.* Foppens 1660. 2. Vol.

LAS Obras de Juan Perez de Montalvan Notario del sancto Officio de la Inquisiçion. *Madrid.* 1666.

OBRAS en Prosas y versos de Salvador Jacinto Polo de Medina. *Madrid.* Pasqual. 1715.

DISCURSOS varios politicos, por Manuel Severim de Faria Chantre y Conego na santa Sê de Evora. Carvalho. 1624.

LAS Obras de Alvaro Ferreira de Vera. *Lisboa.* Rodriguez. 1631.

OBRAS Historicas, politicas, filosophicas y morales de D. Juan de Zabalete E. v. *Barcelona.* Texido. 1704.

BELLES LETTRES
IN-OCTAVO ET IN-DOUZE.

GRAMMAIRIENS.

ARS Critica Joannis Clerici IV. Editio *Amstelodami*. Apud Janſonios Waſbergios. 1712. 3. Vol. *in-douze.*

GRAMMAIRE genérale & raiſonnée, III. Edition. *Paris.* Le Petit. 1676. *in-douze.*

L'HARMONIE Etymologique des Langues, où l'on montre qu'elles ſont toutes deſcenduës de l'Hébraïque, par Eſtienne Guichard, Lecteur Royal ès ſaintes Langues. *Paris.* Le Roy 1619. *in-octavo.*

EMANUELIS Alvari è S. J. de inſtitutione Grammatica. *Argentorati.* Dolhopff. *in-douze.*

NOUVELLE Méthode de Mrs du Port-Royal, pour apprendre facilement la langue Latine. *Paris.* La veuve Mabre-Cramoiſy 1691. *in-octavo.*

ABREGÉ de la nouvelle Méthode, préſentée au Roi, pour apprendre facilement la langue Latine, nouvelle Edition. *Paris.* Dupuis. 1704. *in-douze.*

LES Regles & les difficultez de la Grammaire Latine, dans un ordre alphabetique, par M. le Clerc, Maître ès Arts. *Paris.* Châtelain. 1708. *in-douze.*

NOUVEAUX Rudimens de la Langue Latine. *Paris.* Thibout. 1708. *in-douze.*

NOUVELLE Méthode, contenant une explication des Particules, & des differentes manieres de parler. *Paris.* Thibout 1700. *in-douze.*

FR. Pomey S. J. Indiculus univerſalis. *Lyon.* Molin. 1675. *in-douze.*

LE Maître Italien par le Sr Veneroni, révû, corrigé & augmenté d'un Maître François, avec les ſentimens de pluſieurs Auteurs, par L. de l'Epine, Docteur en Theologie. *Milan.* Quints. 1702. *in-douze.*

DITTIONARIO Toſcano del Si-

BELLES LETTRES IN-OCTAVO ET IN-DOUZE. 51

gnor Adriano Politi 11. E. in *Venetia*. 1628. *in-octavo*.

GRAMMATICA Spanuola ed Italiana composta da Lor. Franciosini, Fiorentino *Geneva*. Chouet. 1648. *in-octavo*.

NOUVELLE Grammaire Espagnole, par M. l'Abbé de Vayrac. *Paris*. 1714. *in-octavo*.

REGRAS da Lingua Portuguesa espelho da lingua Latina, Pelo Padre D. Jeronymo Contador de Argote Clerigo Reglàr 11. Ed. *Lisboa* 1725. *in-octavo*.

DU bon & mauvais usage dans les manieres de s'exprimer, des façons de parler bourgeoises, & en quoi elles sont differentes de celles de la Cour, suite des mots à la mode (par M. de Callieres.) *Paris*. Brunet. 1698. *in-douze*.

RE'PONSE à une Critique satyrique, intitulée l'Apothéose du Dictionnaire de l'Academie Françoise, par M. Mallemant de Messange. *Paris*. Ballard. 1696.

RHETEURS ET ORATEURS.

M. Fabii Quintiliani Institutionum Oratoriarum Libri XII. Access. Declamationes, cum Pithoei, Turnebi, Camerarii, Parei, Gronovii & aliorum notis *Lugd. Batav.* Hackius 1665.

LA Réthorique Françoise. *Paris*. Jouvenel 1698. *in-douze*.

SYSTEMA Rhetorico, Cartas da Eloquencia, dictadas y dedicadas à Academia dos Anonimos Pelo Academico *Lisboa* Matt. Pereyra da Silva 1719. *in-douze*.

HARANGUE Panegyrique de Trajan par Pline II. traduite en françois. *Paris*. Quinet 1643. *in-octavo*.

PANEGYRIQUE de Trajan par Pline II. de la traduction de M. l'Abbé Esprit. *Paris*. Le Petit 1677. *in-douze*.

POETIQUES.

MYTHOGRAPHI Latini cum Notis & Commentariis perpetuis Thomæ Munckeri. *Amst.* Joh. à Someren. 1681. 2. Vol. *in-octavo*.

PHILOSOPHIA secreta de Gentilidad, por el Bach. Juan Perez de Moya.

Madrid. Vid. Martin 1628. *in octavo.*

LA Philofophie des Images Enigmatiques par le Pere Meneftrier Jefuite. *Paris.* Hortemels. 1694. *in-douze.*

TRAITE' du Poëme Epique par le R. P. le Boffu, Chanoine de fainte Geneviève. *Paris.* Le Petit 1675. *in-douze.*

POETES GRECS.

LA Ulyxea de Homero traduzida de Griego en lengua Caftellana, por el Secretario Gonç. Perez. *Anvers.* Steelfius 1556. *in-octavo.*

L'ILIADE, Poëme, avec un difcours fur Homere, par M. de la Mothe de l'Academie Françoife. *Paris.* Dupuis. 1714. *in-douze.*

REFLEXIONS fur la Critique, par M. de la Mothe de l'Academie Françoife, avec plufieurs Lettres de M. l'Archevêque de Cambray & de l'Auteur. *A Paris.* Dupuis. 1715. *in-douze.*

DISSERTATION Critique fur l'Iliade d'Homere, par l'Abbé Terraffon. *A Paris.* 1715. 2. Vol. *in-douze.*

POETÆ Græci Minores, cum Obfervationibus Radulphi Wintertoni in Hefiodum. *Cantabrigiæ.* J. Hayes. 1684.

LE Pindare Thebain, traduction mêlée de Vers & de Profe par le Sr de la Gaufie. *Paris.* Laquilas. 1626. *in-octavo.*

CENTO Favole morali dei piu illuftri antichi & moderni Autori græci & latini. *Venetia.* 1599. *in-douze.*

POETES LATINS.

M. Accii Plauti, Comediæ xx. fuperftites. *Amft.* Janffon. 1629. *in-feize.*

—— Eædem. *Amftelod.* Blaeu. 1640. *in-feize.*

M. Accii Plauti Comediæ accedit Commentarius ex Variorum notis & obfervationibus, ex recenfione J. Fr. Gronovii. *Lugd. Batav.* Hackius 166. *in-octavo* 2. Vol.

P. Terentii Comœdiæ fex, accedunt Donati Commentarius integer, & Variorum notæ felectæ, accur. Corn. Schrevelio. *Lugd.* Batav. 1651. *in-octavo.*

TITI Lucretii Cari de Rerum natura Libri VI. quibus interpretationem &

notas addidit Thom. Creech. Oxon. *Theat. Scheld.* 1695. *in-octavo.*

LES Oeuvres de Lucrece, traduites en françois, avec des remarques sur tout l'ouvrage, par M. le Baron des Coutures. *Paris.* Guillain. 1692. 2. Tom. 1. Vol. *in-douze.*

PUB. Virgilii Maronis Opera omnia cum notis selectissimis Variorum, Servii, Donati, Pontani, Farnabii, &c. opera & studio Corn. Scherpzelii. *Lugd. Batav.* Hackius. 1666. *in-octavo.*

REMARQUES sur Virgile & sur Homere, & sur le stile poëtique de l'Ecriture sainte, où l'on réfute les inductions pernicieuses, que Spinoza, Grotius & M. le Clerc en ont tirées, & quelques opinions du Pere Mallebranche, du Sr l'Elevel & de M. Simon. (par Valentin Faydit.) *Paris*, 1705. *in-douze.*

Q. Horatius Flaccus cum Commentariis selectissimis Variorum & scholiis integris J. Bond, Acc. Corn. Schrevelio. *Lugd. Batav.* Hackius. 1663. *in-octavo.*

LES Oeuvres d'Horace, traduction nouvelle, (par le P. Tarteron,) 11. Edition. *Paris.* Pralard. 1700. *in-douze.*

P. Ovidii Nasonis Opera omnia ex accuratissima N. Heinsii recensione & Variorum notis. Acc. Corn. Schrevelio. *Lugd. Batav.* Leffen. 1662. 3. Vol. *in-octavo.*

PHÆDRI Augusti Cæsaris Libertini Fabularum libri IV. Notis perpetuis illustrati & cum integris aliorum observationibus in lucem editi à J. Laurentio J. C. *Amst.* Jansson à Waesberge. 1667. *in-octavo.*

LES Fables de Phedre, traduites en françois, avec des Notes. *Roüen.* Herault. 1686. *in-douze.*

LA Pharsale de Lucain, ou les Guerres Civiles de Cesar & de Pompée, en vers françois, par M. de Brebeuf. *Paris.* Sommaville 1659. *in-douze.*

L. Annæi Senecæ Tragœdiæ cum exquisitis Variorum observationibus & nova recensione Ant. Thysii J. C. *Lugd. Batav.* Moyardus 1659. *in-octavo.*

AULO Persio traduzido en lengua Castellana y commentado por Diego Lopez. *Burgos.* Varesio 1609. *in-octavo.*

JUVENALIS Satyræ, cum notis T.

Farnabii. *Amst.* Blaeu. 1659. *in-douze.*

M. Valerii Martialis Epigrammata cum notis Farnabii & Variorum, acc. Corn. Schrevelio. *Lugd. Batav.* Hackius. 1656. *in-octavo.*

Publii Papinii Statii Carmina, cum notis Variorum, accur. Joh. Veenhusen. *Lugd. Batav.* 1671. *in-octavo.*

M. Ausonii Burdigalensis Opera, ex recensione Jac. Tollii, & cum integris Scaligeri, Mariang. Accursii, Freheri & Schrevelii & selectis, Vineti, Barthii Acidalii Gronovii & Grævii notis. *Amst.* Blaeu. 1671. *in-octavo.*

POETES ITALIENS.

Aminta de Torquato Tasso, traduzida de Italiano en Castellano por D. Juan de Jauregni. *Roma.* Paulino. 1607. *in-octavo.*

Il Conquisto di Granata del Signor Girol. Gratiani. *Paris.* 1654. *in-douze.* 2. Vol.

Il Pastor fido, ou le Berger fidelle, traduit de l'Italien du Guarini par M. de Marandé. *Paris.* Loison. 1661. *in-douze.*

POETES FRANCOIS.

Les Oeuvres de Clement Marot, Valet de Chambre du Roi. *Paris.* 1544.

Les Oeuvres de François Villon, revûës par Marot, *in-douze.*

La Metamorphose des yeux de Philis en Astres, Pastorale par M. Boursault. *Paris.* De Luynes. 1655. *in-douze.*

Le Théatre de Pierre Corneille. *Amst.* Des Bordes 1701. 5. Vol. *in-douze.*

Le Théatre de Thomas Corneille. *Amst.* Des Bordes. 1701. 5. Vol. *in-douze.*

Les Oeuvres de M. de Moliere. *Utrecht.* Wandewater. 1723. 6. Vol. *in-douze.*

Oeuvres de Racine. *Amst.* Bernard. 1722. 2. Vol. *in-douze.*

Fables choisies, mises en vers par M. de la Fontaine, 5. Vol. *in-douze.* *Paris.* Par la Compagnie des Libraires, en 1719.

Contes & Nouvelles en vers, par M. de la Fontaine, nouvelle édition, augmentée de Tailles douces, dessinées par M. Romain de Hooge, 2. Vol. *in-douze.* *Amst.* chez Estienne Lucas 1721.

Recueil de Piéces galantes, en

BELLES LETTRES IN-OCTAVO ET IN-DOUZE. 55

prose & en vers, par M. Pelisson & Madame de la Suze. *Lyon.* Boudet. 1695. 4. Tom. 2. Vol.

POESIES de Madame des Houlieres, nouvelle édition. *Paris.* Villette. 1707. 2. *in-octavo.* 1. Vol.

LES Oeuvres de M. Regnard. *Bruxelles.* Serstevens. 1711. 2. Vol. *in-douze.*

LES Oeuvres de M. Boursault. *Amst.* Du Villard. 1721. 2. Vol. *in-douze.*

LE Théatre de M. de la Fosse. *Amst.* Des Bordes. 1703. *in-douze.*

OEUVRES de M. de Campistron, de l'Academie Françoise. *Amst.* Valat. 1722. 2. Vol. *in-douze.*

LE Théatre de M. de la Grange. *Amst.* Des Bordes. 1703. *in-douze.*

LES Oeuvres de M. de Crebillon. *La Haye.* Jonhson. 1720. *in-douze.*

DISCOURS Satiriques en Vers. *Cologne.* 1696. *in-douze.*

POESIES Chrétiennes, heroïques & morales, par M. l'Abbé du Jarry. *Paris.* Billiot. 1715. *in-douze.*

SUPPLEMENT aux Oeuvres de M. Rousseau, donné au public par M. D. (des Maizeaux.) *Londres.* Tonson & Wats. 1723. *in-douze.*

LA Ligue, Poëme de M. de Voltaire, avec quelques autres piéces du même Auteur. *Amst.* 1724. *in-douze.*

LA Ligue, ou Henry le Grand, Poëme Epique, par M. de Voltaire. *Geneve.* Моκραρ. (*Paris.*) 1724. *in-octavo.*

NOUVEAU Recüeil des Epigrammatistes François, (par M. de la Martiniere.) Westein. 1720. 2. Vol. *in-douze.*

NOUVEAU Recüeil de Chansons choisies. *La Haye.* Neaulme. 1723. *in-douze.*

RECUEIL d'Enigmes, *in-douze.*

LE Théatre Italien de Gerhardi. *Amst.* Le Cene. 1721. 6. Vol. *in-douze*

POETES ESPAGNOLS.

LA Carolea. *Valencia.* Juan de Arcos 1560. *in-octavo.*

FLORESTA de Varia Poësia, por el Doctor Diego Ramirez Pagan. *Valencia.* Joa. Navarro. 1562. *in-octavo.*

THEORICA de Virtudes en Coplas y con commento, y otras obras de D. Francisco de Castilla. *Alcala.* 1564.

LAS Obras de Cristoval de Castillejo, corregidas y emendadas por madado del Confejo de la fanta y General Inquifiçion. *Madrid.* Pedro Cofin. 1573. *in-octavo.*

PROPALADIA de Bartolome de Torrez Naharro y Lazarillo de Tormes, todo corregido por mandado del Confejo de la fanta y General Inquifiçion. *Madrid.* 1573.

DIALOGOS de Varias queftiones en Dialogos y metro Caftellano fobre diverfas materias con un Romance al cabo del dia final del juyzio y de fus finales, por Lorenzo Fuarez de Chaves. *Alcala.* Juan Gracian. 1577. *in-octavo.*

OBRAS del famofo Poëta Juan de Mena, nuevamente corregidas y declaradas por el Maeftro Sanchez Cathedratico de prima de Rhetorica en la Univerfidad de Salamanca. *Salamanca.* Luig de Junta. 1582. *in-douze.*

TRIUMPHOS morales de Franc. de Guzman, nuevamente corregidos. *Medina del Campo.* Franc. del Canto. 1587. *in-octavo.*

PRIMERA y fegunda parte de las Guerras de Malta y Toma de Rodas, por D. Diego Santiftevan Oforio. *Madrid.* 1595.

PRIMERA parte de Sagunto, Numancia y Cartago, por Lorençio de Zamora. *Madrid.* 1607.

QUATRO Comedias de D. Luis de Gongora y Lope de Vega Carpio. *Madrid*, 1617. *in-douze.*

VARIAS Poëfias de Francifco Lopez de Zarate. *Madrid.* 1629.

RIMAS de D. Antonio de Paredes. *Cordoua.* Cea. 1623. *in-octavo.*

DESENGANO de Amor en rimas del Licenciado Pedro Soto de Rojas. *Madrid.* Viuda Alonzo Martin 1623. *in-octavo.*

RIMAS y Profas junto con la fabula de Leandro y Hero, por D. Gabriel Bocangel y Uncueta. *Madrid.* Juan Goncalez. 1627. *in-octavo.*

OBRAS de Anaftafio Pantaleon de Ribera, illuftradas por D. Jofeph Pellicer de Tovar, Cronifta de Caftilla y Leon. *Madrid.* Franc. Martines. 1634. *in-octavo.*

S. Ifidro, poema Caftellano por Frey Lope Felix de Vega Carpio. *Madrid.* Emprenta del Reyno. 1638. *in-octavo.*

ORFEO en lengua Caftellana, por

el Doctor Juan Perez de Montalvan. *Madrid*. La Emprenta del Reyno. 1638. *in-octavo.*

Romances de Germania de Varios Autores compuesto por Juan Hidalgo. *çaragoça.* 1644. *in-douze.*

Ocios de el Condé de Rebolledo Señor de Irian, dio los à Luz el Licenç Isidro Florez de Laviada, Natural de la Ciudad de Leon. *Amberes.* 1650. *in-octavo.*

Obras Postumas divinas y humanas de D. Felix de Arliaga. *Alcala*. Maria Fernandez. 1650. *in-octavo.*

Jardin de Apolo. Academia celebrada por differentes Ingenios, recogida par D. Melchor de Fonseca de Almeyda 1655. *in-octavo.*

Las Vigilias del Sueno, representadas en las tablas de la Noche y dispuestas con varias Flores del ingenio, por el Bachiller D. Pedro Alvarez de Lugo y Uso de Mav. *Madrid*. Pablo de Val. 1664. *in-octavo.*

Comedia sin Musica de Dom Andrés d'Avila y Heredia. *Valencia*. Benito Malo. 1676. 1. Vol. *in-douze.*

POETES PORTUGAIS.

La Luziada de el famoso Poëta Luys de Camoes, traduzida en verso Castellano de Portugues, por el Maestro Luys Gomez de Tapia. *Salamanca*. Joan. Perier. 1580. *in-octavo.*

Varias Poësias de Paulo Gouça Alvez d'Andrado. *Coimbra*. Manoel Diaz 1658. *in-octavo.*

Poesias varias de Andre Nunez da Sylva, recolhidas por Domingo Carneiro. *Lisboa*. Domingo Carneiro. 1671. *in-octavo.*

As Obras do Doutor Franc. de Sao de Mirada, agora de nuevo impressas, *Lisboa*. Ant. Leite. 1677. *in-douze.*

Musa Jocosa de varios Entremezes Portugueses & Castelhanos, por Nuno Nisceno Sutil. *Lisboa*. Miguel Manescal. 1709. *in-octavo.*

Arcadia, prosas y versos de Lope de Vega Carpio del Abito de S. Juan. *Madrid*. Melchor Sanchez. 1675. *in-douze.*

Les Avantures de Telemaque, fils d'Ulisse, (par François de Fenelon, Archevêque de Cambrai.) *La Haye*. Moetjens. 1710.

LA Telemacomanie, ou la Cenfure du Roman intitulé, les Avantures de Telemaque, fils d'Uliffe, (par Valentin Faydit,) 1700. *in-douze*.

PRIMERA y fegunda parte de la Diana de George de Montemayor. *Madrid*. 1722. *in-octavo*.

AURORAS de Diana, por Pedro de Caftro y Anayo. *Malaga*. 1640.

ARCADIA Profas y verfos de Lope de Vega Carpio, con una expoficion de los nombres hyftoricos y poeticos. *Madrid*. 1675.

PASTORES de Belen, profas y verfos divinos de Vega Carpio. *Madrid*. 1675.

VIDA y hechos del Ingeniofo Cavallero Don Quixote de la Mancha, por Miguel de Cervantes Saavreda. N. E. Amberes. *Verduffen*. 1697. 2. Vol. *in-octavo*.

NOUVELLES Avantures de Dom Quichotte, compofées par le Licentié Alonfo Fern. de Avellaneda. (M. le Sage.) 1716. 2. Vol. *in-douze*.

HISTORIAS Tragicas exemplares facadas del Bandello, nuevamente traduzidas de las que en lengua Franceffa adornaron Pierres Bouiftau y Francifco de Belleforeft. *Madrid*. Madrigal 1596. *in-octavo*.

LES Nouvelles de Michel de Cervantes, traduites par le S.r Daudiguier. *Paris*. Richer. 1621. *in-octavo*.

RECREATIONS galantes, contenant diverfes queftions. *A Paris*. Eftienne Loifon. 1671. *in-octavo*.

LETTRES à Madame la Marquife *** fur le fujet de la Princeffe de Cleves, (par M. de Valincourt.) *Paris*. Marbre-Cramoify. 1678. *in-douze*.

CONVERSATIONS fur la Critique de la Princeffe de Cleves. *Paris*. Barbin. 1679. *in-douze*.

LES Avantures de ** ou les Effets de la Sympatie. *Amft.* La Compagnie. 1715. 2. Vol. *in-douze*.

LA Comteffe de Vergi, nouvelle hiftorique, galante & tragique, par M. L. C. D. V. *A Paris*, chez Jean Pepingué. *in-douze*. 1722.

LES Journées amufantes, par Ma-

BELLES LETTRES IN-OCTAVO ET IN-DOUZE. 59

dame de Gomez. *Paris*. Mazuel. 1722. 2. Vol. *in-douze*.

La Pierre Philosophale des Dames, ou les Caprices de l'Amour & du Destin, par M. l'Abbé de Castelas, 2. parties *in-douze* dans le même Vol. *Paris*. Jean Pepingué. 1723.

Les Anecdoctes Persannes (par Madame de Gomez.) *Paris*. 1727. 2. Vol. *in-douze*.

Memoires de M. d'Artagan, Capitaine-Lieutenant des Mousquetaires. *Amst*. De Coup. 1715. 3. Vol. *in douze*.

Memoires de Gaspard Comte de Chavagnac. *Amst*. Malherbe. 1700. *in-douze*.

Memoires de la Vie du Comte de Grammont, (par Mylord Hamilton.) *Rotterdam*. Bos. 1716. *in-douze*.

Memoires de Madame du Noyer, par elle-même. 2. Edition 3. Vol. *in-douze*.

Titi Petronii Arbitri, Equitis Romani Satyricon, accedunt diversorum Poëtarum Pervigilium Veneris, lusus in Priapum & coetera ejusdem generis, omnia Commentariis & Notis doctorum virorum illustrata, concinnante Michaële Hadrianide. *Amst*. Blaeu. 1669. *in-octavo*.

La Contre Critique de Petrone, ou Réponse aux observations sur les fragmens trouvez à Belgrade en 1688. avec la réponse à la Lettre sur l'ouvrage & la personne de Petrone. *A Paris*. 1700. *in-douze*.

Libro del Lucio Apuleyo del Asno de oro, traduzido en Romance Castellano.

Les Oeuvres de M. François Rabelais. 2. Vol. *in-douze*, en 1659.

Les Mondes Celestes, Terestres, & infernaux, tirez des Oeuvres de Doni Florentin, par Michel Chapuis, Tourangeau. *Lyon*. Barthelemy Honorati. 1518.

J. Barclaii Argenis, nunc primum illustrata. *Lugd. Batav.* Hackius. 1659. *in-octavo*. 2. Vol.

Jo. Barclaii, editio novissima, cum clave. Amstelodami ex officina Elzeviriana, *in-douze*. 1671.

Euphormionis Lusinini sive J. Barclaii Satyricon, Notis & Clavi illustratum; accessit Conspiratio anglicana.

Ludg. Batav. Hackius. 1674. *in-octavo.*

L'Utopie de Thomas Morus, nouvellement traduite de l'Anglois en François par M. de Guedeville. *Amsterdam.* Westein. 1717. *in-douze.*

L'Atlantis de Madame de Manley, traduite de l'Anglois. *La Haye.* Scheurler. 1713. 3. Vol. *in-douze.*

Relation du voyage du Prince de Montberaud, dans l'Isle de Nandely. *Merinde.* 1716. *in-douze.*

La Vie & les Avantures surprenantes de Robinson Crusoë, traduites de l'Anglois (par M. Van Effen & de Vaux.) *Amst.* (ou plûtôt *Rouen.*) 1720. 4. Tom. 3. Vol. *in-douze.*

La Vie, les Avantures & le Voyage de Groenland, du P. Cordelier, P. de Messanges. *Amst.* Rezer. 1720. 2. Vol.

La Picara Montagnesa Lamada Justina, con una Arte poëtica que contiene la differencia de verso por el Licenciado Francino Lopez de Ubeda. *En Barcelona.* Pedro la Cavalleria. 1640. *in-douze.*

La Gardana de Sevilla y Anzuelo de las bolsas, por D. Alonso de Castillo. *En Longrono.* 1643. *in-douze.*

La Vida y Hechos del Picaro Gusman de Alfarache, por Matteo Aleman. *Amberes.* 1681. *in-octavo.*

La Vida de Lazarillo de Tormes. Off. Plantiniana 1602. *in-douze.*

La Vida de Lazarillo de Tormes, nouvelle traduction par Mr P. B. P. *A Paris.* Nicolas Bonfons. 1669. *in-douze.*

La Antiguedad y Noblezza de los Ladrones. *Paris.* 1619. *in-douze.*

Don Diego de Troche, por Don Alonso Geronymo de Sabars Barbadillo. *En Barcelona.* Estevan Liberos. 1624. *in-douze.*

Le Diable Boiteux, nouvelle édition. *Paris.* Ribou. 1727. 2. Vol.

Avantures de Don Antonio de Buffalis, histoire Italienne, *in-douze. A la Haye.* Jean Neulme. 1722.

La Vie & les Avantures du Seigneur Rozelli. 4. édit. *Paris.* 1722. 3. Vol. *in-octavo.*

Histoire & Avantures de Dona Rufina, fameuse courtisane de Seville,

traduite

BELLES LETTRES IN-OCTAVO ET IN-DOUZE. 61

traduite de l'Espagnol. *Amst.* Du Sauzet. 1723. *in-douze.*

CONTES & Nouvelles de Bocace Florentin, seconde édition, 2. Vol. *in-douze. Cologne.* Jacques Gaillard. 1722.

LES Facetieuses Nuits du Seigneur Staparole. (avec des Notes par M. Geulette.) 1726. 2. Vol. *in-douze.*

CONTES & Nouvelles de Marguerite de Valois, Reine de Navarre; enrichis de Tailles douces. *Amsterdam.* George Gallet. 1700. *in-douze.*

CONTES & Nouvelles, & joyeux Devis de Bonnaventure des Perriers; on a joint à cette édition des observations sur le *Cymbalum Mundi. Cologne.* Pierre Gaillard. 1711. *in-douze.*

LE Conte du Tonneau, contenant tout ce que les Arts & les Sciences ont de plus sublime, traduit de l'Anglois du Docteur Swifth (par M. Van Effen.) *la Haye*, Henry Scheurleer. 1721. 2. Vol. *in-douze.*

DICTIONNAIRE Comique, Satyrique, Critique, Burlesque, Libre & Proverbial, par Philippe Joseph le Roux. *Amst.* Le Cene. 1718. *in-octavo.*

L'ELOGE de la Folie, en forme de declamations, par Erasme de Rotterdam, traduit en François par M. de Guedeville. *La Haye*, Pierre Vander Aa. 1711. *in-octavo.*

PLUTON Maltotier, nouvelle galante, divisée en six parties; Adrien l'Enclume, gendre de Pierre Marteau. *Cologne.* 1712. *in-douze.*

ALMANACH des Coquettes, pour l'année 1657. *Paris.* Sercy 1657. *in-douze.*

PORTRAIT de la Coquette. *Paris.* Prudhomme. 1701. *in-douze.*

UNIVERSIDAD de Amor y Escuelas del interes. Verdades Soñadas o Sueno verderado al pedir de las Mugeres, por el Mestro Antoninez de Piedrabuena. *Madrid.* Martin. 1639. *in-octavo.*

—— El mismo. *Madrid.* 1664.

DIALOGISTES.

DES. Erasmi Roter. Colloquia, cum notis selectis Variorum. Acc. Cor. Schrevelio. *Ludg. Batav.* Hackius. 1664. *in-octavo.*

DESIDERII Erasmi Roterdami Colloquia cum Notis. Editio novissima *Parisiis.* Vidua Claudii Thibout, & Petrus Esclassan. 1621. *in-douze.*

LES Entretiens de feu M. de Balzac *Leyde.* Elzevier. 1659. *in-douze.*

LES Entretiens d'Ariste & d'Eugene, (par le P. Dominique Bouhours.) IV. Edition. *Paris.* Sebastien Mabre-Cramoisy. 1673. *in-douze.*

SENTIMENS de Cleante sur les Entretiens d'Ariste & d'Eugene, (par M. Barbier d'Aucourt.) II. Edition. 2. Vol. *Paris.* Barbin. 1700. *in-douze.*

DE la Delicatesse, (par le P. Bouhours.) *Paris.* Claude Barbin. 1671. *in-douze.*

LES Solitaires en belle humeur, Entretiens recueillis des papiers de feu M. le Marquis de N * * * *Paris* 1722.

PROMENADES de M. de Clairanville. Cologne. (*Amst.* Du Sauzet) 1723. *in-douze.*

CAPPRICCIOSI è piacevoli Ragionamenti di M. Pietro Aretino. N. E. 1660. *in-octavo.*

DIALOGHI Piacevoli composti in Castigliano é tradotti in Toscano da Lor. Franciosini Professore in Siena della Lingua Italiana. *Venezia.* 1636. *in-octavo.*

C. Plinii Cœcilii Secundi Epistolarum Libri x. cum Notis integris Isaac. Casauboni, Jani Gruteri, H. Stephani, Aug. Buchneri, Casp. Barthii, Joh. Frid. Gronovii, selectissimisq. Joh. Mariæ Catanæi, Ritterhusii & aliorum. Acc. Joh. Veenhusio Bremensi. *Lugd. Batav.* Hackius. 1669. *in-octavo.*

LETTRES Choisies de feu M. Guy Patin, contenant plusieurs particularitez historiques sur la vie & la mort des Sçavans, depuis 1645. jusqu'en 1671. en 3. Vol. *in-douze.* Henry Van bulderen. *la Haye.* 1707.

NOUVEAU Recueil des Lettres Choisies de feu M. Patin, Tome IV. independant des trois premiers, *in-douze. Rotterdam*, Renier Leers., en 1695.

LETTRES de M. Roger de Rabutin, avec les Réponses 5. Vol. *in-douze. Paris.* Florentin de Laulne. 1721.

BELLES LETTRES IN-OCTAVO ET IN-DOUZE. 63

LETTRES de M. Bourfault, IV. Edition. *Paris.* Le Breton. 1722. 3. Vol. *in-douze.*

LETTRES choifies de M. Simon, où l'on trouve un grand nombre de faits ancedotes de litterature. *Amsterdam.* Loüis de Lorme 1700. 3. Vol. *in-douze.*

LETTRES choifies de M. Bayle, avec des Remarques, par Profper Marchand. Chez Fritfch & Bohm. 3. Vol. *in-douze. Rotterdam.* 1716.

LETTRES écrites de la Campagne, P. D. A. (par M. de Sainte Hyacinthe.) *La Haye.* Alex. de Rogiffart. 1721. *in-douze.*

LETTRES Perfannes, II. Edition *in-douze. Cologne.* Pierre Marteau. 1721. 3. Vol.

LETTRES Galantes & Philofophiques par Madame *** *Cologne* Pierre Marteau. 1721. *in-douze.*

LETTRES Curieufes fur divers fujets, (par M. Du Val.) *Paris.* Pepie. 1725. 2. Vol. *in-douze.*

L'ARGUTE & facete Lettere de M. Cefare Rao di Aleffano, Cita di Terra d'Otranto. *Vicenza. in-octavo.*

LUGARRES Communes de Lettras humanas traduzidos de Tofcano en Caftellano, por D. Diego Agreda. *Madrid.* Vidua Martin. 1616. *in-octavo.*

Philogues, Mêlanges, Ana, &c.

AULI-GELLII Noctes Atticæ, cum felectis novifq. Commentariis & accuratâ recenfione Ant. Thyfii, & Jacobi Oifelii J. C. *Lugd. Batav.* Pet. Leffen. 1666. *in-octavo.*

AUR. Theod. Macrobii Opera; accedunt notæ integræ J. Pontani, Joh. Meurfii & Jac. Gronovii. *Lugd. Batav.* Doude. 1670. *in-octavo.*

ALEXANDRI ab Alexandro Jurisperiti Neapolitani Dierum Genialium Libri fex, apud Nicolaum Chefneau. *Paris.* 1655. *in-douze.*

SILVA de Varia Lecion agora ultimamente emendada y de la quarta parte anadida, por el Cavallero Pedro Mexia de Sevilla. *Envers.* Bidua Ytterederos de Pedro Bellero. 1603. *in-octavo.*

SCALIGERANA, avec les Notes

de Messieurs le Fevre & Colomiez. *Cologne.* 1695. *in-douze.*

SORBERIANA. *Paris.* La Veuve Mabre-Cramoisy. 1694. *in-douze.*

MENAGIANA. *Amst.* De Coup. 1713. *in-douze.* 4. Vol.

VALESIANA, (publié par M. de Valois le fils.) *Paris.* De Laulne. 1694. *in-douze.*

PARRHASIANA, (par M. le Clerc.) *Amst.* Herit. De Schelte. 1699. *in-octavo.*

ANONYMIANA, ou Melanges de Poësies, d'éloquence & d'érudition. *Paris.* Pepie. 1700. *in-douze.*

S. EVREMONIANA. *Amst.* Mortier. 1701. *in-octavo.*

NAUDÆANA & Patiniana, nouvelle Edition, avec des additions, (par M. Lancelot.) *Amst.* Vander Plaats. 1703. *in-douze.*

L'ESPRIT de Guy Patin, tiré de ses Conversations, &c. & son Portrait historique. *Amst.* chez Henry Schelten, 1709. *in-douze.*

POGGIANA, ou la Vie, le Caractere, les Sentences & les bons mots de Pogge Florentin, (par M. Lenfant.) *Amst.* Humbert. 1720. 2. Tom. 1. Vol. *in-octavo.*

MEMOIRES historiques, politiques, critiques & litteraires, par M. Amelot de la Houssaye. *Amst.* Le Cene. 1722. 2. Vol. *in-douze.*

HUETIANA, publié par M. l'Abbé d'Olivet.) *Amst.* Vuytwerf. 1723. *in-douze.*

CARPENTERIANA, (publié par M. Boscheron.) *Paris.* Le Breton. 1724. *in-douze.*

MELANGES de litterature, tirez des Lettres Manuscrites de M. Chapelain, (publié par M. Camusat.) *Paris.* Briasson. 1726. *in-douze.*

NOCHES Claras, Divinas y Humanos Florés, por Manuel de Faria y Sosa. *Lisboa.* Ant. Craesbeek. 1674. *in-douze.*

L'ESPRIT des Hommes Illustres, dans leurs bons mots, & leurs plus remarquables pensées. *Paris.* 1680. *in-douze.*

VASCONIANA. *Lyon.* Boudet. 1708. *in-douze*

ELITE des bons mots & des pensées choisies,

choifies, recuëillies des Ana. IV. Edit. *Amft*. Des Bordes. 1709. 3. Vol. *in-douze*.

LE Paffetemps agréable ou nouveau Choix de bons mots, III. Edit. *Rott*. Hofhout. 1715. *in-octavo*.

LE Choix des bons mots, nouvelle Edition. *Amft*. Lucas. 1718. *in-douze*.

ACERRA Philologica. *Leydæ*. 1645.

RECUEILS D'OUVRAGES.

M. Tullii Ciceronis Tufculanarum Difputationum Libri V. cum Commentario J. Davifii. Ed. II. *Cantab*. 1723. *in-octavo*.

LES Offices de Ciceron, traduits en François fur la nouvelle Edition latine de Grævius, avec des Nottes, par l'Auteur de la Traduction des Lettres de S. Auguftin. (M. Dubois.) *Paris*. Coignard. 1691. *in-octavo*.

LES Livres de Ciceron, de la Vieilleffe & de l'Amitié, avec les Paradoxes du même, traduits en François fur l'édition de Grævius, avec des Notes & des Sommaires des Chapitres, par l'Auteur de la Traduction des Offices. (M. Dubois.) *Paris*. Coignard. 1691. *in-octavo*.

HENRICI Cornelii Agrippæ Opera, Editio nova, cui acceffit Ars notoria. *Lugd*. Beringi Fratres. 2. Vol. *in-octavo*.

LES Oeuvres de M. de Cyrano de Bergerac, nouvelle Edition. *Amft*. Des Bordes. 1709. 2. vol. *in-douze*.

LES Oeuvres de M. de Voiture, contenant fes Lettres & fes Poëfies, nouvelle Edition. *Paris*. Guignard. 1713. 2. vol. *in-douze*.

LES Oeuvres de M. Scarron, nouvelle Edition. *Amft*. Weftein. 1716. 6. vol. *in-douze*.

OEUVRES mêlées de M. Roger de Buffy Comte de Rabutin. 3. vol. *in-douze*. *Amft*. aux dépens de la Compagnie. 1721.

OEUVRES de M. l'Abbé de S. Real, nouvelle Edit. *Paris*. Compagnie. 1724. 4. vol. *in-douze*.

REFLEXIONS fur les divers ftiles & fur la maniere d'écrire, ou Differtations fur les Oeuvres de M. de S. Evremond, avec l'examen du Factum qu'il a fait pour Madame la Ducheffe Mazarin. *Amft*. And. de Hoogenhuyfen. 1700. *in-douze*.

RECUEIL des Oeuvres de M. le

Noble. *Paris*. Ribou. 1718. 19. Vol.

Les Oeuvres mêlées de M. le Chavalier Temple. *Utrecht*. Schouten. 1693. 2. Vol. *in-douze*.

Las Obras y Relaciones de Ant. Perez, Secretario de Estado del Rey de España Don Philippe II. *Ginevra*. Chouet. 1654. *in-octavo*.

El Tribunal de la justa Vengança, contra los Escritos de Don Francesco de Quevedo por el Licenciado Arnaldo Francfer. *Valencia*. 1635.

GEOGRAPHIE ET CHRONOLOGIE
IN-FOLIO.

Recueil de Cartes, pour servir à la Geographie ancienne, *in-folio*.

Geographiæ Sacræ Partes duæ, quarum prior Phaleg, altera Chanaan nuncupatur. Auct. Sam. Bocharto. *Cadomi*. Cardonellus. 1646. 2. Tom. 1. Vol. *in-folio*.

Geographia Sacra sive notitia antiqua Episcopatuum Ecclesiæ Universæ Aut. R. P. Carolo à Sancto Paulo, Abbate Fuliensi. *Paris*. Tavernier. 1641.

La Cosmographie Universelle d'André Thevet. *Paris*. Lhuilier. 1575. 2. vol. *in-folio*.

Theatro y Descripcion Universal del Mundo, traduzido del Latin de Juan Paulo Galucio, por Miguel Perez *Granada*. Muñoz. 1617. *in-folio*.

Le Grand Atlas, ou Cosmographie Blaviane 1663. & suiv. XIV. vol. *in-folio*.

Recueil des Cartes d'Arnold Colom. *in-folio*.

DIVERSES CARTES DE GEOGRAPHIE.

Atlas d'Angleterre, *in-folio*.
—— d'Italie. *in-folio*.
—— de Païs-Bas, Hollande, Suisse. *in-folio*.
—— d'Allemagne. *in-folio*.
—— d'Espagne. *in-folio*.
—— de France. 3. vol. *in-folio*.
—— d'Asie & d'Afrique. *in-folio*.

—— d'Amerique. *in-folio.*

SUMMA de todas las Cronicas del Mundo Llamado en latin, *Supplementum Chronicarum. Valencia.* 1510. *in-folio.*

REPUBLICAS del Mundo, por Fr. Hieronymo Roman, Profeſſor Croniſta de la Orden de San Auguſtin. *Medina del Campo.* Franc. del Canto. *in-folio.* 2. vol.

LOS Treynta Libros de la Monarchia Eccleſiaſtica o Hiſtoria Univerſal del Mundo, por Fray-Juan de Pineda Frayle Menor de la Obſervancia *Barcelona.* 1593. 5. vol. *in-folio.*

CHRONICA Univerſal de todas las Nationes y Tiempos, compueſta por Fray Alonſo Maldonado de la Orden de Santo Domingo. *Madrid.* Luis Sanchez. 1624. *in-folio..*

LA Hiſtoria Pontifical y Catholica por el Doctor Gonzalo de Illeſcas. *Madrid.* Luis Sanchez. 1652. 6. Vol. *in-folio.*

ANALES del Mundo deſde la Creacion de el y un tratado del Origen de las Poblaciones de toda la Europa, por Carlos Martell. *Zaragoça.* Juan de Ibar. 1662. *in-folio.*

HISTORIA de la Igleſia y del Mundo que contiene los Suceſſos deſde ſu creacion haſta el Diluvio, por D. Gab. Alvarez de Toledo, primo Bibliotecario del Rey. *Madrid.* Emprenta Real. 1713. *in-folio.*

HISTOIRE de Paolo Jovio Comois, ſur les choſes faites & avenuës de ſon tems en toutes les parties du monde, traduites par Denis Sauvage, Seigneur du Parc, Champenois. *Paris.* De Harſy. 1570. *in-folio.*

LA Hiſtoria de el Sgr. Franciſco Guichardino, deſde el Ano de 1492. haſta nueſtros tiempos, traduzida por Ant. Florés de Benavidez Veinti y quatro de Bacca. *En Bacca.* Juan Napt. de Montoya. 1587. *in-folio.*

LE vrai Théatre d'Honneur & de Chevalerie, par M. de Vulſon de la Colombiere. *Paris.* Courbé. 1648. 2. Vol. *in-folio.*

La même 11. Edit. Aug. *Paris.* 1663.

GEOGRAPHIE ET CHRONOLOGIE
IN-QUARTO.

LE Relationi Universali di Giov. Botero, Benese. *Venetia*. Angelieri. 1599. *in-quarto*.

LES Etats, Empires & Principautez du Monde, représentez par la description des Païs, mœurs des Habitans, &c. par le Sr D. T. V. Y. (Davity) Gentilhomme ordinaire de la Chambre du Roi. *Roüen*. Berthelin. 1649. *in-quarto*.

ABREGE' de Chronologie, ou Introduction à l'Histoire, par M. de Beaumont Prêtre, Bachelier de Sorbonne. *Paris*. Jombert. 1722. *in-quarto*.

FLAVII Lucii Dextri omnimodæ Historiæ quæ extant Fragmenta, cum Chronico M. Maximi & Helecæ ac S. Braulionis, Notis Ruderi Cicari Bætici illustrata. 1627. *in-quarto*.

FLAVIO Lucio Dextro defendido, por D. Thomas Tomaio de Vargas. *Madrid*. Tazo. 1624. *in-quarto*.

RESUMEN de las Etades del Mundo, por el M. Antonio Faxardo y Azevedo. *En Madrid*. Mata. 1671. *in-quarto*.

MEMORIAS y Recuerdos de la sagrada y real Republica de Dios, por Fr. Martin de Ossuna y Rus, del Orden del Carmen. *Sevilla*. Juan Cabeças. 1679. *in-quarto*.

DISCOURS sur l'Histoire Universelle, par M. Bossuet, Evêque de Meaux. *Paris*. Mabre - Cramoisy. 1681. *in-quarto*.

LE Théatre d'Honneur & de Chevalerie, par André Favin. *Paris*. Fouet. 1620. 2. Vol. *in-quarto*.

GEOGRAPHIE ET CHRONOLOGIE
IN-OCTAVO ET IN-DOUZE.

LES Elemens de l'Histoire, 111. Edition, augmentée d'une suite de Medailles depuis Cesar jusqu'à Heraclius, par M. l'Abbé de Vallemont. *Paris.* Anisson. 1702. 3. Vol. *in-douze.*

LA Geographia de Pomponio Melo, traduzida por el Licenciado Luis Tribaldos de Toledo. *Madrid.* Carrera. 1642. *in-douze.*

EFFERA forma del Mundo, con una breve descripçion del Mapa, por D. Frayle Valasquez Minaya. *Madrid.* Vidua Sanchez. 1628. *in-douze.*

METHODE pour apprendre facilement la Geographie, par M. Robbe, N. E. R. &c. *A Paris.* Dezallier. 1685. 2. Vol. *in-douze.*

EL Atlas Abreviado compendiosa Geographia del Mundo antiquo y nuevo conforme a las ultimas Pazes generales de la Haya, por D. Franc. de Afferden. Doctor en Ambos Derechos. *Colonia. in-octavo.* Figg.

GEOGRAPHIA, o Moderna Descripçion del Mundo y sus partes, por D. Sebastian Fernandez de Mediano General de Batalla. *Amberes. Verdussen.* 1709. 2. Vol. *in-octavo.*

JUSTINUS cum Notis selectissimis Variorum, Berneggeri, Bongarsii, Vossii, Thysii, &c. Accurante S. D. M. C. *Amst.* Elzevirii 1659. *in-octavo.*

C. Velleius Paterculus, cum selectis Variorum Notis. Ant. Thysius J. C. edidit & accurate recensuit. *Lugd. Batav.* Hackius. 1653. *in-octavo.*

COR. Nepotis Vitæ Excellentium Imperatorum, observationibus & notis Variorum uberioribus illustrata. Accur. Rob. Reuchenio J. C. & Histor. Prof. *Lugd. Batav.* Hackius. 1667. *in-octavo.*

HISTOIRE des Princes qui ont merité le nom de Grand, par Germain de Bezançon, P. d. C. d. R. *Paris.* David. 1697.

DISCOURS sur l'Histoire Universelle depuis le commencement du Monde jusqu'à Charlemagne, par M. Bossuet, Evêque de Meaux, N. E. *Paris*. David. 1724. 2. Vol. *in-douze*.

ENTRETIENS sur l'Histoire de l'Univers, par M. de l'Elevel. *Paris*. Couterot. 1698. 2. Vol. *in-douze*.

INTRODUCTION à l'Histoire des principaux Etats de l'Europe, tels qu'ils sont aujourd'hui, traduit en François de l'Allemand de M. de Puffendorf, par Claude Rouxel. *Utrecht*. Rabbins. 1687. 4. Vol. *in-douze*.

MEMOIRES de ce qui s'est passé dans la Chrétienté depuis le commencement de la Guerre de 1672. jusqu'à la Paix de 1697. traduit de l'Anglois de M. Temple. *La Haye*. Moëtjens. 1692.

LETTRES Historiques, contenant ce qui se passe de plus important en Europe. *La Haye*. Moetjens. 1692. 1723. 83. Vol. *in-douze*.

MERCURE Historique & politique, depuis le mois de Novembre. 1686. jusqu'en 1723. (*Amst.*) 1686. 53. Vol. *in-douze. Incoup.*

JOURNAL Historique de l'Europe pour l'année 1694. *Strasbourg*. Crutzner. 1695. *in-douze*.

LA Clef du Cabinet des Princes, pour les années 1713. 1714. 2. vol. *in-douze*.

NOUVEAU Traité de la Science Pratique du Blason, par le Sr Trudon Graveur. *Paris*. Le Gras. 1689. *in-douze*.

HISTOIRE ECCLESIASTIQUE
IN-FOLIO.

HISTORIA de la Iglesia que Llaman Eclesiastica y Tripartita, abbreviada y traslada de Latin en Castellano, por un devoto Religioso de Santo Domingo. *Lisboa*. 1541. *in-folio*.

ECCLESIASTICA Historia, per Centurias digesta: Auct. Flaccio Illyrico & aliis Magdeburgensibus Theologis. *Basileæ*. Oporinus. 1564. & suiv. 8. vol. *in-folio*.

L'HISTOIRE Ecclesiastique, récüeillie des anciens Auteurs, & mise en François par Fr. Perrin. 1565. 2. vol. *in-folio.*

Histoire de l'Eglise, par Messire Antoine Godeau, Evêque & Seigneur de Vence. 4. Edit. *Paris.* Muguet. 1674. 5. Tom. *in-folio.*

Histoire de l'Eglise depuis J. C. jusqu'à present, par M. Basnage. *Rotterd.* Leers. 1699. 2. vol. *in-folio.*

Rerum Memorabilium, jam inde ab anno Domini M. D. Ad annum M. D. LX. in Rep. Christiana gestarum Libri v. Aut. & interp. F. Rovero Pontano, Carmelita, S. T. Baccalaureo. *Coloniæ.* Gaspard Gennepæus. 1559. *in-folio.*

La Venida de Christo y su Vida y Milagros, por Fr. Hernando Ojea, Gallego de la Orden de Predicadores. *Medina del Campo.* Lassavacca. 1602. *in-folio.*

Vita & Res gestæ Pontificum Romanorum & S. R. E. Cardinalium, Opera Alphonsi Ciaconii Ord. Præd. Accedunt notæ Augusti. Oldoini S. J. *Romæ.* De Rubeis. 4. Vol. *in-folio.*

Historiæ Hussitarum Libri xii. per Joss. Cochlæum, Canonicum Uratislaviensem. *Apud S. Victorem propè Moguntiam.* Fr. Behem. 1546. *in-folio.*

Histoire des Eglises Vaudoises par J. Leger. *Leyde.* Le Carpentier. 1669. *in-folio.*

Historia Sagra, intitolata Mare Oceano di eutte le Religioni del Mundo, por M. D. Silv. Maruli, o Maurolico. *Messina.* Pietro Brea. 1613. *in-folio.*

Histoire des Chevaliers de l'Ordre de S. Jean de Jerusalem, par F. A. de Naberat. *Paris.* Soly. 1629. *in-folio.*

Chronica da Ordem dos Conegos Regrantes do Patriarcha S. Agostinho, pello P. Nicolao de S. Maria Conego Regrante. *Lisboa.* Da Costa. 1668. 2. Tom. 1. Vol. *in-folio.*

Historia della Religione de' Padri Clerici Regolari à quest'anno 1619. da M. Giov. Batt. del Tuffo, Vescovo dell'Acerra. *In Roma.* Facioto. 1619. *in-folio.*

Coronica General de la Orden de San Benito, Patriarcha de Religiosos, por el Maestro Fray Ant. de Yepes. 1609. 6. Vol. *in-folio*.

HISTOIRE de l'Abbaye Royale de S. Denis en France, par D. Michel Felibien R.B. *Paris.* Coignard. 1706. *in-folio.*

CHRONICA de Cister, pelo Doutor Fr. Bernardo de Britto da mesma Ordem. *Lisboa.* Sylva 1720. *in-folio.*

ALCOBAÇA Illustrada. Noticias è Historia dos Mosteyros & Monges insignes Cirtercienses da Congregaçam de Sante Maria de Alcobaça da Ordem de S. Bernardo., pello Fr. Manoel dos Santos, da mesma Orden. *Coimbra.* Ferreyra 1710. *in-folio.*

ALCOBAÇA Vindicada, pelo mesmo. *Coimbra.* 1714. *in-folio.*

HISTORIA de S. Domingos particular de Reyno e Conquistas de Portugal, por Frey Luis Cabeças, reformada e ampliada por Frey Luis de Sousa *Benfica.* 1623. 3. Vol. *in-folio.*

HISTORIA de la Provincia de S. Vicente de Chyapa y Guatemala de la Orden de S. Domingo, por el Fray Antonio de Remesel, de la mesma Orden. *Madrid.* 1619. *in-folio.*

HISTORIA de la Provincia de San Antonio del Nuevo Reyno de Granada del Orden de los Predicadores, por el P. Alonso de Zamora. *Barcelona.* Lopis. 1701. *in-folio.*

DE Viris Illustribus Ordinis Predicatorum Libri VI. Auctore, Leandro Alberto, Bononiensi. *Bononiæ.* J. B. Lapres. 1517. *in-folio.*

CHRONICA Seraphica, por el Padre Damian Cornejo. *Madrid.* Viuda de Juan Garcia Infançon. 1721. 5. Vol. *in-folio.*

DE Origine Seraphicæ Religionis ejusq. progressibus. Auct. Franc. Gonzaga, ejusdem Ordinis Ministro Generali. *Romæ.* 1587. *in-folio.*

VIDA de la Serenissima Infanta Sor Margarita de la Cruz, Religiosa descalza de S. Clara, por Juan de Palma, de la Orden de San Francisco. *Sevilla.* Abrego. 1653. *in-folio.*

Los Servicios que los Generales y Varones illustres de la Religion de la Merced han hechos a los Reyes de España, en los dos mondos, desde 1218. hasta 1640. por Marcos Salmeron General de la dicha Orden. *Valencia.* Bern. Noguez. 1646.

NOTICIAS Hiſtoricas de las tres Provincias del Celeſte Orden de la Redempçion de Cautivos in Ingalaterra, Eſcocia y Hybernia, por Domingo Lopez de la miſma Orden. *Madrid.* Emprenta Real. 1714.

CHRONICA da Antiquiſſima Provincia de Portugal da Orden dos Eremitas de S. Agoſthino, por Frey Ant. da Purificaçam Chroniſta de la miſma Provincia. *Lisboa.* Sylva. 1642. 2. Vol.

HISTORIA General de la Orden de S. Geronimo, por Fray Franc. Ant. de Montalvo. *Salamanca.* Ortiz Gallardo. 1704. 3. Vol.

HISTORIA das Sagradas Congregacaoens de S. Jorge em Alga de Veneſa & de S. Joaô Evangeliſta em Portugal, pelo Pad. Franc. de Santa Maria Conego da Congregacaô do Evangeliſta. *Lisboa.* Ferreyra. 1697.

CHRONOLOGIA Hoſpitelaria y Reſumen Hiſtorial de la Sagrada Religion de San Juan de Dios, por el P. Fray Juan Santos de la miſma Orden. *Madrid.* Fr. Ant. Villadiego. 1715. 2. Vol.

CHRONICA da Companhia de Jeſu nos Reynos de Portugal, pelo P. M. Balt. Tellez. *Lisboa.* Craeſbeeck. 1645.

IMAGEM da Virtude em o Noviciado da Companhia de Jeſu na Coſte de Liſboa pello P. Ant. Franco. *Coimbra.* 1717.

IMAGEM da Virtude em o Noviciado da Companhia de Jeſu no Real Collegio de Coimbra, pelo P. Antonio Franco. *Evora.* Officina da Univerſidade. 1719. 2. Vol.

IMAGEM da Virtude em o Noviciado da Companhia de Jeſu do Real Collegio do Eſpirito Santo de Evora, pello P. Ant. Franco. *Lisboa.* Des Landes. 1714.

VIDA do P. Joam d'Almeida, da Companhia de Jeſu, pello Padre Simara de Vaſconcellos. *Lisboa.* Craeſbeeck.

HISTORIA do V. P. Joaô de Brito da Companhia de Jeſu, Proto Mar_ tyr da Meſſaô de Madurey, por Fernao Pereyra de Britto *Coimbra*. 1722. *in-folio.*

HISTOIRE ECCLESIASTIQUE
IN-QUARTO.

FRID. Spanhemii Introductio ad Chronologiam & Hiſtoriam Sacram. *Lugd. Batav.* Gaeſbeeck. 1683. 2. Vol.

TIMANNI Geſſelii Opera Hiſtorica & Eccleſiaſtica. *Traj. ad Rhenum.* Gisb. Zylius 1667. 4. Tom. 2. Vol.

HISTOIRE de l'Egliſe & de l'Empire, par Jean le Sueur. *Geneve.* Widerhold. 1674. 6. Vol.

CABEZA Viſible Catolica y Vicaria infalible de Chriſto en la Apoſtolica Catedra Romana, Epitome Hiſtorial Catolico, por el Doctor Sebaſt. Nicolini Canonigo de Xatera. *Valencia.* Geronimo Vilagrafa. 1659.

LES Religions du Monde, écrites par le Sr Alexandre Roſſ, & traduites par Thomas la Gruë. *Amſterdam.* Schipper. 1666.

HISTOIRE du Pontificat de Saint Gregoire le Grand, par M. Maimbourg. *Paris.* Barbin. 1686.

HISTOIRE des Conclaves depuis Clement V. juſqu'à préſent. *Paris.* Barbin. 1689.

LES Vies des Saints Peres des Deſerts, & de quelques autres Saints, traduites par M. Arnauld d'Andilly. *Paris.* Le Petit 1653. 2. Vol.

VIDA y Milagros de S. Nicolas de Tolentino, por P. Joſeph Sicardo de la Orden de los Eremitas de San Auguſtin. *Madrid.* Diaz de Murga. 1701. *in-quarto.*

LA Vie du Venerable Serviteur de Dieu François de Sales, Evêque & Prince de Geneve, par M. Henry de Maupas de la Tour, Evêque & Seigneur du Puy. *Paris.* 1657. *in-quarto.*

HISTOIRE de l'Arianiſme, depuis ſa naiſſance juſqu'à la fin, avec l'origine & les progrez de l'hereſie des Sociniens, par Loüis Maimbourg. *Paris.* Mabre Cramoify. 1686. 2. Vol.

L'Histoire de l'Herefie des Iconoclaftes, par le P. Maimbourg. *Paris.* Mabre-Cramoify. 1686.

Histoire du Schifme des Grecs, par Loüis Maimbourg. *Paris.* Mabre-Cramoify. 1686.

Histoire du grand Schifme d'Occident, par Loüis Maimbourg. *Paris.* Mabre-Cramoify. 1686.

Reponse de M. Varillas à la Critique de M. Burnet fur les deux premiers Tomes de l'Hiftoire des Revolutions arrivées dans l'Europe, en matiere de Religion. *Paris.* Barbin. 1687.

Histoire du Lutheranifme, par Loüis Maimbourg. *Paris.* Mabre-Cramoify. 1686.

Histoire du Calvinifme, par Loüis Maimbourg. *Paris.* 1686.

Histoire des Revolutions, arrivées dans l'Europe, en matiere de Religion, par M. Varillas. *Paris.* Barbin. 1686. 6. Vol.

Histoire des Variations des Eglifes Proteftantes, par J. B. Boffuet, Evêque de Meaux. *Paris.* Mabre-Cramoify. 1688. 2. Vol.

Histoire de l'Edit de Nantes, par le S. Benoît. *Delf.* Beman. 1693. 5. Vol.

Histoire des Anabaptiftes, par le P. Fr. Catrou. *Paris.* Cellier. 1706.

Histoire du Socinianifme. *Paris.* Barois. 1723.

Figures des differens habits des Chanoines Reguliers, en ce fiécle, avec un Difcours fur les habits anciens & modernes des Chanoines, tant Seculiers que Reguliers, par le P. C. du Moulinet, Chanoine Regulier de la Congregation de France. *Paris.* Piget. 1666.

Preuves de la liberté de l'Eglife Gallicane, dans l'acceptation de la Conftitution *Unigenitus*. *A Amfterdam.* 1726.

Brieve Hiftoire de l'Inftitution des Ordres Religieux, avec les figures de leurs habits, gravez fur le cuivre par Odeart Fialetti Bolonois, traduite en François par Raphael Trichet, Sr du Frefne. *Paris.* Mefnier. 1658.

Histoire des Ordres Monaftiques, Religieux & Militaires, & des Congregations Seculieres, de l'un & de l'autre sexe, par le P. Heliot Religieux Picpus. *Paris.* Coignard. 1714. & suiv. 8. Vol.

SANTORIAL Cisterciense, por Fr. Angel Manrique de la misma Orden. *Burgos.* J. B. Varesio. 1610.

JUSTA Defensa em tres satisfacoens Apologeticas a outras tantas invectivas com que o O. R. P. M. Fr. Manoel dos Santos sahio à luz no seu Livro intitulado Albobaça illustrada contra a Cronica da Congregacão do Evangelista, & contra o Author della, & desta defensa o P. Franc. de S. Maria Conego e Cronista da misma Congregacão. *Lisboa.* Ferreyra. 1711.

MEMORIAL que Fray Juan de Santander de la Orden de San Francesco, presenta à D. Felipe IV. sopra los Tesoros espirituales y temporales que la divina Magestad ha manifestado en el nuevo Mexico, por medio de los Padres desta Serafica Religion. *Madrid.* Emprenta Real. 1630. *in-quarto.*

BREVE Historia de la Orden de N. S. de la Merced, y de algunos Santos y Personas illustres della, tratase mas en particular de la Casa de la Madre de Dios, del puche de Valencia, por el Maestro Felipe de Guimeran, Comendador de la mesma Casa. *Valencia.* Herederos de Navarro. 1591.

HISTOIRE ECCLESIASTIQUE
IN-OCTAVO ET IN-DOUZE.

DISCOURS sur l'Histoire Ecclesiastique, par M. l'Abbé Fleury, Sous-Précepteur des Enfans de France. *Paris.* Aubouin. 1708. *in-douze.*

SULPITII Severi Opera omnia, cum lectissimis Variorum Commentariis accurante Georgio Hornio, Edit. III. *Amst.* Elzevirii. 1665. *in-octavo.*

TABLETTES Chronologiques & Ecclesiastiques, par M. Marcel, Avocat au Parlement, N. E. *Paris*. Billiot. 1709. *in-octavo*.

CONVERSION Maravillosa del gran Padre S. Augustin, y lagrimas de Santa Monica su Madre con siete exclamaciones del Pecador convertido hablando con Dios para los siete dias de la semana, por el Fr. Hernando de Camargo y Salgado Predicator de la Orden de S. Augustin. 1549. *in-octavo*.

S. Antonio de Padua de Matteo Aleman *Valencia*. Ped. Patr. Mey. 1607. *in-octavo*.

EL Capuchino Escoses, traduzido de la lengua Italiana de B. Richuchi, Obispo de Fermo, por el P. Ant. Vasquez de los Clerigos Menores. *Madrid*. Diego Diaz de la Carresa 1661. *in-octavo*.

L'ETAT de l'Eglise, avec les Discours des Tems depuis les Apôtres jusqu'à present 1582. *in-octavo*.

LETTRES Anecdoctes & Memoires Historiques du Nonce Viscomti, Ministre de Pie IV. traduites par M. Aymon. *Amst*. Westein. 1719. 2. Vol. *in-douze*.

HISTOIRE des Albigeois, & Gestes de Simon de Montfort, décrites par F. Pierre des Vallées-Sernay, Moine de l'Ordre des Cisteaux, renduë du Latin en François par M. Arnaud Sorbin, Prieur de Montech, Docteur en Theologie, & Prédicateur du Roi. *Paris*. Chaudiere. 1569. *in-octavo*.

CRITIQUE du IX. Livre de l'Histoire de M. de Varillas, où il parle des Revolutions arrivées en Angleterre, en matiere de Religion, traduit de l'Anglois de M. Burnet. *Amsterdam*. Savouret. 1687. *in-douze*.

HISTOIRE ANCIENNE
IN-FOLIO.

JOH. Spenceri de Legibus Hebræorum Ritualibus & earum rationibus Libri III. *Cantabridgiæ.* 1685.

PAUSANIÆ accurata Græciæ Descriptio, cum interpretatione Romuli Amafæi & notis Guliel. Xylandri, Frid. Sylburgii & Joac. *Kuhnii. Lipsiæ.* Fritsch. 1696.

SEPT Livres des Histoires de Diodore Sicilien, nouvellement traduits en François, par J. Amyot. *Paris.* Vascosan. 1554.

HISTOIRE de Diodore Sicilien, traduite du Grec en François; les premiers Livres par Robert Macault, Secretaire du Roi, & les autres par Jacques Amyot, avec des Annotations en marge, par M. Loys le Roi. *Paris.* Langelier. 1585.

HERODOTI Halicarnassæi Historiarum Libri IX. ejusdem Narratio de Vitâ Homeri & Excerpta Ctesiæ, Libris de rebus Indicis & Persicis; accedunt huic Editioni G. L. Chronologia & Notæ & Henrici Stephani Apologia Latinè reddita, curante Th. Gale. *Londini.* 1679.

LES Histoires d'Herodote, mises en François par P. du Ryer. *Paris.* Sommaville. 1645.

LES Histoires de Polybe, avec les Fragmens du même Auteur, de la traduction du P. du Ryer. *Paris.* Courbé. 1656.

LOS Triumphos de Apiano Alexandrino. *Valencia.* Juan Joffre. 1522.

TACITO Español illustrado con Aforesmos, por Don Balt. Alamos de Barrientos. *Madrid.* Luys Sanchez. 1614.

HISTORIA de Herodiano, nuevamente traduzida en Romance. *Toledo.* 1511.

HISTOIRE ANCIENNE
IN-QUARTO.

LES Antiquitez Romaines de Denis d'Halicarnasse, traduites en François, avec des Notes, par M. l'Abbé Bellanger. *Paris*. Lottin. 1723. 2. Vol.

HISTOIRE de Polybe, traduite en François par D. Vincent Thuillier R. B. avec un Commentaire par M. le Chevalier de Follard. *Paris*. 1722. 3. Vol.

Los Cinco primeros Libros de los Annales de C. Tacito, traduzidos por Ant. de Herrera. *Madrid*. La Guesta. 1615.

OBRAS de C. Cornelio Tacito. *Duay*. Marcos Wyon. 1629.

TACITE avec des Notes Politiques & Historiques, premiere Partie, contenant les six premiers Livres de ses Annales, par Nicolas Amelot de la Houssaye. *Paris*. Boudot. 1690.

HISTOIRE Romaine, depuis la Fondation de Rome, avec des Notes, par les RR. PP. Catrou & Rouillé. *Paris*. Rollin. 1725. 8. Vol.

HISTOIRE ANCIENNE
IN-OCTAVO ET IN-DOUZE.

HISTOIRE de Fl. Josephe, Sacrificateur Hebrieu, mise en François par Gilb. Genebrard, Docteur en Theologie de Paris, & Professeur Royal ès Lettres Hebraïques. *Paris*. Thierry. 1586. 2. Vol. *in-octavo*.

HISTOIRE des Juifs, écrite par Flavius Joseph, sous le titre d'Antiquitez Judaïques, traduite de l'original grec par M. Arnaud d'Andilly, *Paris*. Le Petit. 1682. 5. Vol. *in-douze*.

La même, augmentée de Cartes & de Figures. *Amst.* Mortier. 1715. 5. Vol. *in-douze.*

Histoire des Juifs & des Peuples voisins, depuis la decadence des Royaumes d'Israël & de Juda, jusqu'à la mort de J. C. traduite de l'Anglois de M. Prideaux, Doyen de Norwich, (par M. de la Riviere, Ministre de l'Eglise Walone à Amsterdam.) *Amst.* Du Sauzet. 1722. 5. Vol. *in-douze.*

Ancienne Ceremonie des Juifs de Manassey-ben-Israël. *in-douze.*

L'Histoire & la Religion des Juifs, depuis J. C. jusqu'à present, par M. Basnage. *Rotterd.* Leers. 1707. 5. Vol. *in-douze.*

La Republique des Hébreux, traduite du Latin de Cunæus, nouvelle Edition, augmentée de deux Vol. de Remarques Critiques sur les Antiquitez Judaïques de M. Basnage. *Amst.* Chatelain. 1723. 5. Vol. *in-octavo.*

Herodoti Historiæ Libri IX. ex interpretatione Laur. Vallæ. Ejusdem Libellus de Vita Homeri Conr. Heresbachio interprete ex emendatione Sebast. Castilionis. *Basileæ.* Henric. Petri 1673. *in-octavo.*

La Vida de Alcibiades, Capitan y Cittadino Ateniense, escrita en Lengua Italiana, por el Marqués Malvezzi y en la Castellana por D. Greg. de Tapia y Salcedo Cavallero de la Orden de Santiago. *Madrid.* Domingo Garcia. 1668. *in-octavo.*

Arriani de expeditione Alexandri Magni Historiarum Lib. VII. ejusdem Indica ex Bonaventuræ Vulcanii Brug. interpretatione, recensuit, emendavit, octo Libros Animadversionum adjecit Nicol. Blancardus. *Amst.* Jansson à Waesberge. 1678. *in-octavo.*

Les Guerres d'Alexandre le Grand, par Arrian, de la traduction de M. d'Ablancourt, avec la Vie d'Alexandre, traduite par le même sur l'original de Plutarque. *Paris.* Billaine. 1664. *in-douze.*

Q. Curtii Rufi Historia Alexandri Magni cum Notis selectis Variorum, Raderi, Freinshemii, Loccenii, Blancardi, &c. Accurante C. S. M. D. *Amst.* Elzevirii. 1664. *in-octavo.*

Q. Curtii Rufi de Rebus Gestis Alexandri Magni Historiarum Libri x. *Paris*. Quillau. 1720. *in-douze*.

Quinte-Curce, de la Vie & des Actions d'Alexandre le Grand, de la Traduction d'Antoine Faure Sr de Vaugelas, avec celle des Suplemens de Freinshemius, par M. du Ryer. iv. Edition. *Lyon*. Roux. 1692. *in-douze*.

Vida de Alexandro Magno, por D. Fernando de Biedma. *Madrid*. Emprenta del Reyno. 1634. *in-octavo*.

Compendio de las Catorze Decadas de Tito Livio Paduano, escrito en Latin por L. Floro. *Argentina*. Aug. Frisio. 1650. *in-octavo*.

L. Annæus Florus cum integris Claudii Salmasii & Variorum Notis, quas omnes multis in locis auxit Rutg. Hermannides. Accessit & L. Ampelius ex Bibl. Cl. Salmasii. *Neomagi*. Andr. ab Hoogenhuysen. 1662. *in-octavo*.

Sex. Aurelii Victoris Historia Romana, cum Andreæ Schotti & aliorum Notis. *Amst*. 1670. *in-octavo*.

C. Sallustii Crispi quæ extant, ex recensione J. F. Gronovii, cum Variorum observationibus, ab Ant. Thysio collectis. *Lugd. Batav*. Hackius. 1665. *in-octavo*.

C. Julii Cæsaris quæ extant, cum selectis Variorum Notis, opera & studio Arnoldi Montani. Accedunt Notitia Galliæ & Notæ auctiores Jos Scaligeri. *Amst*. Elzeviers. 1661. *in-octavo*.

C. Cornelii Taciti quæ extant cum integris & selectis Variorum Notis, studio Joh. Frid. Gronovii ; accedunt Jac. Gronovii Excerpta ex variis lectionibus MS. Oxoniensis. *Amst*. Elzevirii. 1672. 2. Vol. *in-octavo*.

Tacite avec des Notes Historiques & Politiques, par M. Amelot de la Houssaye, iii. Edition. *Amst*. Westeins. 1716. 4. Vol. *in-douze*.

C. Suetonius-Tranquillus, & in eum Commentarius, exhibente Joh. Schildio, Edit. iv. *Lugd. Batav*. Hackius. 1662. *in-octavo*.

Historiæ Augustæ Scriptores vi. cum integris Isaaci Casauboni, Claudii Salmasii & Jani Gruteri Notis. *Lugd. Batav*. Hackius. 1672. 2. vol. *in-octavo*.

Vida de Elio Sejano, compuesta

en Frances por Ped. Matheo, y traduzida en Castellano, por Vicencio Squarçafigo. *Barcelona*. Sebast. de Cormellas. 1621. *in-douze*.

VIDA del dichozo desdichado escrita en Frances, traduzida en Castellano por Juan Pablo Martirizo. *Madrid*. 1625. *in-douze*.

SENECA y Neron, por D. Fern. Alvaro Diez de Aux y Granada. *Madrid*. Juan Sanchez. 1642. *in-octavo*.

VIDA da Emperatriz Theodora, por Duarte Ribeiro de Macedo. *Lisboa*. Juan da Costa. 1677. *in-douze*.

HISTOIRE des Revolutions arrivées dans le Gouvernement de la Republique Romaine, par M. l'Abbé de Vertot. *Paris*. Barois. 1619. 3. vol. *in-douze*.

ANTIQUITEZ
IN-FOLIO.

LE Thresor des Antiquitez Romaines, par M. C. E. du Boulay, Proteseur des Humanitez au College de Navarre. *Paris*, Thierry. 1650. *in-folio*.

L'ANTIQUITE' expliquée & representée en Figures, par le R. P. Bernard de Montfaucon. *Paris*. De Laulne. 1719. 10. Tom. 6. vol. *in-folio*.

SUPPLEMENT au Livre de l'Antiquité expliquée & representée en Figures par le même. *Paris*. De Laulne. 1724. 5. vol. *in-folio*.

JACOBI Hugonis Canonici Theologi Belgæ Insulensis OrigoLatii vel Italiæ. *Romæ*. 1655.

DISCOURS de la Religion des Anciens Romains, par Guil. du Choul. *Lyon*. Rouillé. 1556. *in-folio*.

JULII Cæsaris Bulengeri Lodunensis de Imperatore & Imperio Romano, adjectæ sunt de Officiis Regni Galliæ & Constantinopoleos Ecclesiæ Appendices duæ. *Lugd*. Rouillius. 1618. *in-folio*.

JULII Cæsaris Bulengeri Opera omnia Antiquaria. *Lugd*. Phillehotte. 1621. 2. Tom. 1. Vol.

MARMORA Oxoniensia ex Arundellianis aliisque connata, recensuit & Commentario perpetuo illustravit Humphridus Prideaux. *Oxonii.* Theat. Scheldon. 1676. *in-folio.*

VETUSTISSIMÆ Tabulæ Ænæ Ægyptiorum Litteris Hieroglyphicis cœlatæ. *Venetiis.* 1600. *in-folio.*

EPIGRAMMATA reperta per Illyricum à Cyriaco Anconitano, apud Liburniam, *in-folio.*

EPIGRAMMATA antiqua Urbis à Jacobo Mazochio collecta. *Romæ.* 1521. *in-folio.*

DIALOGHI di D. Antonio Agostino Arcivescovo di Tarracona, intorno alle Medaglie, Inscrittioni e altre curiosità, tradotti da lingua Spañola in Italiana, da Dionigi Ottaviano Spada. *Roma.* Fil. de'Rossi. 1650. *in-folio.*

D. Anselmi Banduri Mon. Ben. Numismata Imperatorum Romanorum à Trajano Decio ad Palæologos Augustos Accessit Bibliotheca Nummaria *Lutet. Paris.* Montalant. 1718. 2. Vol. *in-folio.*

LE Cabinet de la Bibliotheque de Sainte Genevieve, par le P. du Moulinet. *Paris.* Dezallier. 1692. *in-folio.*

ANTIQUITEZ
IN-QUARTO.

ALEXANDRI Donati S. J. Roma vetus ac recens, utriusque Ædificiis Illustrata. *Amst.* Jansson à Waesberge. 1695.

J. LIPSII de Militia Romana Libri V. Edit. III. *Antuerpiæ.* Offic. Plantin, Moretti. 1602.

HIER. Mercurialis de Arte Gymnastica Libri VI. Edit. II. *Paris.* Dupuis. 1577.

LAURENTII Pignorii Patavini de Servis & eorum apud Veteres Ministeriis, Commentarii. Edit. II. *Patavii.* Frambottus. 1656.

FUNERAILLES & diverses manieres d'ensevelir les Romains, Grecs, & autres Nations, tant anciennes que modernes, decrites par C. Guichard. *Lyon.* De Tournes. 1681.

Funerali Antichi di diversi Popoli & Nationi, da Thom. Porcacchi. *Venezia.* 1584.

Pompe Funebri de tutte le Nationi del mundo, raccolte dal S. Dottore Franc. Perucci. *Verona.* Franc. Rossi. 1639.

Discours sur les Medailles Antiques, par Louis Savot, Docteur en Medecine de la Faculté de Paris. *Paris.* Cramoisy. 1627.

Ex Libris XXIII. Commentariorum in vetera Imperatorum Romanorum Numismata Aeneæ Vici, Liber 1. Opus à J. B. du Val restitutum. *Paris.* 1619.

Aeneæ Vici Augustæ Æri incisæ.

Imperatorum Romanorum Numismata à Pompeio Magno ad Heraclium ab Adolpho Occone collecta. *Antuerp.* Plantin. 1579.

XII. Primorum Cæsarum & LXIV. ipsorum Uxorum & Parentum Effigies, & Vitæ per Levinum Hulsium, Gandavensem. *Francof. ad Moenum.* Joh. Colletius. 1597.

Imperatorum Romanorum Numismata Aurea à Julio Cæsare ad Heraclium, industria & manu Jacobi de Bie. *Antuerp.* Ger. Wolffchatii.

Numismata Imperatorum Romanorum præstantiora à Julio Cæsare ad Posthumum & Tyrannos, Auct. Joh. Vaillant. *Paris.* Moette. 1682.

Numismata Imperatorum Augustarum & Cæsarum à populis Romanæ Ditionis Græcè loquentibus ex omni modulo percussa, per Joh. Vaillant, Bellovacum, D. M. & Ducis Cenomanensis Antiquarium. *Lutetiæ.* Cramoisy. 1698.

Promptuario de las Medallas de todos los mas insignes Varones que ha avido desde el principio del Mundo con sus Vidas, traduzido por Juan Martin Cordero. *Lyon.* Rouillio. 1561.

Thesaurus Numismatum Antiquorum & recentiorum ex auro, argento & ære. (Auct. Carolo Patino.) *Patavii.* Valvasensis. 1683.

Ejusdem Commentarius in tres Inscriptiones Græcas Smyrna nuper allatas. *Patavii.* 1685.

Selecta Numismata Antiqua ex Musæo Petri Seguini S. Germani Antissidiorensis Parisiensis Decani, ejusdem Observationibus illustrata. E. 11. *Lutetiæ.* Jombert. 1684.

Osservazioni Istoriche sopra alcuni Medaglioni Antichi da Phil. Buonarotti. *Romæ.* Domen. Ant. Ercole. 1698.

Bernadini Baldi in Tabulam Æneam Eugubinam Lingua Hetrusca veteri præscriptam, Divinatio. *Augustæ Vindel.* 1613.

J. Harduini S. J. P. Chronologiæ ex Nummis antiquis restitutæ Specimen primum. Chronologia sæculi Constantiniani. *Lutetiæ.* Boudot. 1697.

Chronologiæ restitutæ specimen alterum. Chronologia veteris Testamenti ad vulgatam Versionem exacta. *Ibid.* 1697.

Abrahami Gorlæi Antuerpiani Dactyliotheca, cum explicationibus Jac. Gronovii. *Lugd. Batav.* Vander Aa. 1695. 2. vol.

Thesaurus Rei Antiquariæ uberrimus, per Hub. Goltzium. *Antuerp.* Plantin. 1579.

Dictionarium Antiquitatum Romanarum & Græcarum, collectore Petro Danetio Abbate Sancti Nicolai Virdunensis *Lutetiæ. Parisiorum.* Thibout. 1698.

—— Idem *Amst.* Roger. 1701.

ANTIQUITEZ

IN-OCTAVO ET IN-DOUZE.

Histoire des Oracles, par M. de Fontenelle de l'Académie Françoise. *Paris.* Brunet. 1707. *in-douze.*

Histoire des Vestales, avec un Traité du Luxe des Dames Romaines, par M. l'Abbé Nadal. *Paris.* Ribou. 1725. *in-douze.*

Lucii Fenestellæ de Magistratibus Sacerdotiisq. Romanorum Libellus, cui accessit Pomponii Læti ejusd. argumenti Libellus. *Paris.* Marnef. *in-octavo.*

Il Fenestella di Sacerdotii e di Magistrati Romani, tradotto dal Latino alla

Lingua Toscana. *Venegia.* Gab. Giol de Ferrari. 1547.

NOTITIA Dignitatum Imperii Romani ex nova recensione Phil. Labbe S. J. P. *Parisiis.* Ex Typog. Regia. *in-douze.*

HISTOIRE du Commerce & de la Navigation des Anciens. (par M. Huet.) *Paris.* Fournier. 1716. *in-douze.*

JOH. Frid. Gronovii de Sesterciis seu Subcesivorum Pecuniæ veteris Græciæ & Romanæ Libri IV. Accesserunt L. Volusius Mœciantes J.C. & Balbus Mensor de Asse, item Pasc. Grosippi Tabula Nummaria. *Amst.* Elzevirii. 1656. *in-octavo.*

BARN. Brissonii, Ant. & Franc. Hotmanorum de veteri Ritu Nuptiarum & jure Connubiorum. *Lugd. Batav.* Hackius. 1641. *in-douze.*

INSCRIPTIONUM Antiquarum Sylloge in duas partes distributa, quarum Prior Inscriptiones Ethnicas, altera monumenta Christiana exhibet, à GuilelmoFletwood, Cantabrigiæ Socio. *Londini.* Graves. 1691. *in-octavo.*

INTRODUCTION à la connoissance des Medailles, par M. Charles Patin. 11. Edit. *Paris.* Du Bray. 1667. *in-douze.*

REMARQUES sur la Piéce Antique de Bronze, trouvée aux environs de Rome, par Nicolas Chevalier, avec la Description.

DESCRIPTION de la Chambre des Raretez de l'Auteur. *Amst.* Wolfang. 1694. *in-douze.*

HISTOIRE DE L'EMPIRE DE CONSTANTINOPLE.

IN-FOLIO.

CORPUS Byzantinæ Historiæ, sive delineatio Apparatus Historiæ Byzantinæ emittendæ, proponente Phil. Labbe Soc. Jesu. Item Excerpta de Legationibus ex variorum monumentis & Eclogæ Historicorum de rebus Byzantinis, Gr. lat. *Par.* Typis Regiis. 1648.

JOANNIS Zonaræ Annales, gr. lat. cum versione ac notis Caroli du Fresne du Cange. *Ibid.* 1686. & 1687. 2. Vol.

PASCHALION seu Chronicon Paschale à mundo condito ad Heraclii Imperatoris annum secundum, Gr. lat. ab eodem editum. *Ibid.* 1688.

PROCOPII Cæsariensis, Historiarum sui temporis libri VIII. Gr. lat. interprete Claudio Maltreto. *Ibid.* 1663.

EJUSDEM Arcana Historia, Gr. lat. Nicolao Alemanno interprete, cum ejus & Maltreti Notis. *Ibid.* 1661. 2. vol.

AGATHIÆ Scholastici, de Imperio & rebus gestis Justiniani Imperat. Libri V. Gr. lat. ex Versione & cum Notis Bonav. Vulcanii: accedunt Agathiæ Epigrammata cum Versione latina. *Ibidem.* 1660.

THEOPHILACTI Simocattæ Historiarum Libri VIII. Gr. lat. Studio Car. Annib. Fabroti. *Ibid.* 1647.

S. Nicephori Patriarchæ Constantinopolit. Breviarum historicum de rebus gestis ab obitu Mauricii usquè ad Constantinum Copronymum, Gr. lat. Studio Dion. Petavii. *Ibid.* 1648.

GEORGII Monachi Syncelli Chronographia ab Adamo usque ad Diocletianum & Nicephori Constantinopolitani Patriarchæ Breviarum Chronographicum ab Adamo ad Michaelis & ejus Filii Theophili tempora, Gr. lat. Studio Jac. Goar. *Ibid.* 1652.

S. P. N. Theophanis, Chronographia.

LEONIS Grammatici Vitæ recentiorum Imperatorum, Gr. lat. a Jac. Goar cum ejusdem & Fr. Combefis Notis. *Ibidem.* 1655.

HISTORIÆ Byzantinæ Scriptores post Theophanem, Gr. lat. editi a Franc. Combefis. *Ibidem.* 1685.

GEORGII Cedreni, Compendium Historiarum, Gr. lat. ex Versione Guill. Xylandri, cum ejusdem, Jac. Goar. & Car. Annib. Fabroti Notis.

JOANNES Scylitzes nunc primum Græcè editus cum Latina Versione. *Ibid.* 1647. 2. vol.

MICHAELIS Glycæ Annales, à Mundi exordio, ad obitum usque Alexii Comneni, Gr. lat. ex Versione Joannis Leunclavii, cum Notis Phil. Labbe. *Ibidem.* 1660.

ANNÆ Comnenæ Porphyrog. Alexias Gr. lat. ex Versione Petri Possini cum ejuſdem & Davidis Hoëſchelii Notis. *Ibidem.* 1651.

Joannis Cinnami Hiſtoriarum Libri vi. Gr. lat. Accedunt Caroli du Freſne du Cange Notæ in Nicephori Briennii, Annæ Comnenæ & Jo. Cinnami Hiſtoriam, & Pauli Silentiarii Deſcriptio Sanctæ Sophiæ, Gr. lat. cum Commentario. *Ibidem.* 1670.

Constantini Manaſſis Breviarium hiſtoricum, Gr. lat. cum Joh. Leunclavii & Joh. Meurſii Notis, variis Lectionibus ab Allatio & Fabroto & Gloſſario Græco-barbaro ejuſdem Fabroti. *Ibidem.* 1655.

Georgii Codini & alterius Anonymi Excerpta de antiquitatibus Conſtantinop. Gr. lat. Studio P. Lambecii.

Manuelis Chryſoloræ Epiſtolæ tres de comparatione Veteris & Novæ Romæ.

Leonis Imp. Sapientis Oracula, cum figuris & antiqua græca Paraphraſi.

Explicatio Officiorum Sanctæ ac magnæ Ecclesiæ, interprete Bern. Medonio. *Ibidem.* 1655.

Nicetæ Acominati Choniatæ Hiſtoria Gr. lat. interprete Hieron. Wolfio, cum Gloſſario Græco-barbaro Car. Annib. Fabroti. *Ibidem.* 1647.

Georgius Codinus Curopalata de Officiis & Officialibus Curiæ & Ecclesiæ Conſtantinopolitana Gr. lat. ex Verſione Jac. Gretſeri, cum ejuſdem Commentario & Opere de Imaginibus non manufactis: accedunt recentiores Epiſcopatuum Orientalium notitiæ, &c. a Jac. Goar. *Ibidem.* 1648.

Georgii Acropolitæ magni Logothetæ Hiſtoria.

Joelis Chronographia compendiaria.

Joannis Canani Narratio de Bello Conſtantinop. Gr. lat. ſtudio Leonis Allatii, cum Theod. Douzæ obſervationibus: accedit Diatriba de Georgiorum Scriptis. *Ibidem.* 1651.

Ducæ Michaelis, Ducæ Nepotis Hyſtoria Bizantina à Joanne Palæologo I. ad Mahometem II. Acceſſit Chronicon breve quo Græcorum, Venetorum & Turcorum aliquot geſta continentur Gr. lat. edita, notiſquè illuſtrata ab

Iſm.

Ism. Bulliado. *Ibidem.* 1649.

GEORGII Pachymeris, Michael Palæologus, Gr. lat. cum Observationibus Petri Possini & appendice in quo specimen sapientiæ Indorum veterum exhibetur. *Romæ.* Typis Barberinis. 1666.

EJUSDEM, Andronicus Palæologus, Gr.lat. cum observationibus Petri Possini *Ibidem.* 1669. 2. Vol.

JOANNIS Contacuzeni, Ex-Imperatoris, Historiarum Libri IV. Gr. lat. ex Versione Jac. Pontani cum ejusdem & Jac. Gretseri Notis. *Paris.* Typis Regiis. 1643. 3. Vol.

HISTORIA Byzantina duplici Commentario illustrata, I. Familiæ Byzantinæ. II. Constantinopolis Christiana, authore Carolo du Fresne, Domino du Cange. *Paris.* Billaine. 1680.

IMPERIUM Orientale, sive Antiquitates Constantinopolitanæ, Operâ & studio D. Anselmi Badurii, M. B. *Paris.* Coignard 1711. 2. vol.

HISTOIRE de l'Empire de Constantinople sous les Empereurs François par M. du Cange. *Paris.* De l'Imprimerie Royale. 1657.

DE Bello Constantinopolitano & Imperatoribus Comnenis per Gallos & Venetos restitutis, Historia Pauli Ramnusii. *Venetiis.* Bragioni. 1634.

BELLI Sacri Historia, autore Guillelmo Tyrio Archiepiscopo, edita à Philib. Poyssenoto. *Basileæ.* Brylingeri. 1549.

DE Bello Sacro continuatæ Historiæ Libri sex ad Guill. Tyrium additi à Joanne Herold. *Ibidem.*

HISTOIRE BYSANTINE
IN-QUARTO.

L'HISTOIRE de Geoffroy de Ville-Hardoüin de la Conquête de Constantinople en 1204. d'un côté en viel langage, de l'autre en un plus moderne, par Blaise de Vigenere. *Paris.* L'Angelier. 1584.

L'HISTOIRE de la Decadence de l'Empire Grec, & établissement de celui des Turcs, traduite du Latin de Chalcondyle, par Blaise de Vigenere. *Paris.* L'Angelier. 1584.

HISTOIRE DES TURCS
IN-FOLIO.

HISTORIA de los Turcos desde su começo hasta nuestros tiempos, por Vincente Rocca, Cavallero Valenciano. *Valencia.* 1556.

ISMAEL Abulfeda de Vita & Rebus gestis Mohammedis, ex Cod. MS. Pocockiano textum Arabicum primus edidit, Latinè vertit, Notis & Præfatione illustravit Joh. Gagnier. *Oxoniæ.* Theatrum Scheldon. 1723.

IL Candia di Boschini.

HISTOIRE DES TURCS
IN-QUARTO.

HISTORIA Saracenina quâ res gestæ Muslimorum à Muhamede, Arabe ad initium Imperii Atabacaci explicantur, Arabice ab Elmacino, Latine à Thoma Erpenio Scripta. *Lugd. Batav.* Typis Erpenianis. 1625.

HISTORIA de la Guerra entre Turcos y Persianos del año 1576. hasta el 1585. por Thomas Minadoy, traduzida por Ant. de Herrera. *Madrid.* Franc. Sanchez 1588.

GOVIERNO do los Turcos en lo aquel el P. Miguel Fabro de Novi fondo la impossibilidad probable de la duracion de aquel Barbaro Imperio. *Madrid.* Roman. 1693.

HISTOIRE de l'Etat present de l'Empire Ottoman, traduite de l'Anglois de M. Ricault, par M. Briot. *Paris.* Mabre-Cramoisy 1670.

EXTREMOS y Grandezas de Constantinopla, compuesto por R. Moysen Almosnino, traduzido por Jacob Cansino. *Madrid.* Franc. Matinez. 1638.

HISTOIRE DES TURCS
IN-OCTAVO ET IN-DOUZE.

BARTH. Georgieviz de Moribus Turcarum Epitome. *Genevæ.* Tornæsius. 1598. *in-seize.*

HISTOIRE de l'Etat present de l'Empire Ottoman, traduite de l'Anglois par M. Briot. *Paris.* Mabre-Cramoisy. *in-8°.*

PETRI Gyllii de Constantinopoleos Typographia, Lib. IV. *Lugd. Batav.* Elzevirii. 1632. *in-seize.*

LA muy lamentable Conquista y cruenta Batalla de Rhodas, nuevamente sacada de Latin en Castellano, por el Bachiller Christoval de Arcos, Cura de la sancta Yglesia de Sevilla. *Medina del Campo.* 1571. *in-douze.*

HISTOIRE D'ITALIE
IN-FOLIO.

DELLA Istoria del Dominio Temporale della Sede Apostolica nel Ducato di Parma è Piacenza, Libri III. *Roma.* 1720.

J. B. Pignæ de Principibus Atestinis Historiarum Libri VIII. in quibus continentur res maximæ insignes tum in Italia, tum alibi gestæ ; ab inclinatione Romani Imperii ad annum 1476. ex Italica lingua in Latinam conversi à J. Barone. *Ferrariæ.* 1595.

JAC. Wilhemi Imhof Historia Hispaniæ & Italiæ Genealogica. *Norimb.* Vidua Hoffmann. 1701.

JACOBI Wilhemi Imhoff. Norimbergensis viginti illustrium in Italia Familiarum Genealogiæ. *Amstelodami.* Châtelain. 1710.

HISTORIA General de la Isla y Reyno de Sardeña, por D. Franc. de Vico. *Barcelona.* Deñ. 1639. 3. Vol.

LIBRO Primero de las Leyes y Pragmaticas del Reyno de Sardeña, compuestas, glosadas, y comentadas por D. Franc. de Vico. *Napoles.* Emprenta Real. 1640. 2. Vol.

LA Historia General del Reyno Balearico, dal Dottor Juan Dameto fu Chronifta. *Mallorca.* 1632.

DE la Historia del Reyno de Mallorca, que efcrivis Vicente Mut fu Chronifta. *Mallorca.* 1650. fol. 2. Vol.

HISTOIRE D'ITALIE
IN-QUARTO.

EPITOME del Reyno de Italia baxo el yugo de los Barbaros, efcritta en el Italiano por el Conde Emanuel Thefauro, y traduzido por el R. P. Juan Bapt. Aguillar de la Orden de la Trinidad.

LA Vita del Duca Valentino, defcritta da Tomafo Tomafi. *Montechiaro.* 1655.

DE la Guerra de Campaña de Roma, y del Reyno de Napoles, en el Pontificado de Paulo IV. año de 1556. y 1557. III. Libros de Alex. Andrea Napoletano. *Madrid.* Viuda de Gerardo. 1589.

TUMULTOS de la Cuidad y Reyno de Napoles en el anno de 1647. por D. Pablo Antonio de Terfia. *Leon de Francia.* Burgea. 1670.

DISCORSO dell' Origine, forma Leggi, ed ufo dell' Ufficio dell' Inquifitione nella Citta di Venetia, del P. Paolo. 1639.

IL Corelio del Comte Battifta Zarabella, Overo le Origini di Efte & di Correla. *Padoa.* Frambotto. 1664.

HISRORIA di Vicenza, del Sign. Giacomo Marzari. *Ven.* Angelier. 1591.

LE Origini di Padova da Lorenzo Pignorio. *Padova.* Pietro Paolo Tozzi. 1625.

LE Hiftorie e fatti de' Veronefi ne'i tempi del Popolo e Signori Scaligeri, defcritte dal Meffer Torello Saraïna, Veronefe, 11. E. *Verona.* Ger. Difcepoli. 1586.

CONJURACION del Conde Juan Luis Fiefco, efcrita en Tofcano por Agoft. Mafcardi, traduzida en Caftellano por D. Ant. Velafquez. *Madrid.* Juan Sanchez. 1640.

ABREGE' des Vicomtes & Ducs de Milan, le droit desquels appartient à la Couronne de France. *Paris.* C. Estienne. 1552.

RELACION del Nombre, Sitio, Plantas, Conquistas, Cuidades y Govierno de Sardeña, por el Doctor Martin Carillo. *Barcelona.* Sebast. Mathevad. 1612.

ELOGI Historici di alcuni Personnaggi della Famiglia Castigliona, raccolti da Ant. Beffa Negrini, è dati in luce da Franc. Osanna. *Mantoa.* Osanna. 1605.

DELL' Historia della Casa Monaldesca, di Alf. Ceccarello da Bevagna. *Ascoli.* Gios. deg' Angeli. 1580.

ISTORIA della Casa degli Ubaldini, da Giov. Bapt. Lorenzo Ubaldini, con la Vita di Nicolò Acciajoli, & Origini della questa Famiglia. *Firenze.* Sermatelli. 1588.

VITE de' Cinque Huomini illustri dal Abbate Silvano Razzi Camaldolense. *Firenze.* 1602.

HISTOIRE D'ITALIE
IN-OCTAVO ET IN-DOUZE.

ITINERARIO, Overo Nuova Descrittione de' Viaggi principali d'Italia di Andrea Scoto, tradotto dal Latino in Italiano & in questa traduzione accresciuto. *Vicenza.* Bolzetta. 1638. *in-octavo.*

VOYAGE d'Italie, traduit de l'Anglois de Richard Lassels. *Paris,* Billaine. 1671. *in-douze.*

VOYAGE de Suisse, d'Italie, & de quelques endroits d'Allemagne & de France, ez années 1685. & 1686. par M. Burnet, Evêque de Salisbury, N. E. *Rotterdam.* Acher. 1690. *in-douze.*

VOYAGE d'Italie, par M. Misson, N. E. augmentée, on y joint les Remarques de M. Addisson dans le même voyage. *Utrecht.* Vandewater, & Van Poolsum. 1722. 4. Vol. *in-douze.* Figg.

LE Antichita della Cita di Roma, per M. Bernardo Gamucci da S. Gemigniano 11. Edit, corretta da Thomaſſo Porcacchi. *Venegia.* Variſto. 1588. *in-octavo.*

T R A T A D O Nuevo de las Coſas maraviloſas de la alma Ciudad de Roma, eſcrito por D. Pedro Martyr Felini, Servita, y traduzido en Eſpañol, por el P. Alonſo Muñoz de la Orden de Predicadores. *Roma.* Zannetti. 1619. *in-octavo.* Figg.

I L Sacco di Roma del Guicciardini. *Parigi.* Piget. 1664. *in-douze.*

V I T A di Sixto V. Pontefice Romano, ſcritta da Greg. Leti. *Loſanna.* Glor. Grée. 1669. 2. Vol. *in-douze.*

I L Sindicato di Alleſſandro VII. con il ſuo viaggio nell' altro Mondo. 1668. *in-douze.*

I L Nipotiſmo di Roma, o vero Relazione delle raggioni che muovono i Pontefici all' aggrandimento dei loro Nipoti. 1667. 2. Tom. *in-douze.* 1. Vol.

R A G G U A G L I O del Dominio Temporale del Papa. *Parigi.* La Caille. 1676. *in-douze.*

I L Cardinaliſmo di Santa Chieſa. 1668. 3. Vol. *in-douze.*

P I E T R A del Paragone politico, di Trajano Boccalini. 1675. *in-douze.*

H I S T O I R E du Gouvernement de Veniſe, par Nicolas Amelot de la Houſſaye. *Paris.* Leonard. 1676. *in-octavo.*

E X A M E N de la Liberté originaire de Veniſe, traduit de l'Italien, avec des Remarques Hiſtoriques. *Ratisbonne.* Aubry. 1677. *in-douze.*

L A Ville & la Republique de Veniniſe. *Paris.* Billaine. 1680. *in-douze.*

A N T I D O T O à las venenoſas Conſideraciones de Fray Paolo de Veneſia ſobre las Cenſuras de Paulo V. por el P. Hier. de la Baſtida, de la Companhia de Jeſus. *Leon.* Villez. 1607. *in-octavo.*

R E L A T I O N de l'Etat de Gennes, par M. le Noble, Procureur General au Parlement de Metz. *Paris.* Sercy. 1685. *in-douze.*

C O M P E N D I O de las Hiſtorias del Reyno de Napoles del famoſo Doctor Paulo Collenaccio, traduzido por Nic. Eſpinoſa. *Valencia.* Navarro. 1563. *in-octavo.*

R E L A T I O N des Mouvemens de la

Ville de Messine depuis 1671. jusqu'à present. *Paris.* La Caille. 1675. *in-douze.*

L e s Anecdotes de Florence, ou Histoire secrette de la Maison de Medicis, par le Sr de Varillas. *La Haye.* Arn. Leers. 1685. *in-douze.*

M e t h o d e facile pour apprendre l'Histoire de Savoye, depuis son origine jusqu'à present, 11. Edit. *Paris.* Jouvenel. 1698. *in-douze.*

HISTOIRE DE FRANCE
IN-FOLIO.

H A D R I A N I Valesii Notitia Galliarum, ordine litterarum digesta. *Parisiis.* Leonard. 1675.

D e s c r i p t i o n Historique & Geographique de la France ancienne & moderne, (par M. l'Abbé de Longueruë.) 1722.

D e s c r i p t i o n de la France, avec des Cartes Geographiques. 2. Vol.

H i s t o r i æ Normannorum Scriptores antiqui, ex recensione And. du Chesne. *Lutetiæ.* 1629. fol.

A n n a l e s & Chroniques de France, depuis la destruction de Troye jusqu'au tems du Roi Loüis XI. jadis écrites par Nicole Gilles, & continuées par Denis Sauvage, jusqu'à 1553. *Paris.* Roigny. 1653.

H i s t o i r e Generale des Rois de France, par Bernard de Girard, Seigneur du Haillan & continuée depuis Loüis X I. *Paris.* Sonnius. 1727. 2. Vol.

L e s Grandes Annales de France, depuis la venuë des Francs en Gaule, jusqu'au Regne du Roi Henry I I I. par François de Belleforest. *Paris.* Buon. 1519. 2. Vol.

H i s t o i r e Universelle de Theodore Agrippa d'Aubigné.

L e Veritable Inventaire de l'Histoire de France, par Jean de Serres, avec la continuation de la même Histoire, jusqu'à l'année 1648. 2. Vol.

H i s t o i r e Generale de France,

avec l'Etat de l'Eglife & de l'Empire, par Scipion du Pleix vi. Edit. *Paris.* Claude Sonnius. 1650. 5. Vol.

HISTOIRE de France, depuis Pharamond, par François Eudes de Mezeray. *Paris.* Guillemot. 1643. 3. Vol.

ANNALES de la Monarchie Françoife, depuis fon établiffement jufqu'à prefent, par M. de Limiers. *Amfterdam.* L'Honnoré. 1724. 3. Tom. 1. Vol.

L'EMPIRE François, ou l'Hiftoire des Conquêtes des Royaumes & Provinces dont il eft compofé, par Laurent Turquois. *Orleans.* Ottot. 1651.

HISTOIRE de Charles VI. Roi de France, par J. Juvenal des Urfins, N. E. augmentée par Denis Godefroy. *Paris.* Imprimerie Royale. 1653.

HISTOIRE de Charles VII. Roi de France, par J. Chartier, & autres, mife en lumiere & enrichie par Denis Godefroy. *Paris.* Imprimerie Royale. 1661.

HISTOIRE de Charles VIII. Roi de France, par Guill. de Jaligny & André de la Vigne, & enrichie des Obfervations de M. Godefroy. *Paris.* Imprimerie Royale. 1684.

LAS Memorias de Felipe de Comines Señor de Argenton, illuftro las con fus Efcolios D. Juan Vitrian. *Amberes.* Verduffen. 1714. 2. Vol.

RERUM Gallicarum Commentarii ab A. C. 1461. ad ann. 1580. Auct. Franc. Belcario Peguilione Metenfi Epifcopo. *Lugd.* Landry. 1625.

JACOBI Augufti Thuani Hiftoriarum fui temporis Lib. cxx. *Paris.* Drouart. 1606. 5. Tom. 4. Vol.

HISTORIA de las Guerras Civiles de Francia, de Henr. Cat. d'Avila, traduzida por el R. P. Bafilio Varen de Soto, con las adiciones de el mifmo. *Amberes.* Verduffen. 1713.

LES Memoires de Meffire Martin du Bellay, Seigneur de Langey. *Paris.* Langelier. 1588.

LES Memoires de Meffire Michel de Caftelnau, illuftrés, par J. le Laboureur. *Paris.* Lamy. 1659. 2. Vol.

LETTRES & Ambaffades de Meffire Philippe Canaye, Seigneur du Frefne, Confeiller d'Etat. *Paris.* Sommaville. 1645. 3. Vol.

LETTRES du Cardinal d'Offat. *Paris*. Blageart. 1641.

LE Thréfor des Merveilles de la Maifon Royale de Fontainebleau, par le P. Dan, Religieux de la Mercy. *Paris*. Cramoify. 1642.

TRAITE' de la Police, par M. de la Marre, Confeiller-Commiffaire au Châtelet de Paris. *Paris*. Brunet. 1722. 3. Vol.

MEMOIRES de l'Hiftoire du Languedoc, par M. Guillaume Catel. *Touloufe*. Colomiez. 1633.

LA Chorographie de Provence, avec l'Hiftoire Chronologique du même Païs par Honoré Bouche. *Aix*. David. 1664. 2. Vol.

HISTOIRE de Provence, par Meffire J. F. de Gaufridy. *Aix*. Charles David. 1694. 2. Vol.

HISTOIRE de Marfeille, par M. A. de Ruffi. II. Edit. augmentée par le Fils de l'Auteur. *Marfeille*. Martel. 1696.

HISTOIRE de Béarn, par M. de Marca. *Paris*. 1640.

HISTOIRE des Comtes de Poitou & Ducs de Guyenne, avec les Titres juftificatifs, par M. Befly. *Paris*. Bertaut. 1648.

MEMOIRES pour fervir à l'Hiftoire de Dauphiné, fous les Dauphins de la Maifon de la Tour Dupin. *Paris*. De Batz. 1711.

HISTOIRE de Navarre, par André Favyn. *Paris*. Sonnius. 1612.

TREIZE Livres des Parlemens de France, par M. Bernard de la Roche Flavin. *Bordeaux*. Millanges. 1617.

LES Eloges de tous les premiers Préfidens du Parlement de Paris, par J. B. de l'Hermite Souliers, & François Blanchard. *Paris*. Befoigne. 1645.

HISTOIRE des Secretaires d'Etat, par le S. Fauvelet du Toc, Secretaire des Finances de Monfieur. *Paris*. Sercy. 1668.

HISTOIRE Genealogique de la Maifon de France, & des Grands Officiers de la Couronne, par le P. Anfelme. *Paris*. Cavelier. 1712. 2. Vol.

HISTOIRE Genealogique de la Maifon Royale de Courtenay, avec les piéces juftificatives, par M. du Bouchet. *Paris*. Dupuis. 1661.

HISTOIRE Genealogique de la Maison Royale de Dreux, & de quelques autres qui en sont descendus par femmes, avec les piéces, par André du Chesne. *Paris*. Cramoisy. 1631.

HISTOIRE Genealogique de la Maison d'Auvergne, justifiée par Chartres & Titres, par M. Baluze. *Paris*. Deszallier. 1708. 2. Vol.

HISTOIRE Genealogique de la Maison de Bethune, avec les piéces justificatives, par André du Chesne. *Paris*. Cramoisy. 1639.

HISTOIRE Genealogique de la Maison de Chatillon-sur-Marnes, par André du Chesne. *Paris*. Cramoisy. 1631.

HISTOIRE Genealogique de la Maison d'Harcourt, avec les piéces justificatives, par Gilles-André de la Roque. *Paris*. Cramoisy. 1662. 4. Vol.

HISTOIRE Genealogique de la Maison de Montmorency, & de Laval, avec les Piéces justificatives, par André du Chesne. *Paris*. Cramoisy. 1624.

EXCELLENTIUM in Gallia familiarum Genealogiæ Auct. Jac. Wilhelm. Imhoff. *Norimb*. Endter. 1687.

CONSIDERATIONS Historiques sur la Genealogie de la Maison de Lorraine, par Loüis Chantereau le Fevre. *Paris*. Bessin. 1642.

HISTOIRE DE FRANCE
IN-QUARTO.

NOUVEAU Dénombrement du Royaume, par Generalitez, Elections, Paroisses & Feux. *Paris*. Saugrain. 1720.

ABREGE' Chronologique de l'Histoire de France, par le Sr de Mezeray. *Paris*. Thierry. 1690. 3. Vol.

HISTOIRE de France depuis l'établissement de la Monarchie, par le P. C. Daniel de la Compagnie de Jesus, nouvelle édition. *Paris*. Mariette. 1722. 7. Vol.

HISTOIRE de France, de la troisiéme race représentée en Tableaux, par le Sr Audin, Prieur de Termes. *Pa-*

ris. Sommaville. 1647.

HISTOIRE de Loüis XI. Roi de France, avec plusieurs observations. *Paris*. Guillemot. 1628.

HISTOIRE des Rois, Loüis XI. Charles VIII. Loüis XII. François I. Henry II. Charles IX. & Henry III. par M. Varillas. *Paris*. Barbin. 1635. 1696. 18. Vol.

HISTOIRE de France, sous le Regne d'Henry IV. par P. Mathieu. *Paris*. Mettayer. 1605.

HISTOIRE de la Ligue, par le Sr Loüis Maimbourg. *Paris*. Mabre - Cramoisy. 1686.

HISTORIA de los Successos de Francia desde el anno de 1585. que començo la Liga Catolica hasta el fin del año. 1594. por D. Antonio de Herrera. *Madrid*. Lor. de Ayala. 1598.

BENIAMINI Prioli ab excessu Ludovici XIII. de rebus Gallicis Historiarum Libri XII. *Paris*. Leonard. 1665.

RECUEIL des Piéces, pour servir à l'Histoire de la Minorité de Loüis XIV. ix. Volumes.

LE Siege de la Ville de Dole, par J. Boivin, Conseiller au Parlement. *Dole*. Binart. 1687.

TRAITE' des Droits de la Reine sur divers Etats de la Monarchie d'Espagne. *Paris*. De l'Imprimerie Royale 1667.

RELATION. de l'établissement de la Compagnie Françoise, pour le commerce des Indes Orientales. *Paris*. Cramoisy. 1666.

RELATION de l'expedition de Rio Janeiro, par un Escadre de Vaisseaux du Roi, commandée par M. du Guay Drouin. *Paris*. Cot. 1712.

LA Fama gelosa della fortuna, Overo Panegyrico di Luigi il Grande, di Gregorio Leti. *Gex*. 1680.

HISTOIRE Chronologique de l'Eglise, Evêques & Archevêques d'Avignon, par Fr. Nouguier Prêtre. *Avignon*. Bramereau. 1660.

TRAITE' de la Noblesse, par Gilles-André de la Roque. *Paris*. Michallet. 1678.

TRAITE' Historique des Monnoyes de France, par M. le Blanc. *Amst*. Mortier. 1691.

HISTOIRE de la Milice Françoise, par le P. Daniel Jesuite. *Paris*. Coignard. 1721. 2. Vol.

HISTOIRE DE FRANCE
IN-OCTAVO ET IN-DOUZE.

ABREGE' Chronologique de l'Histoire de France, par M. de Mezeray, N. E. *La Haye*. Schelte. 1712. 7. Vol. *in-douze.*

ABREGE' Chronologique de l'Histoire de France, depuis le commencement de la Monarchie jusqu'à present, (par M. de Riencourt.) *Paris*. Loyson. 1678. 2. Vol. *in-douze.*

ABREGE' de l'Histoire de France en Vers, par le Sr de Berigny. *Paris*. Loyson. 1679. *in-douze.*

SOMMAIRE de l'Histoire de France, par J. B. de Prade. *Paris*. Besoigne. 1684. 5. Vol. *in-douze.*

HISTOIRE des Princes Illustres, qui par leur pieté & leurs belles actions ont merité le surnom de Grand, par G. de Bezançon. *Paris*. David. 1698. *in-douze.*

LA Minorité de S. Loüis, avec l'Histoire de Loüis XI. & de Henry II. par le Sr Varillas. *La Haye*. Moetjens. 1685. *in-douze.*

L'HISTOIRE & Discours au vrai du Siege mis par les Anglois devant Orleans en 1428. *Orleans*. Boynard. 1606. *in-octavo.*

CHRONIQUE & Histoire composée par Philippes de Commines, contenant l'Histoire des choses avenuës durant le Regne de Loüis XI. & Charles VIII. nouvellement revûë & corrigée. *Paris*. Groulleau. 1551. *in-seize.*

HISTOIRE de Loüis XI. Roi de France, & des choses memorablement avenuës de son Regne, depuis l'an... jusqu'à 1483. autrement dite la Chronique scandaleuse, par un Greffier de l'Hôtel de Ville de Paris, (Jean de Troyes.) 1620. *in-octavo.*

MEMOIRES pour servir à l'Histoire de France, depuis 1515. jusqu'en

1589. *Cologne.* Demen. 1709. 2. Vol. *in-douze.*

MEMOIRES de Gaspard de Coligny, Seigneur de Chatillon, Amiral de France. *Paris.* Mauger. 1665. *in-douze.*

MEMORIAS de la Reyno Margarita de Francia, Duquesa de Valois, traduzidas por D. Jacinto de Herrera Sotomayor. *Madrid.* Diaz de la Carrera. 1646. *in-octavo.*

MEMOIRES de l'Etat de France, sous Charles IX. 11. Edit. *Middelbourg.* Henr. Wolf. 1578. 6. Vol. *in-octavo.*

HISTOIRE des derniers troubles de France, sous le Regne des Rois Henry III. & Henry IV. derniere Edition. 1601. *in-octavo.*

LES Memoires de la Ligue, sous Henry III. & Henry IV. depuis 1576. jusqu'en 1598. 1602. 6. Vol. *in-octavo.*

HISTORIA de la Muerte de Enrico el Grandes IV. Rey de Francia, escrita en Frances por Pedro Matteo y en Castillano, por Juan Pablo Martyr Rizo. *Madrid.* Diego Flamenco. 1625. *in-octavo.*

MEMOIRES ou Economies Royales d'Etat, par M. le Duc de Sully. *Amst.* (*Trevoux.*) Compagnie. 1725. 12. Vol. *in-douze.*

MEMOIRES d'Etat, par M. de Villeroy. *Paris.* Compagnie. 1645. 4. Vol. *in-douze.*

HISTOIRE du Regne de Loüis XIII. par M. le Vassor, v. Edit. *Amst.* Brunel. 1720. 20. Vol. *in-douze.*

RELATION de la Descente des Anglois en l'Isle de Rhé. *Martin.* 1628. *in-octavo.*

HISTOIRE du Cardinal de Richelieu, par le Sr Aubery. *Cologne.* 1666. 6. Vol. *in-douze.*

JOURNAL de M. le Cardinal de Richelieu, depuis l'année 1630. jusqu'en 1644. *in-douze.*

LETTRES du Cardinal Duc de Richelieu. *Paris.* Veuve Mabre-Cramoisy. 1695. 2. Tom. 1. Vol. *in-douze.*

LE veritable Pere Joseph, Capucin, nommé au Cardinalat, (par l'Abbé Richard.) 1704. 2. Vol. *in-douze.*

MEMOIRES du Duc de Rohan, depuis la mort d'Henry IV. jusqu'à la

Paix, avec les Reformez au mois de Juin 1629. 11. Edit. 1646. *in-douze*..

MEMOIRES de M. de Montchal, Archevêque de Toulouse. *Rotterd*. Fritch. 1718. 2. Vol. *in-douze*.

AMBASSADES de M. le Marechal de Bassompiere. *Cologne*. Marteau. 1668. 3. Vol. *in-douze*.

ESSAY de l'Histoire de Loüis le Grand, jusqu'en 1697. par M. le Gendre, Chanoine de l'Eglise de Paris. 111. Edit. *Paris*. Guignard. 1698. *in-douze*.

HISTOIRE de Loüis XIV. Roy de France & de Navarre, par M. de Limiers. *Amsterd*. La Compagnie. 1718. 11. Vol. 2. Edit.

MEMOIRES concernant les Affaires de France, sous la Regence de Marie de Medicis. *La Haye*. Johnson. 1620. 2. Vol. *in-douze*.

L'HISTOIRE du Tems, ou recit veritable de ce qui s'est passé dans le Parlement, depuis le mois d'Août 1647. jusqu'au mois de Novembre 1648. 1649. 2. Vol. *in-douze*.

LE Procès de M. Fouquet. *Paris*. Veuve Mabre - Cramoisy. 1696. 15. Vol. *in-douze*.

L'ESPION dans les Cours des Princes Chrétiens, (par Jean Paul Marana Genois.) *Cologne*. Kinkius. 1715. 6. Vol.

JOURNAL des Armées du Roi en Flandres, depuis 1690. jusqu'en 1695. par le Sr Vaultier, Commissaire ordinaire d'Artillerie. *Paris*. Coignard. 1695 *in-douze*. 11. E. A.

RELATION fidelle de l'Expedition de Cartagene. 1699. *in-douze*.

MEMOIRES pour servir à l'Histoire d'Anne d'Autriche, épouse de Loüis XIII. par Madame de Motteville. *Amst*. Changuion. 1723. 5. Vol. *in-douze*.

MEMOIRES pour servir à l'Histoire de Loüis de Bourbon, Prince de Condé, (par P. Coste.) *Cologne*. 1693. 2. Vol. *in-douze*.

LA Vie de M. le Vicomte de Turenne, par M. du Buisson. (Grat. de Courtilz.) N. E. *La Haye*. Van Bulderen. 1688. *in-douze*.

LA Vie de Frederic Maurice de la Tour d'Auvergne, Duc de Bouillon. *Paris*. Trabouillet. 1692. *in-douze*.

MEMOIRES de M. le Cardinal de

Retz, contenant l'Histoire des premieres années du Regne de Loüis XIV. *Amsterd.* 1718. 4. Vol. *in-douze.*

MEMOIRES de M. Joli, Conseiller au Parlement, (au Chatelet,) contenant l'Histoire de la Regence d'Anne d'Autriche, & des premieres années de la Majorité de Loüis XIV. jusqu'en 1666. avec les intrigues du Cardinal de Retz. *Amsterd.* Bernard. 1718. 2. Vol. *douze.*

MEMOIRES de Madame la Duchesse de Nemours. *Amsterdam.* Bernard. 1718. *in-octavo.*

MEMOIRES de M. le Duc de la Rochefoucault. *Cologne.* Vandick. 1664. *in-douze.*

MEMOIRES du Comte de Brienne, Ministre & Secretaire d'Etat. *Amst.* Bernard. 3. Vol. *in-octavo.*

MEMOIRES de M. le Maréchal de Noailles, Duc & Pair de France. *Paris.* Veuve Barbin. 1701. *in-douze.*

MEMOIRES du Maréchal de Gramont, Duc & Pair de France, 11. Edit. *Amsterd.* La Compagnie. 1717. 2. Vol. *in-douze.*

AMBASSADES & Negociations de M. le Comte d'Estrades depuis 1637 jusqu'en 1662. *Amst.* Bernard. 1718. *in-douze.*

LA Vie J. B. Colbert Ministre d'Etat, sous Loüis XIV. *Cologne.* 1695 *in-douze.*

TESTAMENT politique de M. le Marquis de Louvois. *Cologne.* 1695. *in-douze.*

LA Turquie Chrétienne, sous la protection de Loüis XIV. par M. de la Croix, ci-devant Secretaire de l'Ambassade de la Porte. *Paris.* Herissant. 1695. *in-douze.*

ENSAYOS de Vaticinios Reales de las dos Coronas unos complidos y ostros por eamplir en gloria de la augusta Casa de Borbon, por D. Joseph Antonio Ybanez de la Renferia y Montiano Visitador y examindor Synodal del Arcobispado de los Charcas. *Paris.* Langlois. 1712. 2. Vol. *in-octavo.*

ITINERARIUM por non nullas Galliæ Belgicæ partes, Abrahami Ortelii & Joannis Viviani ad Gerard Mercatorem Cosmographum. *Antuerp.* Christ.

Plantin. 1584. *in-octavo*.

LES Delices de la France. *Amst.* Mortier. 1699. 2. Vol. *in-douze*. Figg.

TRATADO de las Cosas notables que se veen en la Ciudad de Paris, por Amb. del Salazar. *Paris*. Bessin. *in-douze*.

DESCRIPTION Nouvelle de la Ville de Paris, par M. Brice. *Paris*. Brunet. 1706. v. Edit. 2. Vol. *in-douze*.

RECUEIL des Figures, Groupes, Fontaines, & autres Ornemens qui se voyent à Versailles, gravé par Thomassin. 1694. *in-octavo*.

NOUVELLE Description des Châteaux & Parcs de Versailles & de Marly, par M. Piganiol de la Force. *Paris*. De Laulne. 1707. 11. Edit. *in-douze*.

HISTOIRE Sommaire de Normandie, par le Sr de Masseville. *Roüen*. Ferrand. 1698. 6. Vol. *in-douze*.

L'HISTOIRE de la Ville de Roüen, N. E. *Roüen*. Herault. 1710. 3. Vol. *in-douze*.

DISCOURS de la Contrarieté d'Humeurs qui se trouve entre certaines Nations, & singulierement entre la Françoise & l'Espagnole, traduit de l'Italien de Fab. Ciampolini, (par la Mothe le Vayer.) *Paris*. Richer. 1636. *in-octavo*.

LETTRES sur les Anglois, les François, & les Voyages, (par M. de Muralt.) 1725. 2. Vol. *in-octavo*.

LES trois Veritez, 11. Ed. *Bordeaux*. Millanges. 1595. *in-octavo*.

LES Veritez Françoises, opposées aux Calomnies Espagnoles, par un Gentilhomme de Picardie. *Beauvais*. 1637. *in-octavo*.

LES affaires qui sont aujourd'hui entre les Maisons de France & d'Autriche en 1648. *Paris*. Maucroix. 1662. *in-douze*.

RECUEIL Historique, contenant diverses Piéces curieuses de ce tems. *Cologne*. Dyck. 1666. *in-douze*.

TRAITE' des Droits de la Reine Très-Chrétienne, sur divers Etats de la Monarchie d'Espagne, (par Ant. Bilain.) 1667. *in-douze*.

LE Politique du tems, ou Conseil fidele sur les mouvemens de la France. *Charleville*. Loüis François. 1671. *in-douze*.

HISTOIRE DE FRANCE IN-OCTAVO ET IN-DOUZE. 105

RECUEIL général des Piéces touchant l'affaire des Princes legitimez, mises en ordre. *Rotterdam.* 1717. 4. Vol. *in-douze.*

LETTRES de M. Filtz-Moritz, sur les Affaires du Tems, traduites de l'Anglois par M. de Garnesay. *Rotterdam.* Les Heritiers de Leers. 1718. *in-douze.*

TRAITE' Historique & Chronologique du Sacre & Couronnement des Rois & Reines de France, par M. Menin, Conseiller au Parlement de Metz. *Paris.* Bauche & Pepingué. 1723. *in-douze.*

LE Blazon de France, ou Nottes curieuses sur l'Edit, concernant la Police des Armoiries. *Paris.* Sercy. 1697. *in-octavo.*

ETAT de la France, pour l'année 1648. 1649. *in-douze.*

LE Detail de la France, la cause de la diminution de ses biens, & la facilité du remede. 1696. *in-douze.*

PROJET d'une Dîme Royale, par M. le Marechal de Vauban. 1707. *in-douze.*

LISTE generale des Postes, dressée par ordre de M. le Cardinal Dubois. *Paris.* Jaillot. 1722. *in-douze.*

HISTOIRE D'ANGLETERRE
IN-FOLIO.

HISTOIRE d'Angleterre, d'Ecosse & d'Irlande, par André du Chesne, continuée depuis 1641. par du Verdier. *Paris.* Billaine. 1666. 2. Vol.

HISTOIRE d'Angleterre, d'Ecosse & d'Irlande, par M. de Larrey. *Rotterdam.* Leers. 1707. 4. Vol.

THE Life And Reing of Henry The Eighth By Edward Lord Herbert de Cherbury. *London.* Martin. 1672.

HISTOIRE D'ANGLETERRE
IN-QUARTO.

DEL Theatro Britannico, overo Historia dello Stato antico e presente della Grande Bretagna, per Greg. Leti. *Londra*. Scott. 1683. 2. Vol.

HISTORIA Ecclesiastica del Scisma del Reyno de Inglaterra, por el Padre Ribadeneira de la Compañia de Jesus. *Madrid*. Emprenta Real. 1647.

HISTORIA particular de la Persecuçion de Inglaterra y de los Martyrios que en ella ha avido desde el año de 1570. por el Padre Diego de Yepes, de la Orden de San Geronimo. *Madrid*. Sanchez. 1599.

MANIFESTO de la injusta Persecuçion que padecen los Catholicos Romanos in Inglaterra, traduzido de la lengua Latina, por Fray Antonio de Jesus Maria, Religioso Descalzo. *Madrid*. Villa-Diego. 1680.

LEYES del Rey Jacobo de Inglaterra contra la Fé Catholica, con la respuesta.

ANNALES des choses plus memorables, avenuës tant en Angleterre qu'ailleurs, sous le Regne de Henry VIII. Edouard VI. & Marie, traduites d'un auteur Anonyme, par le Sr de Loigny, Gentilhomme ordinaire de la Chambre du Roi. *Paris*. Rocolet. 1647.

LETTRES & Negociations de Walsingham, Ministre & Secretaire d'Etat sous Elizabeth Reine d'Angleterre, traduites de l'Anglois par Boulestois de la Contie. *Amst*. Huguetan. 1700.

GUERRAS Civiles de Inglaterra, Tragica Muerte de su Rey Carlos, escritta en Toscano por el Conde Maiolino Brisaccioni y traduzida por D. Diego Fel. de Albornoz. *Madrid*. Diaz de la Carrera. 1658.

LE Vite delle Done illustri del Regno d'Inghiterra, & del Regno di Scotia, da Pietro Ubaldino. *Londra*. Wolfio. 1591.

HISTOIRE D'ANGLETERRE
IN-OCTAVO ET IN-DOUZE.

G. CAMBDENI Britanniæ Descriptio. *Londini*. Bishop. 1590. *in-octavo*.

RUTGERI Hermannidæ Brittania Magna. *Amstelodami*. Valckenier. 1661. *in-douze*.

DISCOURS des plus memorables faits des Rois d'Angleterre, depuis 500. ans, avec les Genealogies des Reines d'Angleterre & d'Ecosse. Plus un Traité de la Guide des Chemins à l'Histoire de Jacques I. Roi d'Ecosse, par J. Bernard, Secretaire de la Chambre du Roi. *Paris*. Mallet. 1579. *in-octavo*.

ABREGE' de l'Histoire d'Angleterre, d'Ecosse & d'Irlande, par M. (Malingre.) *Paris*. Chamhoudry. 1659. *in-douze*.

INTRODUCTION à l'Histoire d'Angleterre, par le Chevalier Temple. *Amst.* De Lorme. 1695. *in-octavo*.

METHODE facile pour apprendre l'Histoire d'Angleterre. *Paris*. Jouvenel. 1697. *in-douze*.

HISTOIRE du Regne d'Henry VII. Roi d'Angleterre, traduite de l'Anglois de François Bacon, par le Sr de la Tour Hotman. *Paris*. Rocolet. 1627. *in-octavo*.

HISTOIRE de Henry VII. Roi d'Angleterre, par M. le Marsolier. *Paris*. Pralard. 1697. 2. Vol. *in-douze*.

HISTOIRE du Divorce de Henry VIII. Roi d'Angleterre, & de Catherine d'Aragon, avec la réfutation des deux premiers Livres de l'Histoire de la Réformation de M. Burnet, & les preuves, (par Joachim le Grand.) *Paris*. Martin. 1688. 3. Vol. *in-douze*.

LETTRES de M. Burnet à M. Thevenot, contenant une courte Critique de l'Histoire du Divorce de Henry VIII. avec la réponse de M. le Grand. *Paris*. Martin. 1688. *in-douze*.

ANNALES Rerum Anglicarum & Hibernicarum, Regnante Elizabetha, ad ann. 1589. Autoré Guil. Cambdeno. *Francof.* Bringer. 1616. *in-octavo.*

GUIL. Cambdeni Annales Rerum Anglicarum & Hibernicarum Regnante Elizabetha. *Lugd. Batav.* Elzevirii. 1625. *in-octavo.*

FRAGMENTA Regalia, ou le Caractere d'Elizabeth, Reine d'Angleterre, & de ses Favoris, traduit de l'Anglois de Robert Naunton, par J. le Pelletier. *Roüen.* Veuve Lucas. 1683. *in-douze.*

HISTOIRE de la Rebellion & des Guerres Civiles d'Angleterre, depuis 1641. jusqu'au rétablissement du Roi Charles II. traduite de l'Anglois de Mylord Comte de Clarendon. *La Haye.* Uytwerf. 1704. 6. Vol. *in-douze.*

LA Vie d'Olivier Cromwel, par Gregorio Leti. *Amsterdam.* Des Bordes. 1706. 2. Vol. *in-douze.*

PARANGON de los dos Cromveles d'Inglaterra, por Rodrigo Mendez Sylva, Coronista General de España. E. 11. *Madrid.* 1657. *in-octavo.*

LA Vie du General Monck, Duc d'Albermarle, traduite de l'Anglois de Thomas Gumble. *Londres.* Scot. 1672. *in-douze.*

COMPENDIO de la Vida de Jacobo II. Rey de la Grand Bretaña, sacada de un escrito Ingles de el R. P. F. Fr. Sanders, de la Compañia de Jesus, Confessor de S. M. por el P. Francesco Bretonneau, traduzido del Francés en Castellano por el D. Franc. de Medina y Vargas Cura de S. Maria. *Cadiz.* Requena. 1704. *in-octavo.*

PARLAMENTUM Pacificum, imprimé par la permission du Comte de Sunderland. 1688. *in-douze.*

HISTOIRE de Guillaume III. Roi d'Angleterre. *La Haye.* Foulque. 2. Vol. *in-douze.*

MEMOIRE de tout ce qui s'est passé de plus considerable sur Mer durant la Guerre de France, depuis 1688. jusqu'en 1697. par M. Burchett, Secretaire de l'Amirauté. *Amsterdam.* Roger. 1704. *in-douze.*

LES Interêts de l'Angleterre, mal entendus dans la présente Guerre, traduits de l'Anglois. *Amst.* Gallet. 1704. *in-douze.* Ce Livre n'est point traduit de l'Anglois, l'Original eſt Francois, & vient de M. l'Abbé du Bos.

La Conduite du Comte de Galloway en Eſpagne & en Portugal, traduite de l'Anglois. *Rotterdam.* Fritſch & Bohm. 1711. *in-octavo.*

Fautes des deux côtez, par rapport à ce qui s'eſt paſſé depuis peu en Angleterre, traduit de l'Anglois. *Rotterdam.* Friſch. & Bohm. *in-octavo.*

La conduite de Mylord Duc de Marlborough, dans la préſente Guerre, traduit de l'Anglois. *Amſterdam.* De Coup. 1714. *in-douze.*

Memoires du Chevalier S. Georges, traduit de l'Anglois. *Cologne.* 1713. *in-douze.*

Rapport du Committé ſecret, nommé par la Chambre Baſſe, pour faire l'examen des Livres & Papiers qui roulent ſur les Negociations de la derniere Paix, fait le 9. Juin V. S. 1715. par le S. Walpole. *Amſterdam.* Weſtein. 1715. *in-octavo.*

La conduite des Cours de la Grande Bretagne & d'Eſpagne, traduit de l'Anglois. *Amſterdam.* Brunel. 1720. *in-douze.*

L'Etat préſent d'Angleterre, traduit de l'Anglois d'Edouard Chamberlayne. *Amſterdam.* Blaeu. 1672. 2. Vol. *in-douze.*

Etat préſent d'Angleterre, ſous le Roi Guillaume III. traduit de l'Anglois du Docteur Chamberlayne. *Amſterdam.* Mortier. 1698. 2. Vol. *in-douze.*

L'Etat préſent de la Grande Bretagne, ſous George I. *Amſterdam.* Weſteins. 1723. 3. Vol. *in-octavo.*

Histoire du Droit hereditaire de la Couronne de la Grande Bretagne écrit en faveur du Prince de Galles, réfutée par des Remarques, traduit de l'Anglois. *La Haye.* Huſſon. 2. Vol. *in-octavo.*

Georgii Buchanani Rerum Scoticarum Libri xx. *Francof.* 1624. *in-octavo.*

Georgii Buchanani Rerum Scoticarum Hiſtoria. Acceſſit ejuſdem de jure Regni apud Scotos. *Amſtelodami.* Elzevirius. 1644. *in-octavo.*

Recit exact de la Vente & Partage du Royaume d'Irlande, faite ſous

Charles II. par le Comte de Clarendon, traduit de l'Anglois. 1696. *in-octavo.*

HISTOIRE DES PAYS-BAS
IN-FOLIO.

HISTOIRE des Guerres de Flandres depuis 1559. jusqu'à présent, par Gabriel Chappuis, 11. E. *Paris.* Foüet. 1633.

ANNALES de Flandres, por Eman. Sueyro Señor de Woorde, Cavallero del habito de Christo, Fidalgo de la Real de Casa de S. M. *Amberes.* Bellerus. 1624.

LA Genealogie des Comtes de Flandres, depuis Baudouin Bras de Fer, jusqu'à Philippe IV. Roy d'Espagne, avec les preuves, par Olivier de Wrée de Bruges. *Bruges.* 1641. 2. Vol.

DOZE Fruttos de la may antigua Casa de Bournouville. *Barcelona.* Rafael Figuero. 1680.

RELACION de la causa que el Dotor D. J. B. de Larrea del Consejo de S. M. y su fiscal en el Real de Castilla trata con D. Felipe de Aremberg Duque d'Arschot.

DEFENSA de D. Felipe de Aremberg, Duque de Arschot, en la causa que trata con D. J. B. de Larrea. Escrivela D. Diego Altamirano.

ANNALES de la Province & Comté de Hainault, où l'on voit la suite des Comtes depuis leur commencement, par Fr. Vinchant, Prêtre, & augmentées par le P. Antoine Ruteau, de l'Ordre des PP. Minimes. *Mons.* Havart. 1640.

FRANC. Harræi Annales Brabantiæ, totiusq. Belgii. *Antuerpiæ.* Balt. Moret. 1623. 3. Vol.

ERICI Puteani Bruxella incomparabili exemplo septenaria Gripho palladio descripta. *Bruxellæ.* Montmart. 1646.

HERMANNI Hugonis S. J. Obsidio Bredana. 11. Edit. *Antuerpiæ.* Plantin. 1629.

LE Siege de la Ville de Breda, traduit du Latin du P. Hermannus Hugo, par Philippe Chifflet. *Anvers.* Plantin. 1631.

MARCI Zuerii Boxhornii Historia Obsidionis Bredæ & rerum anno 1637 gestarum. *Lugduni Batav.* Commelin. 1640.

RECIT du Siege de Bois-le-Duc, par Jacques Prempart, Gentilhomme François. *Leuvarde.* Fontaine. 1630.

DANIELIS Heinsii Rerum ad Sylvam Ducis atq. alibi in Belgio & à Belgis anno 1629. gestarum Historia. *Lugd. Batav.* Elzevirii. 1631.

HISTOITE du Siege de Bolduc, traduite du Latin de Daniel Heinsius. *Leyde.* Elzeviers. 1631.

HISTORIA de las Guerras Civiles que ha avida en los Estados de Flandres desde l'ano 1559. hasta el de 1609. y las causas de la Rebelion de dichos Estados, por el Contador Ant. Carnero. *Brusellas.* Meerbeque. 1625.

LAS Guerras de Flandres desde la muerte del Emperador Carlos V. hasta la conclusion de la tregua de doze años, por el Em. Señ. Cardenal Bentivolho, traduzolas de lengua Toscana el Padre Basilio Varen de los Clerigos Menores. *Amberes.* Verdussen.

HISTOIRE de la Guerre de Flandres, traduite de Famianus Strada, par Pierre du Ryer. *Paris.* Sommaville. 1644.

HUGONIS Grotii Annales & Historiæ de rebus Belgicis. *Amstelodami.* Joh. Blaeu. 1957.

LA grande Chronique ancienne & moderne de Hollande, Zelande, Westfrise, Utrecht, Frize, Overisel & Groeningen, jusqu'en 1600. par J. François le Petit. *Dordrecht.* Guillemot. 1601. 2. Vol.

HISTOIRE abregée des Provinces Unies du Païs-Bas, où l'on voit leurs progrez, leurs Conquêtes, leur Gouvernement, & celui de leurs Compagnies en Orient & en Occident, comme aussi les Hommes illustres dans les Armes, & les Sçavans dans les Lettres. *Amsterdam.* Malherbe. 1701.

ANNALES des Provinces Unies depuis les Negociations pour la Paix de Munster, avec la Description historique de leur Gouvernement, par M. Basnage. *La Haye.* Charles le Vier. 1719. 1725. 2. Vol.

HISTOIRE des Provinces Unies des Païs-Bas, par M. le Clerc, avec les principales Medailles, & les explications depuis le commencement jusqu'en 1716. *Amsterdam.* l'Honoré & Chatelain. 1723. 2. Vol.

HISTOIRE DES PAYS-BAS
IN-QUARTO.

HISTORIA de la Rebellion y Guerras de Flandres, con Varios muy importantes y provechosos discursos en materia de Guerra y Estado, por Ant. Trillo. *Madrid.* Drouy. 1592.

LAS Guerras de Flandres desde el año de 1559. hasta el de 1609. por D. Francesco Duque de Carpiano. *Madrid.* Sanchez. 1623.

LAS Guerras de los Estados Baxos desde el ano de 1588. hasta el de 1599. por D. Carlos Coloma. *Barcelona.* 1627.

DELLE Guerre di Fiandra Libri VI. di Pompeo Guistiniano, posti in Luce da Gios. Gamurini. *Amst.* Trognesius. 1609.

BELGICARUM Rerum Commentariorum Pompeii Justiniani Lib. VI. edente & vertente Jos. Gamurino Aretino. Accessit Commentarius rerum à sacris Præsulibus in Belgio gestarum. *Colon. Agripp.* J. Kinckius. 1611.

APOLOGIE de Guillaume Prince d'Orange, contre le Ban du Roi d'Espagne. 1581. *Leyde.*

LE memorable Siege d'Ostende, decrit par Christophe de Bonours. *Bruxelles.* Vivien. 1633.

PORTRAIT en petit d'Izabelle-Claire-Eugenie, Infante d'Espagne, par le Sr de Saint-Germain. *Paris.* Cramoisy. 1651.

J. B. Gramaye Antiquitates Ducatus Brabantiæ. *Bruxellæ.* Momartius. 1610.

J. B. Gramaye Taxandria. *Bruxellæ.* Vulpius. 1610.

RERUM Brabanticarum Libri XIX. Auctore

Auctore Petro Divæo, Lovaniensi, studio Auberti Miræ Canonici Antuerpiensis. *Antuerpiæ.* Verduſſen. 1610.

TRAITE' de l'origine des Ducs & Comtes de Brabant, & de ſes Charges Palatines hereditaires, avec une réponſe aux Vindices de Ferrand, pour les Fleurs de Lys de France, par J. B. de Valdere, Chanoine d'Anderlecht. *Bruxelles.* Marchant. 1672.

HISTOIRE de Tournay.

HUBERTI Loyens Hiſtoria Ducum Brabantiæ.

LEONIS ab Aitzema Hiſtoria Pacis à foederatis Belgis ab anno 1621. ad hoc uſque tempus tractatæ. *Lugd. Batav.* Elzevirii. 1654.

LE Negoce d'Amſterdam, par J. P. Ricard. *Amſterdam.* Lucas 1722.

HISTOIRE DES PAYS-BAS
IN-OCTAVO ET IN-DOUZE.

DESCRIPCION breve del País-Baxo, par Eman. Sveyro Fidalgo de la Real Caſa de S. M. *Amberes.* Wolffchatio. 1622. *in-octavo.*

JAC. Marchantii Flandria Libris IV. deſcripta. *Antuerpiæ.* Plantin. 1692. *in-octavo.*

MILITIA Sacra Ducum & Principum Brabantiæ Auct. J. Molano S. T. D. Adjectæ ſunt Petri Lonſvii Sylvaducenſis Annotationes. *Antuerpiæ.* Plantin. 1592. *in-octavo.*

PHIL. Cæſii à Zeſen Leo Belgicus, hoc eſt, Reipublicæ Belgicæ ab ipſis Batavorum incunabilis Deſcriptio. *Amſtelodami.* Elzevirii. 1660. *in-douze.*

MICHAELIS Abiſſelt Amerfortii Hiſtoria ſui Temporis, in quâ præcipue motus Belgici ſub Philippo I I. tractantur. *Coloniæ.* 1602. *in-octavo.*

PRIMA Decada de las Guerras de Flandres, eſcrita en Latin por el R. P. Famiano Eſtrada y traduzida en romance por el P. Melc. de Novaſt. *Amberes.* Verduſſen. 1701. 3. Vol. *in-octavo.* III. Edit.

HISTORIA Belgicorum tumultuum continens Hispanorum Regum sanguinaria Diplomata & Inquisitionis Arcana. *Amstelodami.* Janson. 1641. *in-douze.*

ABREGE' de l'Histoire des Villes des Païs-Bas, par le Sr Declumes. *Paris.* David. 1654. *in-douze.*

HISTOIRE de ce qui s'est passé chacun jour au Siege d'Ostende, par Jeremie Perrin. *Paris.* Varennes. 1604. *in-octavo.*

DE Induciis aut Pace Belgarum Dissertationes variæ. *Eleutheropoli.* 1633. *in-douze.*

MEMOIRES de Jean Witt Grand Pensionnaire de Hollande, traduits en François III. Edit. *Ratisbonne.* Rinkius. 1709. *in-douze.*

LE Mercure Hollandois, depuis l'an 1673. *Amst.* Bohm. 1673. & suiv. 5. Vol. *in-douze.*

RECHERCHES modestes des causes de la présente guerre, en ce qui concerne les Provinces Unies. *La Haye.* De Voys 1703. *in-douze.*

LES Delices de la Hollande N. E. augmentée d'une histoire de la derniere Guerre contre le Roi de France & ses Alliez, jusqu'au Mariage de Guillaume III. *Amst.* Bouman. 1678. *in-douze.*

NOUVELLE Description d'Amsterdam, considerablement augmentée. *Amsterdam.* La Feuille. 1720. *in-douze.* Figg.

DESCRIPTION de l'Hôtel de Ville d'Amsterdam. *in-octavo.* Figg.

LES Delices de la Ville de Leyde. *Leyde.* Vander Aa. 1712. *in-douze.* Figg.

LA Religione de gli Olandesi da un Officiale dell'Essercito del Ré Cristianissimo (il Signor Stoupp.) *Parigi.* Lochon. 1674. *in-douze.*

MEMOIRE du Commerce des Holandois, N. E. *Amsterdam.* Du Villard. 1718. *in-octavo.*

HISTOIRE D'ALLEMAGNE
ET DU NORD.
IN-FOLIO.

ORIGINUM, Antiquitatum ac Germanicarum Legum Libri, Joh. Heroldi Operâ editi. *Basileæ.* Henric-Petrus. 1557.

BEATI Rhenani Rerum Germanicarum Libri III. quibus præmissa est auctoris Vita à Joh. Sturmio. *Basil.* Froben. 1551.

ILLUSTRIUM veterum Scriptorum qui res Germanicas illustraverunt ex Joh. Pistorii Bibliotheca, Tom. 1. *Francof.* Wechel. 1583. 3. Vol.

VETERUM Scriptorum qui Cæsarum & Imperatorum Germanicorum res Litteris mandarunt, Tomus 1. ex Bibliot. Justi Reuberi J. C. *Francof.* Wechel. 1584.

GERMANIÆ Historicorum Illustrium ab Henrico IV. ad annum Christi 1400. ex Bibliot. Christ. Urstisii. *Francof.* Har. Wecheli. 1585. 2. Vol.

GERMANICARUM rerum Scriptores aliquot insignes, hactenus incogniti, à Carolo Magno ad Fridericum III. ex Bibliothecâ Marq. Freheri. *Francof.* Wechel. 1600. 3. Vol.

ALEMANNICARUM rerum Scriptores aliquot vetusti, ex Bibliot. Melchioris Haiminsfeldii Goldasti. *Francof.* Richterus. 1606.

JOH. Pistorii rerum Germanicarum Scriptores veteres VI. Jam primum publicati. *Francof.* Marinus & Joh. Aubrius. 1607. 4. Tom. 3. Vol.

LES Images presque de tous les Empereurs depuis C. Julius Cesar jusqu'à Charles V. & Ferdinandus son frere, ensemble leur Vie & leurs faits, par M. Goltzius. 1561.

HISTORIA Imperial y Cesarea desde Julio Cesar hasta Maximiliano I. por el Pedro Mexia de Sevilla, Prosiguela hasta Ferdinando III. el Padre Basilio Varen de los Clerigos Reglares Menores. *Madrid.* Melc. Sanchez. 1655.

ALBERTINI Mussati historia Augusta Henrici VII. Cæsaris & alia quæ extant, cum Notis & Illustrationibus Laur. Pignorii, Felicis Osii, & Nicolai Villani. *Venetiis.* Ex Typog. Ducali Pinelliana. 1636.

La Guerra que D. Carlo V. movio contro los Principes y Ciudades rebelles del Reyno de Alemania, por Pedro de Salazar. *Napoles.* 1548.

Joh. Petri Lotichii Rerum Germanicarum sub Matthia & Ferdinandis II. & III. Imperatoribus gestarum Libri LV. ab anno 1617. ad ann. 1633. *Francof.* Merianus 1646. 2. Vol.

La Vida de Leopoldo I. Emperador de Romanos. *Milan.* Ant. Malatesta. 1714. 3. Vol.

Rerum Bohemicarum antiqui scriptores aliquot insignes ex Bibl. Marq. Freheri *Hanoviæ.* Wechel. 1602.

Joh. Angelii à Werdenhagen J. C. de rebus publicis Hansiatius. *Francof.* Merianus.

Jac. Wilhelmi Imhofii Notitia S. Romani & Germanici Procerum historico-heraldico-Genealogica & in Suplementum Operis Genealogici Ritters-husiani adornata. *Norimbergæ.* Cotta. 1693. Edit. IV. *ibid.* 1699.

Thesaurus Modernorum Numismatum hujus sæculi, addita latina & germanica explicatione. *Norimbergæ.* Endterus. 1703. & suiv. 4. Vol.

Olai Magni Upsalensis Archiepiscopi Gentium Septentrionalium historia. *Romæ.* 1555.

Joh. Duglossi seu Longini historia Polonica, edente Henr. Libero Barone ab Huyssen. Accessit auctoris vita & Schediasma de scriptoribus Historiæ Polonicæ à Sam. Joac. Hoppio. *Lipsiæ.* Gleditsch. 1711. 2. Vol.

HISTOIRE D'ALLEMAGNE
ET DU NORD.
IN-QUARTO.

Histoire de l'Empire, par M. Heiss. *Paris.* Barbin. 1684. 2. Vol.

HISTOIRE D'ALLEMAGNE ET DU NORD IN-QUARTO.

HISTOIRE d'Allemagne, par M. de Prade. *Paris*. Cramoisy. 1677.

GUERRA entre Ferdinando II. Emperador Romano y Gustavo Adolfo Rey de Suecia, por D. Fadrique Moles. *Madrid*. Fr. Martinez. 1637.

VIDA de D. Filippe Wilhemo Conde Palatino do Rheno. *Lisboa*. Des Landes. 1691.

MONUMENTA Paderbornensia ex historia Romana, Francica, Saxonica eruta. *Amstælodami*. Elzevirius. 1672.

HISTORIA de las Revoluciones de Hungria traducida de Frances ex Castellano por el Vizconde de Miracalzar, D. Alvaro Bernaldo de Quiros. *Madrid*. 1687. 3. Vol.

SECUNDA Peregrinaçion del Dotor D. Pedro Cubero Sebastian; contienne los sucessos mas memorables assi en las Guerras de Hungria en el assedio de Buda, Batalla de Arsan, y otras, como en los ultimos tumultos de Ingalaterra y deposicion del Rey Jacobo. *Valencia*. 1697.

HERMANNI Conringii de Finibus Imperii Germanici Lib. 11. *Helmst*. Muller. 1654.

HISTOIRE & Relation du Voyage de la Reine de Pologne, & du retour de Madame la Marechalle de Guebriant par la Hongrie, l'Autriche, Syrie, Carinthie, Frioul & l'Italie, par J. le Laboureur. *Paris*. 1648.

GUSTAVO Adolfo Ré de Suécia Vencedor y Vencido en Alemania, por D. Fabricio Pons. *Madrid*. 1648.

MEMORIE Historiche della Mossa l'Armi di Gustavo Adolfo Ré di Suecia anno 1630. del Signor Comte Majolino Bisaccioni. *Venetia*. 1643.

HISTOIRE de la Laponie, traduite du Latin de Scheffer, (par le P. Lubin.) *Paris*. Varennes. 1678.

HISTOIRE D'ALLEMAGNE
ET DU NORD.
IN-OCTAVO ET IN-DOUZE.

ETAT présent d'Allemagne, avec les interêts & les Genealogies des Princes de l'Empire, & la Relation de ce qui s'est passé dans la Campagne de M. de Turenne, depuis le commencement de 1674. jusqu'en 1675. 11. Ed. *Paris*. Le Petit. 1675. *in-douze*.

L'ETAT présent de l'Empire, avec une Critique de plusieurs points importans de l'Histoire de M. Heiss par l'Abbé de Vayrac. *Paris*. Cailleau. 1711. *in-douze*.

MEMOIRES historiques & politiques de la Maison d'Autriche. *Paris*. Loyson. 1670. 2. Vol. *in-douze*.

LA Politique de la Maison d'Autriche, par M. Varillas. *Paris*. Barbin. 1688. *in-douze*.

VIRTUDES y Vida espiritual de Ferdinando de Austria II. del nombre Emperador de Romanos, por D. Joseph Pellicier de Tobar y Abarca Cronista Mayor. *Saragoça*. Dormer. 1640. *in-octavo*.

MEMOIRES de la Cour de Vienne, contenant les Remarques d'un Voyageur curieux sur l'Etat présent de cette Cour, & sur ses interêts. *Cologne*. Estienne. 1708. *in-douze*.

SIEGE & Prise de la ville de Bude, Capitale de la Hongrie. *Besançon*. *in-douze*. 1686.

LA Vie de Charles V. Duc Lorraine & de Bar. *Amsterdam*. Garrel. 1691. *in-douze*.

MEMOIRES du Chevalier de Baujeu, contenant ses divers voyages, tant en Pologne, en Allemagne qu'en Hongrie, depuis 1679. *Paris*. Barbin. 1698. *in-douze*.

HISTOIRE du Prince Ragotzi, ou la Guerre des Mecontens, sous son commandement. *Paris.* Cellier. 1707. *in-douze.*

La Vie du Prince Eugene de Savoye. *La Haye.* Moetjens. 1703. *in-douze.*

Description de la Livonie, avec plusieurs Remarques sur divers Païs d'Allemagne. *Utrecht.* Van Poolsum. 1705. *in-douze.*

Memoires sur les dernieres Revolutions de la Pologne, où l'on justifie le retour du Roi Auguste. *Rotterdam.* Fritsch & Bohm. 1710. *in-octavo.*

Voyage des Païs Septentrionaux, par le Sr de la Martiniere. *Paris.* Vendôme. 1671. *in-octavo.*

Nouveau Voyage vers le Septentrion, où l'on représente les Coutumes, le Naturel & la Religion des Norwegiens, Lapons, Kiloppes, Russiens, Borandiens, Syberiens, Zembliens, Samoyedes, &c. *Amsterdam.* Roger. 1708. *in-douze.* Figg.

Histoire des Païs Septentrionaux, écrite par Olaus le Grand, Archevêque d'Upsal, traduite du Latin en François, (par Christ. Plantin.) *Paris.* Le Jeune. 1561. *in-octavo.*

Eschauguette de laquelle on peut voir l'Etat illustre des Suedois & des Goths, traduite par Jean Messenius, du Latin de Jonas Hamgrimus. *in-seize.*

Etat du Royaume de Dannemarck, tel qu'il étoit en 1692. *Amsterd.* Braukman. 1695. *in-douze.*

Histoire des Revolutions de Suede, par M. l'Abbé de Vertot. *Paris.* Brunet. 1718. 2. Vol. *in-douze.*

Memoires de ce qui s'est passé en Suede, & aux Provinces voisines depuis 1652. jusqu'en 1655. tirée des Depêches de M. Chanut, par P. Linage de Vauciennes. *Paris.* Billaine. 1675. 3. Vol. *in-douze.*

Histoire de Suede, sous le Regne de Charles XII. par le Sr de Limiers. *Amsterdam.* Waesberge. 1721. 6. Vol. *in-douze.*

Memoires pour servir à l'Histoire de Charles XII. Roi de Suede, par W. Theyls. *Leyde.* Vivier 1722. *in-octavo.*

Relation d'un Voyage du Chevalier de Bellerive d'Espagne à Bender, & de son séjour au Camp du Roi de

Suede. *Paris.* 1713. *in-douze.*
MEMOIRES de M. Robinson, contenant l'Etat présent de la Suede, N. E. *Londres.* Goadwin. 1718. *in-douze.*
RELATION du Groenland, (par Isaac de la Peyrere.) *Paris.* Courbé. 1647. *in-octavo.*
NOUVEAUX Memoires sur l'Etat présent de la grande Russie, (traduits par le P. Maletie Barnabite.) *Paris.* Pissot. 1725. 2. Vol. *in-douze.*

HISTOIRE D'ESPAGNE
IN-FOLIO.

HISPANIÆ Illustratæ Scriptores *Francof.* Claudius Marnius. 1603. 4. Vol.

VALERIO de las Historias escolasticas de la sagrada Escritura y de los hechos d'España, copiladas por Fernand Perez de Guzman. 1543.

HISTORIA Ecclesiastica y Flores de Santos de España, por el R. P. Fray Juan de Marieta de la Orden de Santo Domingo. *Cuenca.* Masselin. 1594.

HISTORIA Ecclesiastica de España por el Doctor D. Francisco de Padilla Thesorero de la Santa Iglesia de Malaga. *Malaga.* Bolan. 1605. 2. Vol.

ESPANA Triumfante y la Iglesia Laureada en todo el globo por el Patrocinio de Maria, por el Padre Antonio de Santa Maria Religioso Descalço de Nuestra Señora del Carmen. *Madrid.* Julian Paredes. 1682.

HISTORIA del Apostol de Jesus-Christo, Santiago Zebedeo, Patron y Capitan General de las Españas.

DISSERTATIONES Ecclesiasticas por el honor de los Antigos tutelares contra las ficiones modernas, escritas por D. Gaspar Nunez de Segovia y Peralta Cavalero de la Orden de Alcantara. *Zaragoça.* Diego Dormer. 1671.

HISTORIAS de Idacio Obispo que escrivio poco antes que España se perdiese, recogidas por D. Prudencio de Sandoval Obispo de Pamplona.

Pamplona. Aſſayn. 1634.

POBLACION General de Eſpaña, por Rod. Mendez Silva. *Madrid.* Diaz de la Carrera. 1614.

HISTORIA de los Reyes Godos que vinieron de la Scythia de Europa, contra el Imperio Romano y la Eſpaña con ſuceſſion dellos haſta los Catolicos Reyes D. Fernando y Dona Iſabella, por Julian del Caſtillo, proſeguida por el Hijo de l'Autor. *Madrid.* Sanchez. 1624.

CORONICA de los Moros de Eſpaña, por el Padre Fray Jayme Bleda, de la Orden de Predicadores. *Valençia.* Mey. 1618.

Los quatro Libros primeros de la Cronica General de Eſpaña que recopila el Maeſtro Floriando del Campo, Criado y Croniſta del Emperador Rey nueſtro Señor. *Zamora.* 1541.

CHRONICA General de Eſpaña, que recopila el Maeſtro Florian del Campo. *Medina del Campo.* Mey. 1553. 4. Vol.

LA Chronica de Eſpaña, abreviada por mandado de Dona Iſabella Reyna de Caſtilla. *Sevilla.* Cromberger. 1534.

HISTORIA General de Eſpaña, por el Padre Juan de Mariana. 2. Vol.

——— La miſma. *Madrid.* Luis Sanchez. 1623. 2. Vol.

Los XL. Libros del Compendio hiſtorial de las Chronicas y Univerſal hiſtoria de todos los Reynos de Eſpaña, por Eſtevan de Garibay y Camalloa. *Barcelona.* Cormellas. 1628. 4. Tom. 2. Vol.

ANNALES y Memorias Chronologicas de las coſas ſuccedidas nel mundo ſenaladamente en Eſpaña, haſta el anno 1620. por el Doctor D. Martin Carello. *Hueſca.* Valdivieſo. 1622.

CORONICA Llmnada las dos Conquiſtas del Reyno de Napoles. *Zaragoça.* Capiſa. 1559.

COMENTARIOS de los Hechos de los Eſpañoles, Franceſes y Veneçianos en Italia, deſde el año de 1281. haſta el de 1559. por Antonio de Herrera. *Madrid.* Juan Delgado. 1624.

HISTORIA de los Reyes de Caſtilla y de Leon D. Fernando el Magno I. deſto nombre, D. Sanche, D. Alonſo

VI. Doña Urraka y D. Alonso VII. por D. Prud. de Sandoval, Obispo de Pamplona. *Pamplona.* Labayen. 1615.

Coronica de los Señeros Reyes de Castilla D. Sancho el descado, D. Alonso el VIII. y D. Enrique el I. desde el año 1536. hasta el de 1217. por D. Alonso Nunez de Castro. *Madrid.* Duval. 1665.

El Rey D. Sancho el Bravo. *Valladolid.* 1554.

La Chronica del Rey D. Fernando IV. de Castilla y de Leon. *Vadadolig.* 1554.

Chronica del muy esclarçido Prencipe y Rey D. Alonso el quel fue Padre del Emperador Lizo. *Valladolid.* 1554.

Chronica del Inclito Emperador de España D. Alonso VII. sacada de un Libro may antiguo, por Fr. Prudentio de Sandoval de la Orden de S. Benito. *Madrid.* Luis Sanchez. 1600.

Chronica del Rey D. Alonso el XI. que fue Padre del Rey D. Pedro. *Valadolid.* 1551.

Coronica del Rey Don Pedro Hijo del Rey Don Alonso de Castilla. *Pamplona.* Pedro Porralis 1591.

Historia de la Vida y Hechos del Rey D. Henrique III. de Castilla, por el Maestro Gil. Gonz. d'Avila. *Madrid.* Martinez. 1638.

Cronica del Rey D. Juan II. *Logrono.* Porralis. 1591.

Epitome de la Cronica del Rey D. Juan el II. de Castilla, hecho por D. Joseph Martinez de la Puente. *Madrid.* Ant. Gonzalez de Reyes. 1678.

Aelii Antonii Nebrissensis Rerum à Fernando & Elisabetha Hispaniarum Regibus Gestarum Decades Duæ, nec non Belli Navariensis Libri III. Annexa est Roderici Chronica. 1645.

Historia de la Vida y hechos del Emperador D. Carlos V. por D. Prudençio de Sandoval Obispo de Pamplona. *Paris.* 1614. 2. Vol.

Filipe II. Rey de España, por Luy de Cabrera. *Madrid.* Sanchez. 1619.

El Viage del Principe D. Phelippe de las Españas, por Juan Chrestoval Calvette de Estrella. *Amberes.* Martin Nucio. 1552.

La Historia general del Mundo de xvi. años del tiempo del Señor Rey D. Felipe II. desde el año de 1559. hasta el de 1574. por Ant. de Herrera. *Madrid*. L. Sanchez. 1601. 3. Vol.

Historia de D. Felipe IV. Rey de las Españas, por Don Gonçalo de Cespedes y Meneses. *Barcelona*. Sebastian de Cormellas. 1634.

Succession de el Rey D. Phelipe V. en la Corona de España, Diario de sus Viages y succeffos de la Campaña, por D. Antonio de Ubilla, y Medina, Marquez de Ribar. *Madrid*. Infanzon. 1704.

Ragguaglio delle Nozze di Filippo V. é d'Elizabetta Farnese, celebrate in Parma l'anno 1714. *Parma*. Stamperia di S. A. S. 1717.

Chronica del famoso Cavallero Cid Ruy Diez Campeador. *Burgos*. Junta 1593.

Coronica de D. Alvaro de Luna Condeftable de Caftilla y de Leon. *Milan*. Caftellano. 1546.

Historia del Cavallero y Capitan D. Hernando de Avalos Marques de Pefcara, y de otros Capitanes del Emperador Carlos V. por el Maeftro Valles, con una adiçion hecha por Diego de Fuentes. *Zaragoça*. Mellan. 1562.

Chronica de el Grand Cardenal de Efpaña, D. Pedro Gonçalez de Mendoza Arcobifpo de Toledo, por el Dotor Pedro de Salazar. *Toledo*. Maria Ortiz de Saravia. 1625.

Commentarios de los Hechos del Señor de Alarçon, Marques de la Valle Siciliana y de Renda, por D. Antonio Suarez de Alarçon. *Madrid*. De la Carrera. 1665.

Retrato del grand Vaffalo, copiado de la Vida y hechos de D. Andres de Cabrera, primero Marques de Moya, por D. Franc. Pinel y Monroy. *Madrid*. Emprenta Imperial. 1577.

Historia de los hechos del Señor D. Juan de Auftria en el Principado de Cataluña, por D. Franc. Fabro Bremundan. *Zaragoça*. Dormeo. 1673.

Teatro Ecclefiaftico de las Iglefias Metropolitanas y Catedralles de los Reynos de las dos Caftillas, por el Maeftro Gil. Gonzales d'Avila. *Madrid*.

Martinez. 1645. 3. Volumes.

ANTIGUEDAD de la villa de Madrid.

THEATRO de las Grandezas de la villa de Madrid, por el Maestro Gil. Gonzales d'Avila. *Madrid*. Junti. 1623.

HISTORIA de la Antiguedad, Noblezza y Grandezza de la villa de Madrid. *Madrid*. Emprenta del Reyno. 1629.

DESCRIPÇION del Real Monasterio de S. Lorenzo del Escorial, por el Padre Fray Franc. de los Santos, de la Orden de San Geronimo. *Madrid*. Villadiego. 1657.

LA misma continuada. *ibid*. 1681.

PRIMACIA de la Santa Iglesia de Toledo defendida contra las impugnaciones de Braga, por D. Diego de Castejon y Fonseca, Obispo de Taragona. *Madrid*. La Carrera. 1645. 2. Vol.

HISTORIA y Descripçion de la Ciudad de Toledo.

DESCRIPÇION de la Ciudad de Toledo, por el Doctor Francesco de Pisa Cathedratico de sagrada Escritura *Toledo*. Diogo Rodriguez. 1605.

HISTORIA de la Ciudad de Toledo, por D. Pedro de Roias, Conde de Mora. *Madrid*. La Carrera. 1654. 2. Vol.

HISTORIA de la Ciudad de Cuença, por Juan Pablo Martyrrico. *Madrid*. Madrigal. 1629.

VIDA Virtudes y Milagros de San Julian II. Obispo de Cuença, por el P. Bartholomeo Alcazar de la Compañia de Jesus. *Madrid*. Juan Garcia Infançon. 1692.

HISTORIA Ecclesiastica y Seglar de la Ciudad de Guadalaxara, por D. Alonso Nunez de Castro. *Madrid*. Duval. 1653.

FUNDACION, Excellencias Grandezas y Cosas memorables de la Ciudad de Huesca, por Fr. Diego de Aynsay de Yriarte. *Huesca*. Cabarte. 1619.

ORIGEN de las Dignidades Seglares de Castilla y Leon, por el Doctor Salazar de Mendoça. 1517.

CHRONICA de los Prencipes de Asturias y Cantabria, por el Padre Fray Franc. Sota, de la Orden de San Benito. *Madrid*. Infançon. 1681.

ANTIGUEDADES

ANTIGUEDADES y Cosas memorables del Principado de Asturias, por el Padre Luis Alonso de Carvallo, de la Compañia de Jesus. *Madrid.* 1655.

ANALES de la Corona de Aragon, por Geronimo çurita. *Zaragoça.* Lorenço. de Robles. 1610. 7. Vol.

HISTORIAS Ecclesiasticas y Seculares de Aragon, continuacion de los Anales de Curita, por el Dotor Vincencio Blasco de Lanusa. *Zaragoça.* Juan de Lanaia. 1622. 2. Vol.

Los Anales de Aragon que proseguelos del año de N. Redentor 1516. D. Barthol. Leon de Argesola. *Zaragoça.* Lanaia. 1630.

PROGRESSOS de la Historia en el Reyno de Aragon o Catalogo de los Historicos que illustraron la ditha Historia, por el Doctor Diego Joseph Dormer *Zaragoça.* Hered. de Diego Dormer. 1680.

ANALES de Aragon, desde el año de 1525. hasta el de 1540. por el D. Diego Joseph Dormer. *Ibidem.* Herederos de Diego Dormer. 1697.

Los Reyes de Aragon en Anales Historicos, por el Padre Pedro Abarca de la Compañia de Jesus. *Madrid.* Emprenta Imperial. 1682. 2. Vol.

HISTORIA de la Fondacion y Antiguedades de San Yvan de la Pena y de los Reyes de Sobrarbe, por el Abbad Don Juan Briz Martinez. *Zaragoça.* Juan de Lanaia. 1620.

DEFENSA Historica por la Antiguedad del Reyno de Sobrarbe, por el Doctor Fray Domingo de la Ripa, Monge Claustral. *Zaragoça.* Herederos de Pedro Lanaia. 1675. 2. Vol.

CATEDRA Episcopal de Zaragoça desde la Primitiva Iglesia y en el principio de su Fondacion, por Juan de Arruego. *Zaragoça.* Diego Dormeo. 1653.

FUNDACION Milagrosa de la Capilla Angelica y Apostolica de la Madre de Dios del Pilar y excellentias de la Imperial Ciudad de Zaragoça, Auctore Padre Fr. Diego Murillo. *Barcelona.* Sebastian Mantenad. 1616.

CHRONICA del Rey Jaime, Rey de Arago, de Mallorques, y de Valencia. *Valencia.* Mey. 1557.

CHRONICA del Rey D. Jayme,

Rey d'Arago de Mallorques, e de Valencia, por lo Magnifich Ramon Muntaner. *Barcelona.* Jayme Cortey. 1562.

La Historia del Rey D. Jayme de Aragon I. deste nombre, compuesta en lengua Latina, por el Maestro Bernardino Gomez Miedes, y agora traduzida por el mismo en Castellano. *Valencia.* 1484.

Historia de la Ciudad de Segovia y Compendio de las Historias de Castilla N. E. con las Vidas de los Escritores Segovianos por Diego de Colmenares. *Madrid.* Diego Diez. 1640.

Historia y Antiguidades de la Ciudad de Sevilla, por el Licençiado D. Pablo de Espinosa de los Monteros. *Sevilla.* Clavio. 1627.

Antiguidades Ecclesiasticas y Seculares de la Ciudad de Sevilla desde el año de 1246. hasta el de 1671. por D. Diego Ortiz de Zuniga. *Madrid.* Emprenta Real. 1677.

Catalogo de los Obispos de las Iglesias Catredales de la Diocesi de Jaen, y Annales Ecclesiasticos deste Obispado por D. Martin de Ximena, Presbitero. *Madrid.* Morras. 1654.

Catalogo de los Obispos de las Iglesias Catredales de la Diocesi de Jaen y Anales Ecclesiasticos deste Obispado por D. Martin de Ximera. *Madrid.* 1657.

Historia de el Obispado de Guadix y Baza, por el Doctor D. Pedro Suarez. *Madrid.* Ant. Roman. 1696.

Emperio de el Orbe, Cadix ilustrada, por el R. P. Fr. Geronimo de la Concepçion, Religioso Descalzo de el Orden de el Carmen. *Amsterdam.* Bus. 1690.

Nobleza del Andaluzia por Gonçalo Argote de Molina. *Sevilla.* Fern. Diaz. 1588.

Dignidad de Granada publicada por D. Juan Suarez de Toledo y Obregon, y escrivida por el Licenc. D. Miguel Ladron de Guevara.

Discurso sobre las Laminas, Reliquias y libros que se an descubierte en la Ciudad de Granada este año de 1595. y las Reliquias y prophecia que se avia hallado el año passado de 1588. por Gregorio Lopez Madera.

Coronica general del Reyno de

Valencia, por el Dottor Pero Anton. Beuter. *Valencia*. 1604. 2. Vol.

HISTORIA de la Ciudad y Reyno de Valencia por el Licenciado Gaspard Escolano. *Valencia*. Mey. 1610. 2. Vol.

ANALES del Reyno de Valencia, por el Padre Maestro Franc. Diego de la Orden de Predicadores. *Valencia*. Mey 1613.

DISCURSOS historicos de la Ciudad de Murcia, por el Licenc. Cascales.

HISTORIA Apologetica y Descripcion del Reyno de Navarra y de su mucha antiguedad, por D. Garcia de Gongora y Torreblanca. *Pamplona*. Labayen. 1727.

ANNALES del Reyno de Navarra, por el Padre M. Joseph de Moret de la Compañia de Jesus. *Pamplona*. Zabala. 1684. 5. Vol.

LA Coronica universal de Cathalunya, por Hier. Pujades Doctor en Drets.

CORONICA Universal del principat de Cathalynya, por Hieronim Puides, en Drets Doctor *Barcelona*. Hier. Marguerit. 1609.

CONQUISTA de Cataluna por el Marques del Lias y Mortara.

CATALUNA illustrada por Estavan de Corbera. *Napoles*. Granimani. 1678.

ANNALES de Cataluña y Epilogo de famosos hechos de la Nacion Catalaña, de sus Santos y eminentes Varones que en Santidad, Armas y Letras han florecido, desde la primera poblacion de España ano del Mundo 1788. hasta el presente de 1709. por D. Marc Felin de laPeña y Farest. *Barcelona*. 1709. 3. Vol.

HISTORIA de los antiques Condes de Barcelona, por el presentado Fray Franc. Diago de la Orden de Predicadores. *Barcelona*. Sebastien de Cormellas. 1603.

ANTIQUIORES Barchinonensium leges, quas vulgus Usaticos appellat, cum Commentariis Jacobi à monte Judaico, Jacobi & Gulielmi à Valleticca & Jacobi Balicii. *Barchinone*. Provensal. 1634.

MARCA Hispanica sive Limes Hispanicus, hoc est Geographica, & Historica descriptio Cataloniæ, Ruscinonis, & circumjacentium Populorum, Auct. Petro de Marca, Archiepiscopo Parisiensi. *Paris.* Muguet. 1688.

AVERIGUACIONES de las Antiguedades de Cantabria, por el Padre Gabriel de Henao, de la Compañia de Jesus. *Salamanca.* Garcia. 1689.

RESUMEN historial de las Grandezas y Antiguedades de la Ciudad de Gerona por Juan Gasp. Roig y Jalpi de la Orden de los Minimos. *Barcelona.* Andecu. 1678.

OBRA compuesta, por Lucio Marinæo Siculo, de las Cosas memorables de España. 1539.

MEMORIAL de Cosas notables compuesto por D. Yñigo Lopez de Mendoça Duque IV. del Infantado. *Guadalaxara.* Pedro de Robles. 1564.

LAS Grandezas y Cosas notables de España, compuesta por el Pedro de Medina y corregida y ampliada por Diego Perez de Messa. *Alcala de Henarez.* 1595.

EXCELENCIAS de la Monarquia y Reyno de España, por el Doctor Gregorio Lopez Madera del Consejo Supremo de Castilla. *Madrid.* Luis Sanchez. 1625.

FLORES de España, Excelencias de Portugal, por Ant. de Sousa de Macedo, Fidalgo y Cavalero del habito de Christo. *Lisboa.* Rodrigues. 1631.

RECOPILACION de las Leyes destos Reynos, hecha por mandado de la Magestad Catolica del Rey D. Phelipe V. *Madrid.* Juan de Ariztia. 1723. 4. Vol.

RESPUESTAS de España al tratado de Francia, sobre las Pretenciones de la Reyna Christianisma. 1667.

REFLEXION historica sobre los Matrimonios de las Casas de Austria y Baviera, por D. Luis de Salazar y Castro, Cavallero de la Orden de Calatrava. *Madrid.* 1689.

TOMO primero de la Conveniencia de las dos Monarquias Catolicas, la de la Iglesia Romana y la del Imperio Español, y defensa de la precedencia de los Reyes Catolicos de España à todos los Reyes del Mundo, por el Maestro Fr. Juan de la Puente de la

Orden de los Predicadores. *Madrid*. Emprenta Real. 1611.

CONSERVACION de Monarquias y discursos politicos sobre la grand Consulta que el Consejo Hizo al Señor Rey D. Filipe Feraro al Presidente & Consejo Supremo de Castilla, por el Licenc. Pedro Fern. Navarette, Canonigo de la Iglesia Apostolica de Señor Santiago. *Madrid*. Emprenta Real. 1620.

REFORMACION Moral politica y Christiana del Commercio en dose Etatutas que testauran treinta Millones de Reales de à ocho de renta cada año à la Monarquia Española por Juan Cano natural de la villa de San Claudio en el Contado de Borgoña. *Madrid*. 1675.

THEATRO Monarchio de España que contiene las mas puras como Catholicas maximas de Estado, por las quales assi los Principes como las Republicas Aumentan y mantienen sus Dominios y las causas que Motivan sa ruyna por el Señor D. Pedro Portocarrero y Guzman Patriarcha de las Judias. *Madrid*. Garcia. 1700.

DICURSO historico politico sobro el origen y preheminencias de el Officio de Heraldos Reyes de Armas feciales y caducceadores por D. Joseph Alfonso de Guerra y Villegas. *Madrid*. Imprenta Real. 1693.

CHRONICA de las tres Ordenes y Cavallerias de Sanctiago Calatrana y Alcantara, por el Licenciado Francisco de Rades y Andrada Juan de Ayala. 1572.

MONTESA Ilustrada por el Dotor Fray Hippolyta de Samper, Prior de San George. *Valentia*. Vilagrasa. 1669. 2. Vol.

ESCUDO Montesiano Para defender los Privilegios de la Orden de N. S. de Montesa por D. Buenaventura de Tristani. *Barcelona*. Rafaël Figuero. 1703.

CONSTANCIA de la Fee y Aliento de la Nobleza Espanola, por el P. Juan Costas Osorio de la Compañia de Jesus. *Madrid*. Roman. 1684.

ILLUSTRACIONES Genealogicas de los Catholicos Reyes de las Espagnas, de Francia, & de los Emperadores de Conſtantinopla haſta Phelip. II. por Eſtevan de Garibay Chroniſta del Rey Cathólico. *Madrid.* Luis Sanchez. 1596.

NOBLIARIO Genealogico de los Reyes dy Titulos de Eſpaña por Alonſo Lopez de Haro Criado de S. M. *Madrid.* Luis Sanchez. 1622. 2. Vol.

CATALOGO hiſtorial e Genealogico de los Señores y Condes de la Caſa y Villa de Fernanuñez deſde la Conquiſta de Cordoua anno de 1236. haſta eſte de 1682. por D. Luys de Salazar y Caſtro. *Madrid.* Luc-Ant. de Bedinar. 1672.

COMPENDO de Algunas hiſtorias de Eſpagnas, donde ſe tratan muchas Antiquidades y eſpecialmente ſe da noticia de la familia de los Girones, por el Doctor Ger. Gudiel. *Alcala.* Iniquez de Lequerica. 1577.

HISTORIA Genealogica de la Caſa de Lara juſtificada con inſtrumentos y eſcritores de inviolable Fey, por D. Luis de Salazar y Caſtro Comendador de Zuriſta y Fiſcal de la Orden de Calatrava. *Madrid.* Emp. Real. 1696. 4. Vol.

HISTORIA Genealogica de la Caſa de Silva juſtificada con inſtrumentos y hiſtorias fide dignas por D. Luis de Salazar y Caſtro Coroniſta del Rey. *Madrid.* Melchior Alvarez. 1685. 2. Vol.

HISTORIA de Varoens, Illuſtres do Appellido Tavora continuada em os ſenhones da caſa e morgado de Caparica, por Ruy Loureneo de Tavora. *Paris.* Cramoiſy. 1648.

RELACIONES Genealogicas de la caſa do los Marqueſes de Trocifal Condos de Tores Vedias, ſu Varonia Zevallos de Alareon, y por la caſa y primeo appellado Suarez por D. Ant. Suarez de Alareon. *Madrid.* Diego de la Carrera. 1656.

JUSTIFICACION de la grandeza de primera claſe que pertencia D. Fadrique de Toledo Oſorio VII. Marques de Villa Franca Duque de Fernandina & por D. Luis de Salazar y Caſtro. *Madrid.* Emprenta Real. 1704.

HISTOIRE D'ESPAGNE
IN-QUARTO.

ADVERTENCIAS à la Historia del Padre Juan Mariana de la Compañia de Jesus, impressa en Toledo en Latin año de 1592. y en Romance el de 1601. por Pedro Mantuano. *Madrid.* 1613.

HISTORIA general de España del P. D. Juan de Mariana, defendida por el Doctor D. Thomas Jamais de Veragas contra las advertencias de Pedro Mantuano. *Toledo.* Diego Rodriguez. 1616.

RESUMPTA historial de España desde el Diluvio hasta el año de 1642. por el Licenc. Franc. de Cepeda y ampliada por D. Luis de Cepeda y Carajaval hasta el año de 1652. *Madrid.* La Carrera 1654.

ESPANA restaurada por la Cruz. por D. Juan de la Postilla Duque. *Madrid.* Mortas. 1661.

REPAROS Historicos sobre los doce primeros años del Tomo VII. de la historia de España del Doct. D. Juan de Ferreras. *Madrid.* 1723.

ESPANA primogenita de Christo, con decision de la venida y predication de nuestro Padre y Apostol Santiago el año 37. por el Doctor D. Miguel de Salinas Viñicela. *Madrid.* Tazo. 1640.

EXAMEN Chronologico del año en que entraron los Moros en España, por el Marquez de Agropoli. *Madrid.* 1687.

EXPULSION y destierro de los Moriscos de España por F. Marco de Guadalajara y Xavier, de la Orden del Carmen. *Pamplona.* Assiaya. 1613.

DIEGO Garcia de Paredes y relacion Breve de su Tiempo, por D. Thomas Jamais de Vargas.

DISCURSO historial de la presa que del puerto de la Maamora Hizo el Armada Real de España en el año 1614. por Agustin de Horozeo. *Madrid.* Vargas. 1615.

PECADOS primeros do un Discurso largo en las cosas de Alemania, España, Francia, en forma de Epitome, por D. Fern. Alvia de Castro. *Lisboa*. 1636.

Sitio y Soccorso de Fuenterabia y successos del año de 1638. *Madrid*. Barsio. 1639.

Sucessos principales de la Monarquia de España en el ano 1639. por el Marques Virgilio Malvezzi. *Madrid*. Emprenta Real. 1640.

Casamientos de España y Francia y Viago del Duque de Lerma llevando D. Ana de Austria, por Ped. Mantuano. *Madrid*. Junti. 1618.

Palacio de Momo Apologia Jocoseria de la historia de la Iglesia y del mundo y por su Autor D. Gab. Alvarez de Toledo y Pellicer. *Leon de Francia*. 1714.

Jornada de los Coches de Madrid à Alcala à satisfacion al palacio de Momo. *Zaragoça*. 1714.

Vida de San Hermenegildo, Rey y Martir de Espana por D. Manuel Lopez Ponec de Salas. *Madrid*. Villa-Diego. 1680.

La verdadera historia del Rey D. Rodrigo en la qual se tratta la causa de la perdida de la Espana, y la conquista que della Hizo Maramolin; traduzida de la lingua Aravica de el Albucacim Calif Abentarique, por Miguel de Luna. *Valencia*. 1606.

Vida del Rey San Fernando, Rey Espana, y de la Infante Dona Sancha su Hermana, por el P. F. Juan de la Présentation, de la Merced. *Madrid*. Sanchez. 1678.

Serenissima Infanta D. Sancha Alfonso Comendadora de la Orden Militar de Santiago, Hija del Rey de Leon D. Alonso el IX. por Doña Mariana Baçan y Mendoça. *Madrid*. 1651.

El Rey D. Pedro defendido, por D. Juan Antonio de Vera y Figueroa. *Madrid*. Garcia. 1647.

Historia del Duque Carlos de Borgoña, bisaguelo del Emperador Carlos V. *Pamplona*. Thomas Porralis. 1586.

Epitome de la Vida y Hechos del Emperador Carlos V. por D. Juan Antonio de Vera y Figueroa. *Bruxelles*. Foppens. 1656.

D. Filipe el Prudente II. Rey de las Eſpanas y nuevo mundo por D. Lorenzo Vander Hammen. *Madrid*. Viuda de Alonſo Martin. 1625.

Las Coſas notables que paſſaron en la dichoſa muerte del Rey D. Felipe II. por D. Ant. Cervera de la Tone. *Madrid*. Luis Sanchez. 1600.

Memorias para la hiſtoria de D. Felipe III. Rey de Eſpana recogidas por D. Juan Yáñez. *Madrid*. Officina Real. 1723.

Viage del Rey N. S. D. Phelipe IV. à la Frontera de Francia deſpoſorio de la S. S. Infante de Eſpana y ſolemne juramento de la Paz, por D. Leonardo del Caſtillo. *Madrid*. 1667.

Conſuelo en la perdida del Rey Felipo IV. por D. Melchior de Cabrera Nuñez de Guzman. *Madrid*. Garcia Morras. 1666.

El Muerto victorioſo por Ant. Luis Ribero de Baros fidalgo en la caza Real de Portugal. *Madrid*. 1671.

La Libra de Grivilio Vezzalmi traducida de Italiano en lengua Caſtellana peſan ſe las gavancias y las perdidas de la Monarquia de la Eſpana en el Reynado de Filipe IV. *Pamplona*.

Viage Real del Rey Felipe V. cauſa de la Guerra, y remedio para conſeguir la paz. por el Doctor D. pablo de Monteſtruch. *Madrid*. Villanueva. 1712.

Los Claros Varones de Eſpana por Hern. de Pulgar. *Cordoua*. 1645.

La pratique de l'éducation des Princes, ou la Vie Se de Chicores, par Varillas. *Paris*. Barbin.

Breve Compendio de Algunos caſos notables de la vida del illuſ Señor Card. y Arcobiſpo de Toledo D. Fray Fr. Ximenes de Cyneros. *Toledo*. Rodriguez. 1604.

La Vida de D. Fern. Alvarez de Toledo tercera Duque de Alva, por D. Juan Antonio de Vera y Figueroa.

Hechos de D. Garcia Huſtado de Mendoza IV. Marques de Canete por Chriſt. Suarez de Figueroa. *Madrid*. Emprenta Real. 1613.

Viage ſucceſſos y Guerras del Infante Cadenal D. Fernando de Auſtria deſde 12. de Abril 1632. haſta 21. Setiembre 1636. por D. Diego de Aedo y Gallart. *Madrid*. Emprenta Real. 1637.

El Siglo Pitagorico y vida de D. Gregorio Guadaña, por Ant. Henriquez Gomez. *Roan*. Maury. 1644.

Tratado de Falfedades, y delitos que Cometio Miguel de Molina I. Suplicio que fe hizo del en Efta Corte por el D. Juan de Quinones. *Madrid*. Fr. Martinez. 1642.

Reynados de Menoredad, y de Grandes Reyes, por el Doctor D. Fr. Ramos del Mancano. *Madrid*. Sanz. 1672.

Libro Hiftorico Politico, folo Madrid es Corte y el Cortefano en Madrid, por D. Alonfo Nuñez de Caftro. *Madrid*. 1669.

Descripcion de la Capillade de N. S. del Sagrario, erigida en la Iglefia de Toledo, y hiftoria de la Antiguedad de la S. Imagen, con los feftas de fa Tranflacion, por el Licenc. Pedro de Herrero. *Madrid*. Sanchez. 1617.

Historia de D. Pedro Tenorio Arcobifpo de Toledo, por el D. Eugenio Narbona fu Capellan. *Toledo*. Paredez. 1624.

Idea del Perfecto prelado en la Vida del Cardenal D. Baltazar de Mofcofo y Sandoval, Arçobifpo de Toledo, por el Pad. Alonfon de Andrade de la Compañia de Jefus. *Madrid*. Buendia. 1668.

Los Reyes nuevos de Toledo por Doctor D. Chrift. Lozano. *Valencia*. 1698.

Condado y Ducado de Benavente, por D. Sebaftian Antonio de Medina y Truxello. *Madrid*. Martinez Abad. 1704.

Tropheos y Antiguedades de la Ciudad de Zaragoza, por Luis Lopez. *Barcelona*. Cormella. 1639.

Historia Apologetica en los fucefsos del Reyno de Aragon y fu Ciudad de Zaragoça años de 1591. y 1592. por D. Gonçalo de Cefpedes y menefes. *Zaragoça*. 1622.

Explicacion hiftorica de las Infcripciones de los Retratos de los Reyes de Sobcarbe, Condes antiguos y Reyes de Aragon pueftos en la Sala Real de la difputacion de Zaragoça, por Geron. de Blancas. *Zaragoça*. Herederos de Dormer. 1680.

Breve Compendio de las Grandezas del Reyno de Aragon, por el Doctor D. Fernando Rodriguez. *Roma*. Emprenta de la Camera Apoſtol. 1685.

Discursos hiſtoricos politicos que ſe ofrece tratar en la junta de los Illuſtriſſimos quatro braços del Reyno de l'Aragon en año de 1684. por el Dotor Diego Joſeph Dormer. 1684.

Forma de celebrar las Cortes en Aragon, por Geron. Martel.

Disceptatio fiſcalis de jure Majeſtatis S. S. R. Coronæ Aragonum Conſilii, vice & nomine principis & de officio Theſaurarii generalis ejuſdem Coronæ contra Peregrina judicia ex decreto Regio. *Matriti*. Ant. Aqufra. 1699.

Historia de la Antiquay continuada Noblezza de la Ciudad de Jaen, por el Maeſtro Bart. Ximenez Paton. *Jaen*. Pedro de la Cueſta. 1628.

Santos Honorio, Euſtichio Eſtevan, Patronos de Xeres de la Frontera, por el Padre Martin de Roa de la Compania de Jeſus. *Sevilla*. Gamarra. 1617.

De las Antiguedas y excellencias de Cordoua, por Pedro Diaz de Robas. *Cordoua*. Cea Teſa. 1627.

Antiguo principado de Cordoua en la Eſpana Ulterior y Andaluz, traduzido del Latino por el ſu Autor el P. Martin de Roa de la Compania de Jeſus. *Cordoua*. Cea Jeſa. 1636.

Antiguedad y excellencia de Granada por el Licenc. Franc. Bermudez de Pedraza. *Madrid*. Sanchez. 1608.

Discursos de D. Matea de Liſan y Biedma en que ſe tratta materias importantes del Govierno de la Monarquia. *Granada*. 1622.

Historia de las Grandezas de la Ciudad y Igleſia de Leon y de ſu Obiſpo y Patron Sant Froylan & de S. Atilano Obiſpo de Camora, por Fray Athanaſion de Lobera Monge de San Bernardo. *Valladolid*. Cordoua. 1595.

San Antonino Eſpañol diſcurſo Apologetico, prena ſe que el Patron de la Santa Igleſia, Ciudad y Obiſpado de Palencia no es el Santo Frances Antonino Eſpanol, que haſta dy ſe haignorado, por D. Franc. de Sandonal. *Valladolid*. 1633.

ANTIGUEDADES y Santos de Alcantara por el Lic. D. Jacinto Arias de Quintana. *Madrid*. Fernandez. 1661.

DESCRIPCION del Reyno de Galicia y de las cosas notables del Compuesta por el Licenciado Molina. *Madrid*. Roque Rier. 1675.

ARMAS y triumfos hechos Heroicos de los hijos de la Galicia, por el Padre Maſtro Fray Felipe de Alcantara de la Orden de San Aguſtin. *Madrid*. Du Val. 1662.

CATALUNA desengañada, por D. Alexandro de Ros. 1646.

HISTORIA de los Monimientos y ſeparaſion de Cataluna y de la guerra entre D. Felipe IV. y de la deputacion general de aquel principado por Clemente Libertino. *Lisboa*. Carvalho. 1696.

CRISTAL de la Verdad Eſpeio de Cataluña, por el preſentado Fr. Gabriel Aguſtin Rius del Orden de los Heremitanos de San Aguſtin. *Zaragoça*. Lanaja. 1646.

PRESAGIOS fatales del Mundo Frances in Cataluña, por D. Ramon Dalmao de Rocaberti. *Zaragoça*. Lanaia. 1646.

ARISTARCO o Cenſura de la proclamacion Catolica de los Catalanes.

PRATICA, forma y Stil de celebrar Cortes Generales en Catalunia y materias incidentes enequellas por la noble D. Luys de Seguera del Conſell. de S. M. *Barcelona*. Geronym. Margarit. 1632.

DEEENSA de la Auctoridad Real en las perſonas Eccleſiaſticas del principado de Cata lana, diſcurſo Theologico, legal, y politico, por el Doctor Fr. Marti y Viladamor. *Barcelona*. Juan Dexen. 1646.

REAL Capilla de Barcelona la Mayor Illuſtrada y defendida por el M. R. P. Fr. Manuel Mariana Ribera, de la Orden de la Merced. *Barcelona*. Jayme Surià. 1698.

GLORIA de Tarazona increcida en los ſiglos paſſados de la Antiqua naturaleza de ſu Hazanas, aumentada en la edad preſente. *Madrid*. Emprenta Real. 1708.

TORTOSA Ciudad fideliſſima y exemplar por D. Vincente de Miravall y Floreadell. *Madrid.* Emprenta Real. 1641.

VARIAS Antiguedades de Eſpaña, Africa, y otras Provincias por el Doctor Bernardo Aldiete. *Amberes.* Harres. 1614.

POBLACION y lengua primitiva de Eſpaña recopilada de Iapparato a ſa Monarchia antiqua en los tres tiempos el Odelon el Mithico, el Hiſtorico por D. Joſeph Pellicer de Oſſan y Touar. *Valencia.* Mace. 1672.

LIBRO de las Cinco excellencias de l'Eſpañol que deſpuiblan a Eſpaña por el M. Fray Benito de Penaloſa y Mondragon Mouge Benito. *Pamplona.* Labayen. 1629.

VOYAGE d'Epagne. *Paris.* Serces. 1655.

CRISOL de la Eſpañola Leoltard por la Religion, por la Ley, por el Rey, y por la Patria, por D. Thomas de Puga y Roxas. 1707.

RELACION del Juramento que hizieron los Reynos de Caſtilla y Leon, por Juan Gomez de Mora. *Madrid.* Franc. Martinez. 1632.

RESTAURACION de la abundancia de Eſpaña, por D. Miguel Caxa de Lernela. *Madrid.* Abad. 1713.

ADDICION al Libro de Ecüaiſus Grandeſas, por el Lic. Andres Florindo Medico. *Lisboa.* 1630.

TRES Tratados de el P. Hernando de Mendoza de la Compañia de Jeſus. 1. De las Gracias. 2. De los Officios Vendibles. 3. De las Tratas. *Valencia.* Bordazar. 1690.

DIGNIDAD de las Damas de la Reyna. Noticias de ſu Origen y Honores.

DISCURSOS de la Nobleza de Eſpaña, por Bernabe Moreno de Vargas. *Madrid.* 1659.

EPITOME del Origen y deſcendencia de los Carillos, por d'Alonſo Carillo. *Lisboa.* 1639.

EL Conde Lucanor por el Principe D. Juan Manuel Hijo de l'Infante D. Manuel y meto del Santo Rey D. Fernando con advertencias y notas de Gonzalo de Argote y de Molina la Carrera. 1642.

CRONICO de la Casa de los Ponces de Leon, por.... Salazar de Mendoça. *Toledo.* 1620.

NOTICIAS Genealogicas del Linage de Segovia continuado por espacio de 600. años, por D. Juan Roman y Cardenas. 1690.

ORIGEN de los Joledos de Roxas, por D. Pedro de Rojas Conde de Mora. *Toledo.* 1636.

TRATADO breve de la Antiguedad del Linaie de Vera y Memoria de personas Señaladas del, por D. Franc. de la Puente. *En Lima.* 1635.

NOTICIA de la grand Casa de los Marqueses de Villafranca, por Fray Geronimo de Sosa, de la Orden de San Francisco. *Napoles.* 1676.

HISTOIRE D'ESPAGNE
IN-OCTAVO ET IN-DOUZE.

ETAT présent de l'Espagne, par l'Abbé de Vayrac. *Paris. Des Hayes.* 1718. 4. vol. *in-douze.*

VASSÆI Chronicon Hispanicarum rerum memorabilium Annales. 1577. *in-octavo.*

HISTOIRE des Revolutions d'Espagne, par l'Abbé Vayrac. *Paris. Hochereau.* 1724. 5. Vol. *in-douze.*

HISTORIA de los Vandos de los Zegris y Abencarrages Cavalleros Moros de Granada, y las Guerras que Huvo en ella, hasta que el Rey D. Fernando el V. la ganò, traduzida en castellano por Gines Peres de Hita. *Madrid.* Emprenta Real. 1645. *in-douze.*

HISTORIA de las Guerras civiles de Granada. *Paris.* Courbé. 1660. *in-octavo.*

NERESIDAD de la Guerra y desconfança de la Pax.

COMPENDIO Annual de los sucessos principales de la Europa en el año. 1702. por el Licenciado Juan de la Crux, Presbytero. *Madrid.* Juan Garcia. 1703. *in-douze.*

LA Salud de la Europa considerada en estado de Crisis, traduzida de la lengua Toscana en la Castellana. *Colonia.* Felix Constante. 1694. *in-octavo.*

HISTOIRE politique & secrette de la Cour de Madrid, depuis l'avenement de Phil. V. à la Couronne. *Amsterdam.* 1719. *in-douze.*

DEL S. Rey D. Fernando y de la Santissima Virgen de los Reyes per Hipolito de Vergara. *Osuna.* Manoel de Layva. 1629. *in-octavo.*

VIDA epitame de la Infanta Dona Sancha Alonso, por Don Gregorio de Sapray Salzedo. *Madrid.* Joseph Fernandez de Tuendia. 1668. *in-octavo.*

VIDA de S. Sigismundo Rey de Borgona, por el P. Frey Antonio de Hebrera y Esmir. *Zaragoça.* Bueno. 1686. *in-octavo.*

DONA Berenguela Vida y muerte por D. Antonio Lupian y Zapata. *Madrid.* Noguez. 1665. *in-octavo.*

HISTORIA de el Cardenal Don Francisco Ximenes de Zimeros traduzida en Español del Franc. que escritis el R. Obispo de Nîmes el Senor Esprit Flechier. *Leon de Francia.* Antonio Bricesson. 1712. *in-octavo.*

HISTORIA del Capitan D. Hernando de Avalos Marques de Pescara recopilada por el Maestro Valles con una adicion hacha, por Diego de Fuente. *Envers.* Nutio. 1570. *in-octavo.*

LA Pratique de l'éducation des Princes, contenant l'Histoire de Guillaume de Cros, Seigneur de Chevrieres, Gouverneur de Charles V. par Varillas. *Amsterdam.* Des Bordes. 1686. *in-octavo.*

LOS tres Varones Don Jayme Rey de Aragon, Don Fernando Cortez Marques del Valle y Don Alvaro de Bazan Marques de S. Crux, por Gabriel Laro de Salega. *Zaragoça.* Alauso Rodriguez. 1601. *in-octavo.*

EPITHOME de la Vida de Don Fernando de Cordoba Bocæ negra por Rodrigo Mendez Silva. *Madrid.* 1649. Pedro Caello. *in-octavo.*

HISTORIA de los hechos del Cardenal Don Gil de Albornos Arcobispo de Toledo, traduzida del Latin de Juan Genesio y Sepulveda por el Maestro Antonio de Vela, con el Testamento del dho S.t Cardenal. *Toledo.* Juan de Ayala. 1566. *in-octavo.*

Ayos y Mayestros de Principes breve, cerrista y ajustada noticia por Rodrigo Mendes da Silva. *Madrid*. Vinda de Juan Martin del Barrio. 1654. *in-octavo*.

Poblacion de España con discursos historicos por el Licenciado Don Francisco Erasso. *Sevilla*. Thomas Lopez de Haro. 1681. *in-octavo*.

Inventaire d'Espagne & de Portugal, des plus curieuses recherches de ces Royaumes, par A. N. Salazar, & mis en François par lui-même. *Paris*. Antoine du Breuil. 1612. *in-octavo*.

Precedentia de España decida à sus Catholicos Reyes. *Madre*. Juan Gonçales. 1630. *in-octavo*.

Obligacion de los Alcaydes y tratado sobre de la Ley partida por Antonio Alvarez Vezino de Bareæ. *Valladolid*. Fernandez de Cordoua, 1558. *in-octavo*.

Guilatador de la plata y ovo pudias conforme à las leyez Realos, por Juan Arphe Villæ farce. *Madrid*. Guillelmo Drouy. 1598. *in-octavo*.

Declaracion del Valor del oro por Alonso Gallo. *Madrid*. 1613. Luis Sanchez. *in-octavo*.

Diario Festino de Madrid, que contiene todas las Fiestas que se celebran en las Iglesias y Capillas Reales. *Madrid*. 1721. *in-octavo*

Qrirrabo de Meya, tratado de las excelencias y antiguedades del Priorado de S. Maria de Meya, en el principado de Cathaluña, por el P. Fr. Gaspar Roig y Jalpi. *Griona*. Geronimo Palo. 1668. *in-octavo*.

Martirjo del Nino de la Guardia, por el Licenciado Sebastian de Niera Calvo. 1628. *Madrid*. Juan Ruiz de Sereda.

Idea del Principado de Cataluña, por Don Joseph de Pellizer y Tovar. *Amberes*. Geronimo Verdus. 1642. *in-octavo*.

Historia del Divino Misterio del S. Sacramento de los Corporales de Daroca. *Zaragaa*. Diego Dormer. 1635. *in-octavo*.

Adelantamiento de Cazorla y celebros milagros, y Santuarios, por el Licenciado Don Fernando Alonse escudero de la Torre. *Madrid.* Villa Diego. 1669. *in-octavo.*

Historia de los milagros hechos à la invocacion de N. S. de Monserrate. *Barcelona.* Sebastian de Cormellas 1605. *in-octavo.*

HISTOIRE DE PORTUGAL.
IN-FOLIO.

COROGRAFIA Portugueza e descripçam Topografica do Reyno de Portugal, por Ant. Carvalho da Costa Clerigo do habito de S. Pedro. *Lisboa.* Des Landes. 1706. 3. Vol.

Europa Portugueza de Manuel de Faria y Sousa II. Edit. *Lisboa* Craesbeeck de Mello. 1678. 3. Vol.

Asia Portuguesa de Manuel de Faria y Sousa. *Lisboa.* 1666. 3. Vol.

Africa Portuguesa, por Manuel de Faria y Sousa. *Lisboa.* 1681.

Agiologio Lusitano dos Santos Varoens do Reyno de Portugal, pelo Licenciado George Cardoso. *Lisboa.* Craesbeeck. 1652. 4. Vol.

Primeira parte das Chronicas dos Reyes de Portugal, reformada pelo Licenciado Duarte Nunez de Lião. *Lisboa.* Craesbeeck. 1600.

Monarchia Lusitana por Frey Bernardo de Brito Chronista Mayor de la Ordem de S. Bernardo no Monasterio de Alcobaça. 1597. 7. Vol.

Epitome de las Historias Portuguesas dividido in IV. Libros, por Manuel de Faria y Sousa. *Brussellas.* Foppens. 1677.

Historia de Portugal restaurado, por D. Luis de Menezes Conde da Ericeyra. *Lisboa.* Galram. 1679. 2 Vol.

Chronicas del Rey D. Joam deste nome o I. è dos Reys de Portugal o X è as dos Reys D. Duarte, e D. Affonso o V. E. autos do levantamento e juramentos del Rey D. Joam. IV. *Lisboa.* Alvarez. 1643.

Chronica del Rey D. Joam I. por Fern. Lopez. *Lisboa.* Alvarez. 1644. 3. Vol.

OBRAS de Garcia de Reefende. *Burgos*. 1554.

HIER. Oforii Epifcopi Sylvenfis de rebus Emanuelis Regis Lufitaniæ Libri XII. *Olyſſippone*. Condifals. 1571.

CHRONICA del Rey D. Emanuel, por Damião de Goes. *Lisboa*. Alvarez, 1619.

VIDA de la Sereniſſima Infanta Doña Maria Hija del Rey D. Manoel, por el P. Miguel Pacheco, Regular de la Orden de Chrifto. *Lisboa*. La Cofta. 1675.

JUSTA Acclamacão del Rey de Portugal Dom João IV. pelo Doutor Franc. Velafco de Gouvea. *Lisboa*. Anveres. 1644.

THEODOSIUS Lufitanus, feu perfecti Principis vera effigies à P. D. Emmanuele Ludovico Pace Julienfe. *Eboræ*. Typogr. Academica. 1680.

COMMENTARIOS do grande Afonfo d'Albuquerque, Capitão Geral que foy das Indias Orientaes en tempo del Rey D. Manoel I. defte nome. 2. E. *Lisboa*. Barreyra. 1576.

CHRONICA de Condeftabre de Portugal D. Nuño Alvarez Pereyra Principiador da Cafa de Bragança. *Lisboa*. Alvarez. 1613.

VIDA de D. Nuño Alvarez Pereyra fegundo Condeftavel de Portugal, pelo R. P. Franc. Domingos Teixeyra, Religiofo Eremita de Santo Agoftinho. *Lisboa*. 1723.

DE Vita & Rebus geftis Nonni Alvarefii Pyreriæ Lufitaniæ Comitis Stabuli. *Olyſſipponne*. A Sylva. 1723.

HISTORIA panegyrica da Vida de Denis de Mello de Caftro, primeyro Conde das Galveas, por Julio de Mello feu Sobrinho. *Lisboa* Manefcal. 1721.

HISTORIA Ecclefiftica dos Arcebifpos de Braga, e dos Santos e Varoës illuftres, que florecerão nefte Arcepifpado, por D. Rod do Cuñha Arcebifpo de Braga. *Braga*. Cardofo. 1634. 2. Vol.

HISTORIA Ecclefiaftica da Igreia de Lifboa, vida e accoens de feus Prelados & Varoës eminentes que nella florecerão, por D. Rodrigo da Cunha Arcebifpo de Lifboa. *Lisboa*. Sylva. 1642.

CATALOGO e Historia dos Bispos do Porto, por D. Rodrigo da Cunha Bispo da mesma Cidade. *Porto.* Rodriguez. 1623.

TRATADO Apologetico sobre os provimentos dos Bispados da Coroa de Portugal, pelo Doutor Manoel Rodriguez Leytam. *Lisboa.* Des Landes 1715.

LUCII Andreæ Resendii de antiquitatibus Lusitaniæ Libri IV. Recognovit Vasconcellus. *Eboræ.* Martinus Bergensis. 1593.

VARIAS Antiguidades de Portugal por Gaspar Estaço. *Lisboa.* Craesbeeck. 1625.

NOTICIAS de Portugal, por Manoel Severim de Faria. *Lisboa.* Craesbeeck 1655.

PHILIPPUS Prudens Caroli V. filius, Lusitaniæ, Algarbiæ, Indiæ, Brasiliæ legitimus Rex demonstratus à D. Joh. Caramuel Lobkowitz Ord. Cist. *Antuerpiæ.* Plantin Moret. 1639.

LUSITANIA liberata ab injusto Castellanorum Dominio, per D. Antonium de Sousa de Macedo, Lusitanum, Regii Ordinis Christi Equitem, ac Commendatarium & in supremo Lusitaniæ Senatu Senatorem.

O Valeroso Lucideno e Triumpho da liberdade por Frey Manoel Calado da Ordem de S. Paulo. *Lisboa.* Craesbeek. 1648.

ORDENACOENS e Leyes do Reyno de Portugal, confirmadas e estabelecidas, pelo Senhor Rey D. Joam o IV. e agora impressas por mandado do muyto alto y poderoso Rey D. Pedro II. *Lisboa.* 1695.

ANNO historico, Diario Portuguez, Noticia abreviada das Pessoas grandes, e cousas notaveis de Portugal, pelo R. P. Franc. de Santa Maria. *Lisboa.* Ferreyra. 1714. 2. Vol.

DIFFINIÇOENS & Estatutos dos Cavalleyros e Freyres da Ordem de nosso Senhor J. C. com à historia da Origem e principio della. *Lisboa.* Pascoal da Sylva. 1717.

THEATRO Genealogico, que contem as Arvores de Costados das Principaes familias do Reyno de Portugal & suas conquistas, pelo Prior D. Tivisco de Nasaozarco, y Colona. *Napoles.* Bonis. 1692.

NOBILIARIO de D. Pedro, Conde de Bracelos, Hijo del Rey D. Dionis de Portugal, por J. B. Lavaña, Coronista Mayor. *Roma.* Paolinio. 1640.

COLLECAO dos Documentos, Estatutos, e mais memorias da Academia Real da Historia Portuguesa; ordenada pelo Conde de Villarmayor, Secretario da mesma Academia. *Lisboa.* Sylva 1721. & suiv. 5. Vol.

HISTOIRE DE PORTUGAL
IN-QUARTO.

DESCRIPCAM do Reyno de Portugal, por Duarte Nunez de Liâo. *Lisboa.* Rodriguez. 1610.

DE Portugalliæ Ortu, Regni initiis, & denique de rebus à Regibus præclarè gestis, per R. P. Josephum Teixeira, Ordinis Prædicatorum. *Paris.* Mettayer. 1582.

DUARDI Nonii Leonis J. C. Lusitani Censuræ in Libellum de Regun Portugalliæ origine, qui Fratris Joseph Teixeiræ nomine circumfertur. *Olyjj-ppone.* 1585.

PRINCIPIOS del Reyno de Portugal con la Vida y hechos de D. Alfonso Henriquez su primero Rey, por D. Antonio Paez Viegas. *Lisboa.* Craesbeeck. 1641.

HISTOIRE generale de Portugal, par M. le Quien de la Neuville. *Paris.* Imprimerie Royale. 1700. 2. Vol.

HISTOIRE abregée de Portugal & des Algarves, depuis le Déluge jusqu'en 1580. *Amsterdam.* 1724.

VIDA & Accoens del Rey Dom Joam I. por D. Fernando de Menezes Conde da Ericeyra. *Lisboa.* 1677.

VIDA y hechos del Principe Perfecto D. Juan Rey de Portugal, II deste nombre, por Christ. Ferreyra y Sampayo. *Madrid.* Martin. 1626.

JORNADA y muerte del Rey D. Sebastian de Portugal, por Fray Antonio de San Roman Monge de San Benito.

nito. *Valladolid*. 1603.

EPITOME de la Vida y Hechos de D. Sebaſtian I. Rey de Portugal, con diſcurſos deduzidos de la miſma hiſtoria, por el Licenc. D. Juan de Baena Parada. *Madrid*. Gonz. de Reyes 1692.

HISTORIA de la Union del Reyno de Portugal à la Corona de Caſtilla de Geronimo Coneſtagio, traduzida por el Dotor Luys de Bavia, Capellan del Rey. *Barcelona*. 1610.

LA Entrada que en Reyno de Portugal hizo D. Philipe II. Rey de las Eſpañas, por Iſidro Velaſquez Salamantino. 1583.

APOLOGETICO contra el Tirano y rebelde Verganza y Conjurados, Arcobiſpo de Liſboa y ſus Parciales en reſpueſta à los dozo fundamentos del Padre Maſcareñas. *Zaragoça*. Dormer. 1642.

HISTORIA del Levantamiento de Portugal, por el Maeſtro Fr. Antonio Seyner, del Orden de San Aguſtin. *Zaragoça*. Pedro Lanaya. 1644.

MEMORIA da diſpoſic'am das Armas Caſtelhanas que injuſtamente invadirão o Reino de Portugal nõ anno de 1580. por Fr. Manoel Homem, da Ordem dos Pregadores. *Lisboa*. Craeeſbeeck. 1655.

RESPUESTA al Manifeſto del Reyno de Portugal, por D. Juan Caramuèl. *Amberes*. Moret. 1642.

HISTORIA delle Guerre di Portogallo, ſuccedute per l'occaſione della ſeparazione di quel Reyno d'alla Corona Catolica, da Aleſſandro Brandano. *Veneſia*. Paolo Baglioni. 1689.

CAMPANA de Portugal por la parte de Eſtramadura el año de 1662. por D. Ger. Maſcareñas, Obiſpo electo de Leyria. *Madrid*. Carrera. 1663.

CATASTROPHE de Portugal na depoſição del Rey Affonſo VI. & ſubrogaçao do Principe D. Pedro, por Leandro Caceres E. Faria. *Lisboa*. Miguel Maneſcal. 1669.

HISTORIA de los dos Religioſos Infantes de Portugal, por Fray Hier. Roman Frayle y Chroniſta de la Orden de S. Auguſtin. *Medina*. 1595.

INFANTE D. Pedro de Portugal, o qual andov as ſete partidas do Mundo, por Gomez de Santo Eſtevão. *Liſboa.* 1664.

VIDA de D. Duarte de Meneſes tercero Conde de Viana, por D. Auguſtin Manuel y Vaſconcelos. *Lisboa.* 1627.

APOLOGETICOS diſcurſos em defenſa da fama e boa memoria de Fernão d'Alburquerque Governador que foi da India, por Luis Marinho d'Azevedo. *Lisboa.* 1647.

GRANDEZAS de Liſboa pelo Padre Frey Nicolas d'Oliveyra, Religioſo da Orden da ſāctiſſima Trindade. *Lisboa.* 1620.

EXAME d'Antiguidades, compoſte por Diego de Payva d'Andrada. *Lisboa.* Rodriguez. 1616.

TRATADo hiſtorico e juridico ſobre o ſacrilego furto que ſe fez em Parochia del Odivelas en 1671. por Manoel Alvarez Pega. *Lisboa.* Des Landes. 1710.

DIALOGOS de varia Hiſtoria en que ſe referem muytas couſas antiquas de Portugal, por Pedro de Mariz. *Coimbra.* 1647.

EPANAPHORAS de varia Hiſtoria Portugeza, por Dom Fr. Manuel. *Lisboa.* Craeeſbeeck de Mello. 1674.

EPANAPHORAS de varia hiſtoria Portugueza, por D. Fr. Manuel. *Lisboa.* Henr. Val de Oliveyra. 1660.

LEY Regia de Portugal, por el Doctor Juan Salgado de Aravjo. *Madrid.* 1627.

PORTUGAL Convenzida de Don Nicolas Fernandez de Caſtro 1. E. *Milan.* Malateſtas. 1648.

FRANCIA intereſſada con Portugal en la ſeparacion de Caſtilla, por Ant. Monis de Carvallo Fidalgo de la Caſa del Rey de Portugal D. Juan IV. *Paris.* Blageart. 1644.

SERMAM pregado na feſta do Corpo de Deos da Freguezia de S. Nicolao deſta Cidade, por Bartholomeu Lourenço de Guzman. *Lisboa.* 1721.

PANEGIRICO Genealogico y moral del Excel. Duque de Barcelos, por D. Fernando Alvia de Caſtro. *Lisboa.* 1628.

HISTOIRE DE PORTUGAL
IN-OCTAVO ET IN-DOUZE.

L'HISTOIRE de Portugal depuis 1090. jusqu'en 1610. *Geneve*. Crispin. 1610. 2. Tom. 1. Vol. *in-octavo*.

HISTOIRE des Revolutions de Portugal, par M. l'Abbé de Vertot. *Paris*. Brunet. 1711. *in-douze*.

ABREGE' de l'Histoire de Portugal, (par M. Maugin.) *Paris*. David. 1707. *in-douze*.

COMPENDIO das mais notaveis cousas que no Reyno de Portugal acontecevam desde a perda del Rey D. Sebastiam até o anno de 1627. por Luys de Torres de Lima. *Lisboa Occidental*. 1722. 2. Vol. *in-octavo*.

Do Sitio de Lisboa, Dialogo de Luys Mendez de Vasconcelos. *Lisboa*. Estupinan. 1608. *in-douze*..

DELL'Unione del Regno di Portogallo alla Corona di Castiglia, Istoria del Sign. Jeron. Connestaggio Gentilh. Genovese. *Venezia*. Rossi. 1643. *in-douze*.

HISTORIA della Disunione del Regno di Portogallo dalla Corona di Castiglia, scritta dal Dottor Giov. Batt. Birago Avogaro, nuevamente illustrata per el Rev. Maestro Ferd. Hevello fidel Ordine de'Predicatori. *Amst*. Ravesteyn. 1647. *in-octavo*.

RELATION des Troubles arrivez dans la Cour de Portugal en 1667. & 1668. *Amst*. 1674. *in-douze*.

MEMOIRES de M. d'Ablancourt, contenant l'Histoire de Portugal depuis 1659. jusqu'en 1668. *Amst*. De Lorme. 1701. *in-douze*.

RAISONS d'Etat , & Réflexions politiques sur les Vies des Rois de Portugal , par M. de Galardi. *Liege*. Du Champ. 1670. *in-douze*.

EXEMPLAR Pollitico nas accoens do Serenissimo Rey D. Pedro I. do Nome. Ideon seu oitavo neto o Reverendissimo P. Frey Henrique de Noronha. *Lisboa Occidental*. 1723. *in-douze*.

HISTOIRE de la Vie & des Actions

de D. Jean II. Roi de Portugal, traduit de l'Espagnol de D. Aug. Eman. de Vasconcellos. *Paris.* Vendôme. 1641. *in-octavo.*

CHRONICA do Principe D. Joam II. composta por Dam. de Goes. *Lisboa.* En Officina da Musica. 1724. *in-douze.*

HISTORIÆ Hier. Osorii de Rebus Emmanuelis Regis Libri XII. item Joh. Matalii Metelli Sequani J. C. in eamdem historiam Præfatio & Commentarius de reperta in utramquè Indiam navigatione, de què populorum vita & moribus. *Coloniæ.* Breckmannus. 1580. *in-8º.*

BRIEVE Description de la Vie & de la mort de D. Antoine Roi de Portugal. *Paris.* Alliot. 1629. *in-douze.*

HISTOIRE secrete de D. Antoine Roi de Portugal, tirée des Memoires de D. Gomes Vasconcellos de Figueredo. *Paris.* Guignard. 1696. *in-douze.*

LA Vie de Marie de Savoye, Reine de Portugal, & de l'Infante Isabelle sa fille, par le P. d'Orleans. *Paris.* Ballard. 1696. *in-douze.*

VIDA y Hechos del Grand Condestable de Portugal D. Nuno Alvarez Pereyra, Conde de Barcelos, por Rod. Mendez Silva. *Madrid.* Sanchez. 1640, *in-octavo.*

PATENTE dos Privilegios e Mercès que el Rey D. Phelipe I. deste nome fez a os Senhorios e Reyno de Portugal em Cortes em Thomar. 1581. *in-douze.*

FUERA VILLACO, c'est-à-dire, la liberté de Portugal, traduit du Castillan. 1591. *in-douze.*

SUCCESSION del Señor Rey D. Filipe II. en la Corona de Portugal, por D. August. Manuel y Vasconcellos Cavallero de la Orden de Christo. *Madrid.* Jazo. 1639. *in-octavo.*

OBSERVATIONS sur un Livre intitulé, Philippe le Prudent, fils de Charles V. verifié Roi de Portugal, écrit en Latin par D. Juan Caramuel. *Paris.* Rocolet. 1641. *in-octavo.*

SPECULUM Tyrannidis Philippi Regis in usurpanda Portugallia veriquè Portugalensium Juris in eligendis suis Regibus ac principibus cum Annot. Fr. à V. J. C. Galli Ed. 3. *Paris.* 1595. *in-octavo.*

IGLESIA de Tuy em Braga, por Laurenço do Basto. 1610. *in-octavo.*

HISTOIRE de l'Inquisition, & son origine, (par M. le Marsolier.) *Cologne.* 1691. *in-douze.*

MEMOIRES historiques pour servir à l'Histoire des Inquisitions. *Cologne.* 1716. 2. Vol. *in-douze.*

VOYAGES
IN-FOLIO.

NAVIGATIONI & Viaggi Raccolti da M. Giov. Battista Ramusio. *Venesia.* Giunti. 1613. 3. Vol.

RELACIONES Universales del Mundo, de Juan Botero Benes, traduzidas por el Licenciado Diego de Aguiar.

RELATIONS de divers Voyages curieux qui n'ont point été publiées ou qui ont été traduites d'Hacluyt, de Purchas, & autres Voyageurs, (par Melch. Thevenot.) *Paris.* Langlois. 1663. & suiv. 5. Tom. 3. Vol.

VOYAGES
IN-QUARTO.

VOYAGES du Sr le Blanc, donnez au Public par Pierre Bergeron, Parisien. *Paris.* Clousier. 1649.

VOYAGES
IN-OCTAVO ET IN-DOUZE.

DE l'Utilité des Voyages par M. Baudelot de Dairval, Avocat au Parlement. *Paris.* Aubouin & Emery. 1686. 2. Vol. *in-douze.* Fig.

RECUEIL des Voyages de M. The-

Pp

venot. *Paris.* Michallet. 1681. *in-octavo.*

RECUEIL des Voyages qui ont servi à l'établissement & aux progrez de la Compagnie des Indes Orientales. *Amsterdam.* Roger. 1702. & suiv. 5. Vol. *in-douze.* Fig.

RECUEIL des Voyages au Nord, contenant divers Memoires très-utiles au Commerce & à la Navigation. *Amsterdam.* Bernard. 1715. & suiv. 6. Vol. *in-douze.* Fig.

VOYAGE de Monconys, Conseiller du Roy & Lieutenant Criminel au Siege Presidial de Lyon. *Paris.* De Laulne. 1695. *in-douze.* 5. Vol. Fig.

VOYAGE au tour du Monde, commencé en 1708. & fini en 1711. par le Capitaine Woodes Rogers, traduit de l'Anglois (par M. de Vaux,) on y a joint plusieurs piéces curieuses sur la Riviere des Amazones. *Amsterdam.* Veuve Marret *in-douze.* 3. Vol. Fig.

RELATION d'un Voyage fait en 1695. 1696. 1697. aux Côtes d'Afrique, détroit de Magellan, Brezil, Cayenne, & Isles Antilles, par une Escadre de Vaisseaux du Roi, commandée par M. de Gennes, faite par le Sr Froger, Ingenieur. *Paris.* Le Gras. 1700. *in-douze.* Fig.

RELATION d'un Voyage du Pole Arctique au Pole Antartique par le Centre du Monde. *Amsterdam.* Lucas, 1721. Fig.

HISTOIRE DE L'ASIE
IN-FOLIO.

HISTORIA general de la India Oriental, los descubrimientos y Conquistas que han hecho las Armas de Portugal en el Brasil y en otras partes de Africa, y de la Asia, por Fr. Ant. de San Roman Monge de San Benito. *Valladolid.* Luis Sanchez. 1603.

LA Chine du P. Kircher, traduite & illustrée par Fr. P. d'Alguié. *Amsterdam.* Waesberge. 1670.

TRATADOS historicos, politicos y Religiosos de la Monarchia de China, por el P. Maestro Fr. Domingo Fernandez Navarrette de la Orden de Predicadores. *Madrid.* 1676.

GUIL. Pisonis de Indiæ utriusquè Re Naturali & medica. *Amst.* Elzevirii. 1658.

OBRAS de Marco Paulo y ho Livro de Nicolao Veneto. *Lisboa.* 1512.

JOANNIS Petri Maffeii Bergomatis S. J. Historiarum Indicarum Lib. XVI. accesserunt Epistolarum selectarum Lib. IV. & S. Ignatii Loyolæ Vita. *Coloniæ Agrippinæ.* 1589.

PREMIER Livre de l'Histoire de la Navigation aux Indes Orientales par les Hollandois, avec l'Histoire des Mœurs des Nations, par eux abordées par G. N. A. W. L. *Amst.* Corn. Nicolas. 1598.

L'AMBASSADE de la Compagnie Orientale des Provinces Unies vers l'Empereur de la Chine, récueillie par Jean Nieuhoff, Maître d'Hôtel de l'Ambassade, & mise en François par J. le Charpentier. *Leyde.* Meurs. 1665.

DEZ Livros da Historia de descobrimiento & conquista da India Pelo Portugueses, por Fernando Lopez de Castanēda. *Coimbra.* Joaõ de Barreyra. 1554. & suiv. 8. Tom. 4. Vol.

DECADA primeira, segunda y tercira da Asia de Joaõ de Barros, dos feitos que os Portugueses fezerao no descobrimento & conquista dos Mares & Terras do Oriente. *Lisboa.* Rodriguez. 1618. 3. Vol.

DECADA quarta. *Madrid.* Na Impressao Real. 1615.

DECADA quarta, por Diego do Couto. *Lisboa.* Craesbeeck. 1602.

DECADA quinta. *Madrid.* Na Impressao Real. 1615.

DECADA sexta y setima. *Lisboa.* Craesbeeck. 1616.

OUTAVA, nona & decima decadas da Istoria da India, por Diego do Couto. 2. Vol. MS.

DA decada outava Livro primeiro. *Lisboa.* Joam de Costa. 1673.

CINCO Livros primeiros da decada doze. *Paris.* 1645.

ORIENTE conquistado à J. C. pelos Padres da Companhia de Jesus, da

Provincia de Goa pelo P. Fr. de Souſa da meſma Companhia. *Lisboa.* Valentin da Coſta des Landes. 1710. 2. Vol.

HISTORIA de las Miſſiones que han hecho los Religioſos de la Compañhia de Jeſus, para predicar el ſanto Evangelio en los Reynos de la China y Japon, por el P. Luys de Guzman. *Alcala.* 1601. 2. Vol.

PEREGRINAÇAM de Fernam Mendez Pinto no Reyno da China, & outros muytos Reynos das Partes Orientais. *Lisboa.* 1614.

—— *Lisboa.* 1678.

AMBASSADES de la Compagnie des Indes Orientales des Provinces Unies vers l'Empereur du Japon. *Amſt.* Jacob de Meurs. 1680.

RELACION del ſucceſſo que tuvo nueſtra ſanta Fe en los Reynos del Japon deſde 1612. haſta el de 1615. por el P. Luys Pineyro de la Companhia de Jeſus. *Madrid.* 1617.

CHRISTIANIDAD del Japon, por Joſeph Sicardo de la Orden de Santo Auguſtin. *Madrid.* 1698.

PERSEGUICOES da Miſſam de Cochinchina, principiada & continuada pelos Padres da Companhia de Jeſus. *Lisboa.* 1700.

LABOR Evangelica, Miniſterios Apoſtolicos de los Obreros de la Compañhia de Jeſus, fundacion y progreſſos de la Provincia de las Iſlas Philipinas, por el Padre Franc. Colin. *Madrid.* Buendia. 1663.

LEGATIO Batavica ad Magnum Tartariæ Chamum Sungleium modernum Sinæ Imperatorem per J. Nieuvhovium, & à Georgio Hornio Latinitate donata. *Amſt.* Meurs. 1668.

CONQUISTA de las Iſlas Malucas por el Licenc. Bart. Leonardo de Argenſola, Capellan de la Mageſtad de la Emperatriz y Retor de Villahermoſa. *Madrid.* Martin. 1609.

VOYAGES du S. Jean Albert de Mandeſlo en Perſe & aux Indes Orientales, mis en ordre par Adam Olearius, & traduits par Abrah. de Wicquefort. *Leyde.* Vander Aa. 1719.

LES Voyages du S. Adam Olearius. *Leyde.* Vander Aa. 1719.

HISTOIRE DE L'ASIE
IN-QUARTO.

L'Asia del S. Giovani di Barros Consigliero del Christianissimo Rè di Portogallo, tradotta dal S. Alfonso Ulloa. *Venezia*. Vincenzio Valgrisio 1562.

Observations curieuses, faites sur divers Voyages du Levant. *Roüen*. Viret. 1668.

Relation d'un Voyage du Levant, fait par ordre du Roi, par M. Pitton de Tournefort. *Amst.* Compagnie 1718. 2. Vol.

Adamanni Scoto-hiberni Abbatis Celebarrinci de Terræ Sanctæ situ, studio Jac. Gretseri S. J. *Inglostadii*. 1619.

La Terre Sainte, avec un Traité des Nations qui l'habitent, par le P. Eugene Roger, Recollect. *Paris*. Bertier. 1664.

Histoire & Voyage de la Terre Sainte, par Jacques Goujon, de l'Observance de S. François. *Lyon*. Compagnon. 1681.

Voyage de Corneille Bruyn par la Moscovie en Perse & aux Indes Orientales. *Paris*. Bauche. 1727. 5. Vol.

La Historia de los Persas hasta Alexandro Magno, traduzida de Griego por D. Pedro Davy. *Valladolid*. Sebast. de Cañas. 1604.

Viaggi di Pietro della Valle. *Roma*. De Versin. 1658. 3. Vol.

Relation du Voyage de Moscovie, Tartarie & Perse, traduit de l'Allemand d'Olearius, par L. R. D. B. (le Resident de Brandebourg, Abr. de Wicquefort.) *Paris*. Clousier. 1656.

Relation du Voyage d'Adam Olearius en Moscovie, Tartarie & Perse 11. E. augmentée du Voyage de J. A. Mandeslo aux Indes Orientales, traduit de l'Allemand par Abraham de Wicquefort. *Paris*. Dupuis. 1659. 2. Vol.

Relation du Voyage de Perse & des Indes Orientales, traduite de l'Anglois de Thomas Herbert, avec les Revolutions arrivées au Royaume de Siam l'an 1647. traduite du Flamand de Jeremie Van Vliet. *Paris*. Dupuis. 1663.

LES Beautez de la Perse, par le S. A. D. D. V. *Paris*. Clouzier. 1673.

COMMENTARIOS do Capitam Ruy Freyre de Andrada en que se relaçam suas Boetas da anno 1619. em que partio deste Reyno por Ceral do Mar de Ormuz & Costa da Persia & Arabia àte sua morte. *Lisboa*. 1647.

L'AMBASSADE de D. Garcias de Silva de Figueroa en Perse, traduite de l'Espagnol par M. de Vicquefort. *Paris*. Dupuis. 1667.

JOANIS Petri Maffei Bergomatis ex Societate Jesu historiarum Indiarum Libri 4. Accessit Ignatii Loyolæ Vita. *Lugduni*. Grand. 1589.

COMPENDIO de las Historias de los discubrimientos, Conquistas y Guerras de la India Oriental, por D. Joseph Martinez de la Puente. *Madrid*. 1681.

ITENERARIO da India, por Terra àte Portugal, descripçao de Hierusalem por Frey Gaspar de S. Bernardino Franciscano da Provincia de Portugal. *Lisboa*. Vicente Alvarez. 1611.

RELAÇAO do novo Caminho que Fez por Terra e Mar vindo da India par Portugal no anno de 1663. ō Padre Manoel Godinho da Companhia de Jesu. *Lisboa*. 1665.

TRATADO emque se contaō as cousas da China & de Ormus, pello R. Padre Frey Gaspard da Crus, da Ordem de S. Domingos. 1569.

TRATADO de las Relaciones de los Reynos de la China, Cochinchina y Champao, por D. Pedro Ordoñes. *Jaen*. Pedro la Cuesta. 1628.

RELAÇAō do estado politico e espiritual do Imperio da China pellos ann. 1659. athè 1666. escrita em Latine pello Padre Fr. de Rogemont Jesuite, traduzida por autro. *Lisboa*. Joaō da Costa. 1672.

HISTORIA de la China i christiana empresa hecha en ella por la Compañia de Jesus que de los escritos del Padre Mateo Richo, compuesō el Padre Nicolao Trigault, traduzido por el Licençiado Duarte. *Sevilla*. 1621.

RELAÇAM annual das coufas que Fizeram os Padres da Companhia de Jefu, nas Partes de la Indiam Oriental nos annos de 1604. & 1605. pello P. Fernam Guerreiro. *Lisboa.* 1607. 3. Vol.

HISTORIA y anal Relacion de las cofas que hizieron los Padres de la Compañia de Jefus, por los partes de Oriente, los años paffados de 1607. y 1608. por el Doctor Chriftoval Suarez de Figueroa. *Madrid.* 1613.

IMPERIO de la China y cultura Evangelica por los Religiofos de la Compañia de Jefus, por el Padre Alvaro de Semedo de la mifma Compañia publicado por Manuel de Faria y Soufa. *Madrid.* Por Juan Sanchez. 1642.

MEMORIAL Apologetico al Exc. Señor Conde de Villa-Humbrofa, Prefidente del Confejo fupremo de Caftilla de parte de los Miffioneros Apoftolicos de el Imperio de la China, reprefentando los reparos que fe hazen en un Libro que fe ha publicado. *Madrid.* 1676.

CARTAS que los Padres y Hermanos de la Compañia de Jefus que andan en los Reynos de Japon efcrivieron a los de la mifma Compañia defde el año de 1549. hafta el de 1561. *Alcala.* 1575.

SUCCESSOS de las Iflas Filipinas por el Doctor Antonio de Morga. *Mexico.* 1609.

DISCURSOS fobre los Comercios de las dos Indias, por Duarte Gomez. *Madrid.* 1622.

LA Vie & la Religion des Bramines de la côte de Choromandel, par le S. A. Roger, & traduit par J. Labrue. *Amft.* Schipper. 1670.

HISTOIRE DE L'ASIE
IN-OCTAVO ET IN-DOUZE.

VIAGGI Orientali del P. Philippo della Santa Trinita, Generale de' Carmelitani Scalzi. *Venezia*. Brigonci. 1667. *in-douze*.

VOYAGE de Gaultier Schouten aux Indes Orientales, commencé l'an 1658. & fini l'an 1665. traduit du Hollandois N. E. *Amst*. Mortier. 1708. 2. Vol. *in-douze*. Figg.

VOYAGES de M. Dellon, avec la Relation de l'Inquisition de Goa & l'Histoire des Dieux qu'adorent les Gentils des Indes. *Cologne*. 1709. *in-douze*. 3. Vol.

RELATION d'un Voyage des Indes Orientales par M. Dellon, Docteur en Medecine. *Paris*. Barbin. 1685. 2. Vol. *in-douze*.

VOYAGE de Nicolas Graaf aux Indes Orientales & en d'autres lieux de l'Asie, avec une Relation de la Ville de Batavia, & des Mœurs & du Commerce des Hollandois établis dans les Indes. *Amst*. Bernard. 1719. *in-douze*.

JOURNAL d'un Voyage fait aux Indes Orientales par une Escadre de six Vaisseaux, commandez par M. du Quesne depuis le 24. Janvier 1690. jusqu'au 20. d'Août 1691. *Roüen*. Machuel. 1721. 3. Vol. *in douze*. Figg.

HISTORIA de las Cosas mas notables, Ritos, y Costumbres del Grand Reyno de la China, por el Maestro Gonçales de Mendoça, de la Orden de S. Augustin. *Anvers*. Bellerus. 1596. *in-octavo*.

HISTOIRE de la Chine. *in-octavo*.

La libertad de la Ley de Dios en el Imperio de la China, por el P. Joseph Suarez Rector del Collegio de Pekim, y traduzida de la lengua Portuguesa à la Castellana, por D. Juan de Espinola. *Lisboa*. Deslandes. 1696. *in-douze*.

TARTAROS in China, Historia traduzida del Latino del Padre Martin Martinio, por el Doctor D. Estevan de Aguilar y Zuniga. *Madrid.* Buendia 1665. *in-octavo.*

HISTORIA de la Conquista de la China, por el Tartaro, por D. Juan de Palafox y Mendoça Obispo de la Puebla de los Angelos y Virrey de la Nueva-España y à su muerte Obispo de Osma. *Paris.* Bertier. 1670. *in-octavo.*

HISTORIA de una gran Señora Christiana de la China Llamada Doña Candida Hiŭ, por el R. P. Fel. Cuplet de la Comp. de Jesus. *Madrid.* Roman. 1691. *in-douze.*

PETRI Jarrici Tolosani S. J. Thesaurus rerum Indicarum è gallico in latinum à Matt. Martinez translatus. *Colonia. Agripp.* Petrus Hemmigius. 1615. 8°. 2. Vol.

SOMMAIRE des divers Voyages & Missions Apostoliques du R. P. Alexandre de Rhodes de la Compagnie de Jesus à la Chine depuis 1618. jusqu'en 1653. *Paris.* Lambert. 1653. *in-octavo.*

LETTRES édiffiantes & curieuses des Missions étrangeres, écrites par quelques Missionnaires de la Compagnie de Jesus. *Paris.* Le Clerc. 1717. 16. Vol. *in-douze.* Figg.

LETTRE d'un Docteur, de l'Ordre de S. Dominique (le P. Noel Alexandre) sur les ceremonies de la Chine, au R. P. le Comte de la Compagnie de Jesus. *Cologne.* D'Egmond. 1700. *in-douze.*

REPONSE aux nouveaux écrits de MM. des Missions étrangeres contre les Jesuites, par une Lettre de Monseigneur l'Evêque d'Ascalon, la conduite de Monseigneur Maigrot Evêque de Conon & les attestations des Chrétiens de Fo-tcheou. 1702. *in-douze.*

RECUEIL de Piéces sur les differens de Messieurs des Missions Etrangeres & des Religieux de l'Ordre de Saint Dominique, touchant le culte qu'on rend à la Chine, au Philosophe Confucius. *Cologne.* Jacques le Sincere. 1700. *in-douze.*

RELATION de ce qui s'est passé à la Chine en 1697. 1698. & 1699. à l'occasion d'un établissement que M. l'Abbé de Lyonne a fait à Nieu-Techeou ville de la Province de Thée Kiang Luge Moumal. 1700. *in-douze.*

VOYAGE de François Bernier, Docteur en Medecine, contenant la Description des Etats du Grand Mogol. *Amsterdam*. Marret. 1710. 2. Vol. *in-douze*. Figg.

HISTOIRE du Grand Genghizcan premier Empereur des anciens Mogols, par feu M. Petit de la Croix le Pere. *Paris*. Jombert. 1710. *in-douze*.

RELACIONES de Pedro Teixeira del origen, descendencia y succeffion de los Reyes de Persia, y de Hormuz y de un viage hecho por el mismo desde la India Oriental hasta la Italia por tierra. *Amberes*. Verduffem. 1600. *in-octavo*.

VOYAGE de M. le Chevalier Chardin en Perse, & autres lieux de l'Orient. *Amsterdam*. De l'Orme. 1711. 10. Vol. *in-douze*. Figg.

LE Couronnement de Soliman Roi de Perse, & ce qui s'est passé dans les deux premieres années de son Regne. *Paris*. Barbin. 1671. *in-douze*.

BREVE Descrittione della citta di Gierusalemme, come si retrovava nella eta di Christo, tradotta del Latino di Christ. Adricomico, per Piet. Franc. Toccolo, Veronese. *Verona*. Pærazolo. 1590. *in-octavo*.

HISTORIA de' Re Lusignani publicata da Henri Giblet Cavalier. *Venezia*. 1651. *in-douze*.

VOYAGE de Syrie & du Montliban par M. de la Roque. *Paris*. Cailleau. 1722. 2. Vol. *in-douze*.

VOYAGE d'Alep à Jerusalem à Pâques de l'année 1697. par Henry Maundrell, traduit de l'Anglois. *Paris*. Ribou. 1706. *in-douze*. Fig.

RELATION du premier Voyage de la Compagnie des Indes Orientales en l'Isle de Madagascar, par M. Souchu de Rennefort, Secretaire perpetuel de l'Etat de la France Orientale. *Paris*. Clouzier. 1668. *in-douze*.

VOYAGE de Madagascar, par M. de . . . . Commissaire Provincial d'Artillerie. *Paris*. Jean Luc Nyon. 1722. *in-douze*.

RELATION historique de la decouverte de l'Isle de Madere, traduite du Portugais. *Paris*. Billaine. 1671. *in-douze*.

RELATION de l'Ambassade de M.

le Chevalier de Chaumont à la Cour de Siam. *Paris.* Seneuze & Hortemels. 1686. *in-douze.*

Voyage & Avantures de François Leguat & de ses Compagnons dans deux Isles desertes des Indes Orientales. *Amst.* De Lorme. 1708. 2. Vol. *in-douze.* Fig.

HISTOIRE DE L'AFRIQUE
IN-FOLIO.

Primera parte de la Descripcion general de Africa por el Veerdor Luys del Marmol Caravajal. *Granada.* 1573.

Historia de la Guerra y presa de Africa : la Destruycion de la villa de Monaster, y ysta del Gozo y perdida de Tripol de Berberia, con otras muy nuevas cosas. *Napoles.* 1552.

Historia de las Cosas d'Etiopia por el Francisco Alvares, Capellan del Rey D. Manuel de Portugal. *Saragoça.* 1561.

Historia general de Ethiopia à Alta ou Preste-Joam, e do que nella obraram os Padres da Companhia de Jesus, composta pello Padre Manoel d'Almeida y abreviada pello Padre Balthazar Tellez. *Coimbra.* 1660.

Topographia e Historia general de Argel, por el Maestro Fray Diego de Haedo de la Orden de San Benito. *Valladolid.* 1611.

HISTOIRE DE L'AFRIQUE
IN-QUARTO.

Anales de Egypto compuestos por Salih Getil Turco, y traduzidos por D. Vicente Bratuti Ragus. *Madrid.* Alvarez. 1678.

Historia Ecclesiastica, politica, moral y natural de los Reynos de la Etiopia, por el Fr. Luis de Urreta de la Orden de Predicadores. *Valencia.* 1620.

CONQUISTA y Antiguedades de las Islas de la gran Canaria y su Descripcion, por el Licenc. D. Juan Nuñez de la Peña. *Madrid.* 1676.

RELACION del Origen y sucessos de los Xarifes y del estado de los Reynos de Marruecos, Fez, Tarudãte, y los de mas que tienen usurpados, por Diego de Torres. *Sevilla.* 1586.

HISTORIA Sexitana de la Antiguidad y grandezas de la Ciudad de Bele, por el Doctor Francisco de Bedmar granda en la emprenta Real Francisco Sanchez. 1652.

HISTOIRE DE L'AFRIQUE
IN-OCTAVO ET IN-DOUZE.

HISTOIRE des Conquêtes de Mouley Archy, & de Mouley Ismael, Rois de Fey & de Maroc, avec une Description des Loix, Mœurs & Coûtumes des Habitans, par le Sr G. Mouette. *Paris.* Couterot. 1683. *in-douze.*

RELATION de la captivité & liberté du Sr Emanuel d'Aranda, Esclave à Alger III. E. *Bruxelles.* Mommart. 1662. *in-douze.*

VOYAGES pour la Redemption des Captifs aux Royaumes d'Alger & de Tunis, faits en 1720. par les PP. Mathurins. *Paris.* Sevestre & Giffart. 1721. *in-douze.*

RELATION de ce qui s'est passé dans trois Voyages que les Religieux de Notre-Dame de la Mercy ont faits dans les Etats du Roi de Maroc en. 1704. 1708. & 1712. par le P. Pierre Nolasque. *Paris.* Coûtelier. 1724. *in-douze.*

VOYAGE aux côtes de Guinée & en Amerique par M. N. *Amst.* Roger. 1719. *in-douze.* Fig.

MEMOIRE sur le Païs des Caffres, & la Terre de Nuyts, par rapport au Commerce de la Compagnie des Indes Orientales. *Amst.* Humbert. 1718. *in-octavo.*

HISTOIRE DE L'AMERIQUE
IN-FOLIO.

LES grands Voyages aux Indes, gravez par Theodore de Bry. *Francfort.* 1590. & suiv. 13. Tom. 5. Vol.

NOVUS Orbis sivè descriptio Indiæ Occidentalis auct. Ant. de Herrera, metaphraste C. Barlæo accesserunt & aliorum Indiæ Occidentalis Descriptiones. *Amst.* Michael Colinius. 1622.

HISTOIRE du nouveau Monde, ou Description des Indes Occidentales, par le Sr J. de Laet. *Leyde.* Elzeviers. 1640.

VEINTE y un Libros rituales i Monarchia Indiana con el Origen y guerras de los Indios occidentales y otras cosas de la mesma Tierra, por Fr. Juan de Torquemada, Provincial de la Orden de S. Francisco. *Madrid.* 1673. 3. Vol.

LA Historia general y natural de las Indias que son de la Corona de Castilla, por el Capitan Gonçalo Hernandez de Oviedo. *Sevilla.* Cromberger. 1535. *Sevilla.* Cordoua. 1577. 2. Vol.

HISTORIA de las Indias y Conquista de Mexico 1552.

HISTORIA de la Conquista de Mexico, por D. Antonio de Solis. *Madrid.* 1684.

NOTICIAS historiales de las Conquistas de Tierra firme en las Indias Occidentales, por el P. Fray Pedro Simon, Provincial de la Orden de S. Francisco. *Cuença.* 1626.

HISTORIA de la Conquista de la Nueva España, por el Capitan Bernal Diaz del Castillo uno de sus Conquistadores, sacada à luz por el P. M. Fr. Alonso Remon, de la Orden de la Merced. *Madrid.* 1632.

HISTORIA general de las Conquistas del nuevo Reyno de Grenada, por el Doctor D. Lucas Fernandez Piedrahita, Chantre de la Iglesia de Santa Fé de Bogotà, y Obispo electo de Santa Marta. *Amberes.* Verdussen. 1688.

LIBRO primero de las Genealogias del nuevo Reyno de Granada, por D. Juan Florez de Ocariz. *Madrid.* Buendia 1676. 2. Vol.

HISTORIA de la Conquista de la Provincia de el Itza, reduccion y progreſſos de la de el Lacandon y otras Naciones de Indios Barbaros, de la mediacion de el Reyno de Guatimala, à las Provincias de Yucatan en la America Septentrional primera parte, por D. Juan de Villagutiere Soto-Mayor. *Madrit.* 1701.

EL Marañon y Amazonas, por el Padre Manuel Rodriguez de la Compañia de Jeſus. *Madrid.* Gonçales de Reyes. 1684.

HISTORIA general de los Hechos de los Caſtellanos en las Iſlas i Tierra firme del Mar Oceano, por Ant. de Herrera, Coroniſta Mayor de S. M. *Madrid.* 1601. 4. Vol.

HISTORIA de las Iſlas de Mindanao, iolo y ſus adyacentes y Progreſſos de la Religion y Armas Catolicas, por el Padre Franc. Combes de la Compañia de Jeſus. *Madrid.* 1667.

ADVERTENÇIAS importantes acerca del buen Govierno de las Indias aſſi en lo eſpiritual como en lo temporal, por el P. Juan de Silva, de la Orden de San Franciſco. *Madrid.* Montanegro. 1621.

POLITICA Indiana, compueſta por el Dotor D. Juan de Solorzano Pereira, Cavallero de la Orden de Santiago. *Amberes.* Verduſſen. 1703.

HISTORIA general del Peru, por el Ynca Garcilaſſo de la Vega. *Cordoua.* 1617. 5. Vol.

COMMENTARIOS reales que tratan del origen de los Yncas Reyes que fueron del Peru, por el Ynca Garcilaſſo de la Vega. *Lisboa.* Craeeſbeek 1609. *Madrid.* Officina Real. 1723. 4. Vol.

HISTORIA del deſcubrimiento y Conquiſta del Peru, por Aug. de Zarate, Contador de Mercedes de S. M. *Sevilla.* 1577.

HISTORIA del Peru por Diego Fernandez. *Sevilla.* Diaz. 1571.

CHRONIGA da Provincia do Braſil, pello Padre Siman de Vaſconcellos.

NOVA Luſitania, hiſtoria da guerra Braſilica por Franciſco de Brito Freyre. *Lisboa.* Galram. 1675.

ISTORIA delle Guerre del Regno del Braſile, accadute trà la Corona di Portugallo, & la Republica di Olanda, per Fr. Giov. Gios. di Santa Tereſa, Carmelitano Scalzo. *Roma.* 1698.

HISTORICA Relacion del Reyno de Chile, y de las Missiones y ministerios que exercita en el la Compañia de Jesus, por Alonso de Ovalle de la Compañia de Jesus. *Roma.* Cavallo. 1646.

HISTORIA Insulana das Ilhas à Portugal sugeytas, no Oceano Occidental, pelo Padre Antonio Cordeyro da Companhia de Jesus. *Lisboa.* Galram. 1717.

VIDA de Dom Joaõ de Castro IV. Visorey da India, por Jacinto Freire de Andrada. *Lisboa.* Da Costa. 1671.

HISTORIA da India no tempo em que à Governado Viso Rey D. Luis d'Ataide, por Ant. Pinto Pereyra. *Coimbra.* Carvalho. 1617.

IOAO Fernandez Vieira, Castrioto Lusitano, Pello P. Raphaël de Jesus. *Lisboa.* Craeesbeek. 1679.

DISCURSO Juridico-historico-politico en defensa de la Jurisdicion Real, Ilustracion de la provision de Viente de Febrero del año passado de 1684. sobre que en recibir los corregidores deste Reyno informaciones secretas de oficio, ò à instancia de parte en orden à averigar como observan los Curas y Doctrineros las disposiciones Canonicas, Synodales, Cedulas y Ordenanças de S. M. que tratan de las Obenciones que deben llevar à los Indios à fin solo de dar cuenta con ellas á sus Prelados por D. Juan-Luys Lopez. *En Lima.* 1685.

HISTOIRE DE L'AMERIQUE
IN-QUARTO.

MOEURS des Sauvages Americains, comparées aux mœurs des premiers tems, par le P. Lafitau. *Paris.* Saugrain. 1724. 2. Vol.

HISTORIA natural y moral de las Indias. *Sevilla.* Leoni. 1590.

LA Relaçion de los Commentarios del Governador Alvar Nuñez Cabeca de Vaca, de los acaescido en las dos jornadas que hizo à las Indias. *Valladolid.* 1555.

LAS Obras del Obispo D. Fray Bartolome de las Casas ō Casaus, Obispo que fue de la Ciudad Real de Chiapa en las Indias, de la Orden de S. Domingo. *Barcelona.* Ant. la Cavalleria. 1646.

TRATADO de Confirmaciones Reales de Encomiendas, Oficios, y casos que se requieren para la Indias Occidentales, por el Licenc. Antonio de Leon. *Madrid.* Gonçales. 1630.

CRISIS facil, y evidente del Ensayo chronologico para la historia de la Florida, publicado con el nombre de D. Gabriel de Cardenas. Z. Cano, y escrito por un Academico de la Real Academia. Española.

LES Voyages du Sieur de Champlain Xaintongeois à la nouvelle France. *Paris.* Berjon. 1613.

HISTOIRE naturelle des Isles Antilles de l'Amerique, enrichies de plusieurs belles Figures, avec un Vocabulaire Caraïbe. *Rotterdam.* Arnoul Leers. 1658.

RELATION du Voyage de la Mer du Sud aux Côtes du Chilly & du Perou pendant les années 1712. 1713. 1714. par M. Frezier, Ingenieur ordinaire du Roy. *Paris.* Nyon. 1716.

COMMENTARIO en breve compendio de diciplina militar en que se escrive la jornada de las Islas de los Açores, por el Licenciado Cristoval Mosquera de Figueroa, Auditor general del Armada y exercito del Rey. *Madrid.* Luis Sanchez. 1596.

HISTOIRE DE L'AMERIQUE
IN-OCTAVO ET IN-DOUZE.

ORIGEN de los Indios de el nuevo Mundo, y Indias Occidentales, por el Padre Gregorio Garcia, de la Orden de Predicadores. *Valencia.* Mey 1607. *in-octavo.*

INDIÆ Occidentalis historiarum Libri IV. *in-octavo.*

NOVÆ novi orbis historiæ ab Urbano Caluttonnis ex Italicis Hier. Benzonis Mediolanensis digestæ. *Genevæ.* Vignon. 1578. *in-octavo.*

HISTOIRE naturelle & morale des Indes, tant Orientales qu'Occidentales,

composée

composée en Castillan par Jos. Acosta, & traduite en François par Rob. Regnault Cauxois. *Paris*. Tiffaine. 1616. *in-octavo.*

HISTOIRE du Christianisme dans les Indes, par M. de la Croze. *La Haye.* Vaillant. 1724. *in-octavo.*

HISTOIRE de la Conquête du Mexique ou de la nouvelle Espagne par Fernand Cortez, traduite de l'Espagnol de D. Antonio de Solis par l'Auteur du Triumvirat (M. de la Guette de Citry.) IV. Edit. *Paris*. Compagnie des Libraires. 1714. 2. Vol. *in-douze.* Fig.

PARTE primera de la Chronica del Peru, por Pedro de Cieca de Leon. *Anvers*. Steelsio. 1664. *in-octavo.*

HISTOIRE de la Découverte & de la Conquête du Perou, traduite de l'Espagnol d'Augustin de Zarate par S. D. C. *Paris*. Ribou. 1716. 2. Vol. *in-douze.* Fig.

RELATION de ce qui s'est passé en Amerique pendant la derniere guerre avec l'Angleterre, avec un Journal du Voyage du Sr de la Barre à la Cayenne, & celui de M ** en Guinée. *Paris*. Clouzier. 1671. 2. Vol. *in-douze.*

VOYAGES de Coreal aux Indes Occidentales depuis 1666. jusqu'en 1697. traduits de l'Espagnol, avec une Relation de la Guiane de Walter Raleigh, & le Voyage de Narborough à la Mer du Sud par le détroit de Magellan, traduits de l'Anglois. *Amsterd.* Bernard. 1722. 3. Vol. *in-douze.* Fig.

NOUVEAU Voyage aux Isles de l'Amerique, par le P. Labat, Religieux Dominicain.) *Paris*. Cavelier fils. 1722. 6. Vol. *in-douze.* Fig.

HISTOIRE LITTERAIRE
IN-FOLIO.

JOH. Mabillon M. B. de Re Diplomatica Libri VI. Lutetiæ. *Paris*. Robustel. 1700.

JACOBI le Long Cong. Orator Presb. Bibliotheca Sacra. *Paris*. Ant.

Coûtelier. 1723. 2. Tom. 1. Vol.

ISTORIA de' Poeti Greci, è dique' che'n Greca Lingua han Poetato, scritta da Lorenzo Crasso. *In Napoli.* Bulifon. 1678.

BIBLIOTHEQUE des Historiens de France, par le P. le Long de l'Oratoire. *Paris.* Martin. 1719.

NICOL. Antonii Bibliotheca Hispana vetus, opus postumum ab Octaviano Augusto ad ann. M. D. *Romæ.* 1696. 2. Vol.

EIUSDEM Bibliotheca Hispana recens ab anno M. D. ad ann. 1672. *Romæ.* 1672. 2. Vol.

HERÆOLOGIA Anglica, hoc est Clarissimorum & Doctissimorum aliquot Anglorum qui floruerunt ab anno C. M. D. usque ad presentem ann. MDCXX. vivæ effigies, vitæ, & elogia Auct. H. H. (Howell.) Arnhemii. 1620.

ICONOGRAFIE di Giovan Angelo Canini. *Roma.* 1669.

VETERUM illustrium Philosophorum, Poetarum, Rhetorum & Oratorum imagines ex vetustis nummis, gemmis, desumptæ & à Petro Bellorio expositionibus illustratæ. *Romæ.* Rubeis. 1685.

PAULI Freheri Theatrum Virorum eruditione clarorum. *Noribergæ.* 1688. 2. Vol.

ACADEMIE des Sciences & des Arts, contenant les Vies & les Eloges historiques des Hommes Illustres qui ont fleuri depuis quatre siécles, par Isaac Bullart, Chevalier de S. Michel. *Bruxelles.* Foppens. 1695. 2. Vol. La premiere édition est d'*Anvers.* 1682.

CHRONICA Llamada Triumpho de los nueve mas preciados Varones de la fama, traduzida en nuestro vulgar Castellano, por Ant. Rodriguez Portugal, N. E. *Barcelona.* Balt. Simon. 1586.

LE Theatre d'Honneur de plusieurs Princes anciens & modernes, avec leurs vies & faits memorables, & leurs vrais Portraits; ensemble les Vies de plusieurs Hommes Illustres, par Claude de Valles Secretaire de la Chambre du Roi. *Paris.* 1621.

INDEX Expurgatorius Hispanus ab Excell. D. Didaco Sarmiento & Valladares inceptus & ab Illust. Domino D.

Vitale Marin perfectus. 1701. 2. Vol.
CATALOGUS Librorum tam Impressorum quam MSS. Bibliothecæ Publicæ Universitatis Lugduno. Batavæ. *Lugd. Batav.* Vander Aa. 1716.
CAROLI Stephani Dictionarium Historicum, Geographicum & Poeticum, à Nic. Lloydio recenter auctum & editum. *Londini.* Churchill. 1686.
LE Grand Dictionnaire Historique de Morery, IX. Edit. *Amst.* La Compagnie 1707. 3. Vol.
DICTIONNAIRE Historique & Critique, par M. Bayle. II. Edit. *Rotterd.* Leers. 1702. 3. Vol.
DICTIONNAIRE Historique & Critique de M. Bayle III. Edit. *Rotterd.* Fritsch. & Bohm. 1720. 4. Vol.
ESTATUTOS y Constituciones reales de la Universitad de Mexico. *In Mexico.* 1668.

HISTOIRE DE L'AFRIQUE
IN-QUARTO.

JUGEMENS des Sçavans sur les principaux Ouvrages des Auteurs, par Adrien Baillet, N. E. revûë par M. de la Monnoye. *Paris.* Moette. 1722. 7. Vol.
SIMONIS Starovolci de claris Oratoribus Sarmatiæ Florentiæ. *Ven.* Pignonius. 1628.
HISTOIRE de la Medecine, par M. Daniel le Clerc. II. Ed. *Amst.* Compagnie. 1723.
DE Historia para entender la y escrivir la por el Luis Cabrera de Cordoua. *Madrid.* Luis Sanchez. 1611.
GERARDI Johannis Vossii de Historicis Græcis Libri IV. Edit. II. *Lugd Batav.* Maire. 1651.
GERARDI Joh. Vossii de Historicis Latinis Libri III. Edit. II. *Lugd. Batav.* Maire. 1651.
EPITOME de la Bibliotheca Oriental y Occidental, Nautica y Geografica por el Licenciado Ant. de Leon, Relator del supremo y real Consejo de las Indias. *Madrid.* Juan Gonzales. 1629.

ANDREÆ Schotti è S. J. Hispaniæ Bibliotheca. *Francof. ad Moenum.* Marnius & Hæredes Aubrii. 1608.

LES vrais portraits des Hommes Illustres en Pieté & en Doctrine, traduit du Latin de Theodore de Beze. *Geneve.* Jean de Laon. 1581.

MEMOIRES de la Vie de Jacques Auguste de Thou, Conseiller d'État écrits par lui-même en Latin, & traduits en François. *Rotterdam.* Reniers Leers. 1711.

LA Vie de M. des Cartes, par M. Baillet. *Paris.* Hortemels. 1691. 2. Vol.

VITA J. Pinelli, Patricii Genuensis, Auct. Paulo Gualdo *August. Vindel.* 1607.

BIBLIOTHECA formada de los Libros y Obras publicadas de D. Joseph Pellicer de Ossoac y Trouvar. *Valencia.* 1671.

BIBLIOTHECÆ Cordesianæ Catalogus (Ant. Gab. Naudæo.) *Paris.* Vitray. 1643.

CATALOGUS Librorum Bibliothecæ Raphaelis Tricheti du Fresne. *Paris.* 1662.

CATALOGUS Librorum D. Bachelier, Decani & Canonici Remensis. 1725.

MEMOIRES de Litterature, tirez de l'Academie Royale des Inscriptions & Belles Lettres. *Paris.* De l'Imprimerie Royale. 1718. & suiv.

COMMENTO sobre los nueve Libros de los exemplos y virtudes morales de Valerio Maximo, por Diego Lopez Maestro de Latinidad. *Sevilla.* 1632.

ILUSTRACION del Renombre de Grande, por el Licenc. D. Juan Antonio de Tapia Robles. *Madrid.* 1638.

LAS differencias de Libros que ay en el Universo, por el Maestro Alexo Vanegas. 1540.

PETRI Megerlini Basileensis Theatrum Divini Regiminis à Mundo condita ad nostrum usquè sæculum. *Basilea.* 1683.

HISTOIRE LITTERAIRE
IN-OCTAVO ET IN-DOUZE.

TRAITE' du Choix & de la Méthode des Etudes, par M. Fleury *Paris*. Auboüin. 1686. *in-douze*.

EPISTOLÆ faciliores, ex variis selectæ autoribus, qui ad Ciceronis eloquentiam propius accesserunt. *in-douze*.

NOUVELLES de la Republique des Lettres, (par M. Bayle.) *Amst*. Des Bordes. Mars 1684-Fevrier. 1687. *in-douze*.

BIBLIOTHEQUE Universelle & Historique, par Jean le Clerc 11. Edit. *Amst*. Wolfang. 1687-1700. 27. Vol. *in-douze*.

BIBLIOTHEQUE Choisie pour servir de suite à la Bibliothéque Universelle, par Jean le Clerc. *Amst*. Schelte 11. Edit. 1703. 27. Vol. *in-douze*.

BIBLIOTHEQUE ancienne & moderne, par M. le Clerc. *Amst*. Mortier 1714. 15. Vol. *in-douze*.

HISTOIRE des Ouvrages des Sçavans, par M. Basnage, depuis Septembre 1685. jusqu'en 1709. *Rotterd*. Leers 22. Vol. *in-douze*.

MEMOIRES pour servir à l'Histoire des Sciences & des Arts. *Trevoux*. Ganeau. 1701-1726. 82. Vol. manque depuis 1719.

BIBLIOTHEQUE Curieuse & instructive, (par le P. Menestrier.) Ganeau 1704. 2. Tom. 1. Vol.

BIBLIOTHEQUE Germanique ou Histoire Litteraire du Nord. *Amst*. Humbert. 1710. & suiv. 4. Vol. *in-douze*.

FRAGMENS d'Histoire & de Litterature. *La Haye*. Moetjens. 1706. *in-douze*.

DE' Ragguagli di Parnasso dal Sign. Trajano Boccalini. *Amst*. Blaeu. 1669. *in-douze*.

LE Parnasse reformé (par M. Gueret) N. E. *Paris*. Binout. 1674. *in-douze*.

LA Guerre des Auteurs anciens & modernes, (par M. Gueret.) *Paris*. 1697. *in-douze*.

V v

ELOGES & Caractères des Philosophes les plus celebres depuis la Naissance de J. C. jusqu'à present. *Paris*. Giffey. 1726. *in-douze*.

BIBLIOTHECA Medica sivè Catalogus Librorum qui ex professo artem medicam in hunc annum illustrarunt, Auct. Pascalio Gallo Pictone. Villefanensi. *Basileæ*. Waldrick. 1690. *in-octavo*.

JOH. Georgii Schenckii Bibliotheca Jatrica. *Francof*. 1609. *in-octavo*.

JOH. Antonidis Vander Linden de Scriptis Medicis, Libri duo. *Amstelodami*. Blaeu. 1637. *in-octavo*.

PETRI Borelli Castrensis Bibliotheca Chymica. *Paris*. Du Mesnil. 1654. *in-douze*.

BIBLIOTHEQUE des Auteurs qui ont écrit l'Histoire & Topografie de France, (par André du Chesne) *Paris*. Cramoisy. 1618. *in-octavo*.

CATALOGUS Librorum Chaldæorum tam ecclesiasticorum quam profanorum, auct. Hebed Jesu, Metropolita Sobensi, Latinitate donatum & notis illustratum ab Abrah. Ecchellensi. *Romæ*. 1653. *in-douze*.

L'HISTOIRE d'Apollonius de Tyane, convaincuë de fausseté & d'imposture. (par M. le Brun) *Paris*. Giffart. 1705. *in-douze*.

LES Eloges des Hommes Sçavans, tirez de l'Histoire de M. de Thou, avec des aditions, par A. Teissier Conseiller & Historiographe de S. A. E. de Brandebourg. 11. Edit. *Utrecht*. Halma. 1697. *in-douze*.

LA Vie de M. de Mezeray, (par M. de la Roque.) *Amst*. Brunel. 1726. *in-octavo*.

L'APOTHEOSE de Mademoiselle de Scudery, par Mademoiselle l'Heritier. *Paris*. Moreau. 1702. *in-douze*.

HISTOIRE de M. Bayle & de ses Ouvrages, par M. Masson. *Amsterdam*. Jacques des Bordes. 1716. *in-douze*.

LA Vie & les Sentimens de Lucilio Vanini. (par M. Durand) *Rotterd*. Fritsch. 1717.

HENR. Neuhusii Dantiiscani de Fratribus Roseæ Crucis. 1628. *in-octavo*.

HISTOIRE de l'Academie Françoise par M. Pelisson, avec les Sentimens de cette Compagnie sur la Tragi-

Comedie du Cid. *Paris*. Coignard. 1701. *in-douze*.

NOUVEAU Recueil des Factums du Procès d'entre M. Furetiere & quelques membres de l'Academie. N. E. *Amſterdam*. Des Bordes. 1694. 2. Vol. *in-douze*.

HISTOIRE de l'Academie, appellée de l'Inſtitut des Sciences & des Arts, établi à Boulogne en 1712. par M. de Limiers Docteur en Droit. *Amſt*. Compagnie. 1723. *in-octavo*.

AVIS pour dreſſer une Bibliothéque par G. Naudé. *Paris*. Targa. 1527. *in-douze*.

TRAITE' des plus belles Bibliothéques de l'Europe, par le Sr le Gallois. *Paris*. 1680. *in-douze*.

BIBLIOTHECA Bigotiana. *Paris*. Boudot. 1706. *in-douze*.

BIBLIOTHECA D. Joannis Giraud. *Pariſiis*. Robuſtel. 1707. *in-douze*.

MANUSCRITS

THEOLOGIA Univerſa. *in-folio*.

TRATADO de la Verdad de la Ley de Moſeh, por el Muy Docto Señor Halram Saul Levi Mortera 2. Vol. *in-quarto*.

PREVINCIONES Divinas contra las vanas Idolatrias de las Gentes, por el Doctor Iſhac Orobio de Caſtro. *Amſt*. 1674. 3. Vol. *in-quarto*.

VARIA Raymundi Lullii. *in-folio*.

LA Pratique des Uſures en France. *in-quarto*.

TRAITE' de l'Uſure. *in-quarto*.

MAXIMES d'aucuns Princes de l'Europe. *in-folio*.

NEGOCIATIONS de la Paix de Vervins. 2. Vol. *in-folio*.

RECUEIL de Piéces ſervant à l'Hiſtoire des Negociations de Munſter. 11. Vol. *in-folio*.

DIVERS écrits du P. des Gabais & de M. Corbinelli. *in-quarto*.

TRAITE' de la Nature d'Amour. *in-quarto*.

ENCHIRIDION de Epitecto. *in-quarto*.

DELLI Fondamenti dello ftato & delle pacti effentiali che formano il Principe di D. Scipio da Caftro. *in-folio*.

TRACTADO primero en que fe tracta del Ambar, y del modo que fe ha de tener para conoçer fi es verdadero ô falfificado, anfi de fus propriedades y virtudes. *in-folio*.

MODO di armare è difarmare una Galera. *in-folio*.

LE Roman de la Rofe fur Velin. *in-folio*.

LY Romance, le Livre que fit le Chevalier de la Tour, pour l'enfeignement des Dames & Damoifelles, lefquelles au moyen d'iceluy au tems feront toutes bonnes & belles. *in-folio*.

L'IMAGE du Monde en Vers. *in-folio*.

CARTES MSS. venant de M. l'Abbé de Dangeau. *in-folio*.

REGIONS du Monde. *in-folio*.

BREVIARIO Hiftorial defde o principio del Mundo atè a vinda de Chrifto. *in-octavo*.

RELATIONE del Conclave, nel quale fu creato Nicolo V. Califto III. Pio II. Paolo II. Sifto IV. Innocentio VIII. Aleffandro VI. Clemente VI. Paolo III.

COMENTARII del Regno di Francia, concernenti i principii è i progreffi della fetta Hugonotta di M. di Terracina dall'anno 1562. fino al 1573. *in-folio*.

HISTOIRE de l'Herefie 2. Vol. *in-folio*.

COPIA d'una Sentenza fatta per il Sant'Officio contro il Cl. Franc. Bartolli. *in-folio*.

ABJURATIONE & Morte di Giacinto Centino. *in-folio*.

PROCIDIMENTO ordinario è canonico, nelle caufe chè fi trattano nel Tribunale del Santo Officio nelle città è Regno di Napoli. *in-quarto*.

SAUDADES de Albanio do inquifidor Simao Torrefam. *in-quarto*.

TRAITE' des Finances des Romains *in-folio*.

AFFAIRES d'Italie. *in-folio*.

RELATIONE delli Principati d'Italia. *in-quarto.*

RELATIONE di Roma al tempo di Pio IV. è Pio V. dal Paolo Tiepoli Ambafciator Veneto.

RELATION de la Cour de Rome en 1623. par le Chevalier Queña. *in-folio.*

RELATIONE della Corte è Govierno di Roma. 1674. *in-quarto.*

RELATIONE della Corte di Roma dal Conte Orazio Delcinel tempo d'Innocentio XII. *in-quarto.*

RELATIONE del Sign. Moncenigo Proveditor Generale di Terra Ferma l'anno. 1568. *in-folio.*

RELATIONE di Vincenzo d'Alleſſandri ritornato di Perſia 1573. *in-folio.*

RELATIONE del Cl. Sig. Niccolo Suriano Proveditor dell' Armata l'anno. 1583. *in-folio.*

IL Succeſſo della Morte del Sign. Ludov. Orſino in Padoa, l'anno 1585. *in-folio.*

RELATIONE del il Signor M. A. Memo ritornato di Generalo da Palma, l'anno. 1599. *in-folio.*

RELATIONE dei Caſi principali ſucceſſi mentre eſſercitava in armata il cargo di General dello Sbarco. 1646. *in-folio.*

LA Conjuration du Comte Jean Luis de Fiefque. *in-quarto.*

PROPOSTE fatte da Monſignor Ardinghello al Rè di Francia Franceſco I. *in-folio.*

RECUEIL d'Inſtructions données aux Ambaſſadeurs depuis 1624. juſqu'en 1632. *in-folio.*

RELATION de la Retraite de Monſieur en France, ſa Reception, les Intrigues de la Cour pendant ſon ſéjour & ſon retour en France. *in-folio.*

DISCOURS de M. de Montreſor ſur la ſortie de M. le Duc d'Orleans hors du Royaume. 1632.

LA Priſon de M. de Puylaureus, & l'accomodement de Monſieur.

RELATION de M. de Fontrailles, de ce qui eſt arrivé pendant la faveur de M. de Cinqmars.

MEMOIRE fait à Montfin avant la mort du Roi Loüis XIII. ſur le ſujet de

Mrs le Grand, de Boüillon & de Thou. *in-folio.*

NARRATION de tout ce qui s'est passé en France depuis le commencement de la Regence d'Anne d'Autriche jusqu'à la sortie de prison de M. le Prince en 1652. *in-folio.*

DEPECHES du Cardinal Mazarin. *in-folio.*

JOURNAL de la Vie de M. le Marechal de Bassompiere. 2. Vol. *in-folio.*

LETTRES de Loüis XIV. à M. le Comte de Briord Ambassadeur extraordinaire en Hollande. *in-folio.*

EXTRAIT historique des Registres de la Secretairie d'Etat touchant les differens survenus entre les Cours de Rome & de France depuis 1679. *in-folio.*

RECUEIL de Lettres sur les Etats Generaux, par M. le Comte de Boulainvilliers. *in-folio.*

DICHIARAZIONE del Ré sopra la Regenza della Regina, verificata nel Parlamento le 21. di Aprile. 1643. *in-folio.*

TRAITE' de Mariage & autres, entre la France & l'Espagne. 2. Vol. *in-folio.*

RECUEIL sur les Dissolutions de Mariages de nos Rois. *in-folio.*

DISSOLUTION du Mariage d'entre Henry IV. & Marguerite de France. 1599. *in-folio.*

PIECES sur la Nullité du Mariage de feu M. le Duc d'Orleans, avec Marguerite de Lorraine. 2. Vol. *in-folio.*

TRAITEZ & Ceremonial. *in-folio.*

LA Coronatione del Christianissimo Ré di Francia. *in-folio.*

PROCEZ Criminel de Charles II. Roi de Navarre, & de ses Complices, en 1327.

PROCEZ Criminel fait à Robert d'Artois en 1329. 2. Vol. *in-folio.*

PROCEZ Criminel de René d'Allençon, Comte du Perche en 1481. *in-folio..*

PROCEZ Criminel du Connêtable de Bourbon, & de ses Complices, en 1523. 4. Vol. *in-folio.*

PROCEZ Criminel de Guillaume Poyet Chancelier de France, en 1544. *in-folio.*

DUCHEZ & Comtez-Pairies, *in-folio*.

MEMOIRE touchant le Commerce de la France, & le moyen de le rétablir. *in-quarto*.

PROCEZ Criminels faits au Duc de la Valette, en 1639. & aux Princes Unis à Sedan, contre le Roi, en 1641. *in-folio*.

EXTRAIT des Regiſtres de la Chambre des Comptes de Bretagne. *in-folio*.

TARIF des Droits du Sceau, tant de 1672. & 1691. que de l'augmentation de 1704. *in-quarto*.

MEMOIRES du Chancelier de l'Hôpital. *in-folio*.

TRAITEZ differens de M. le Chancelier de l'Hôpital. *in-folio*.

DESCRIPTION Sommaire de l'Empire d'Allemagne, par M. Godefroy. 1640. *in-folio*.

AFFAIRES d'Allemagne *in-folio*.

MEMOIRE concernant l'état des affaires d'Allemagne. *in-quarto*.

LA Vida de D. Carlos V. por Pedro Mexia ſu Coroniſta. *in-folio*.

ISTORIA della Ribellione del Regno di Bohemia. *in-quarto*.

PROCEZ Criminel fait au Comte d'Egmont en 1568. *in-folio*.

MEMOIRES ſur l'Etat préſent du Gouvernement des Provinces Unies. 1706. *in-quarto*.

MEMOIRE ſur le Commerce des Provinces Unies. *in-quarto*.

AFFAIRES de Pologne, Suede & Danemarck. *in-folio*.

RELATIONE del Signor D. Filippo Peneſtrain Imperiale Ambaſciatore della Maeſta Ceſarea al Grand Principe di Moſcovia l'anno 1578. *in-folio*.

AFFAIRES d'Eſpagne. *in-folio*.

RECUEIL de Piéces MSS. & imprimées ſur l'hiſtoire d'Eſpagne. *in-fol*.

LA Chronica del Rey D. Henrique IV. deſte nombre, por el Lic. Diego Henr. de Caſtilla, ſu Coroniſta. *in-folio*.

LA quarta parte de la Chronica de D. Fernando y Doña Iſabella. *in-folio*.

LIBRO de los Varones naturales de nueſtra Eſpaña, los Titulos y Leyes de el Fuero de Caſtilla, Fazanas de Caſtilla y altras coſas. *fol*.

RELACION de las Ceremonias obſervadas en la Solemnidad de los Deſpoſorios y entregas que reciprocamente ſe han celebrado en los Reynos de Eſpaña y Francia en año de 1615. *in-quarto.*

NUEVAS de la Corte de Portugal deſpues del ſuceſſo triſte del Rey D. Sebaſtian. *in-folio.*

JARDIN da Nobreza de Portugal, por D. Antonio Alvares da Cunha ſeu Trinchante. *in-folio.*

ORDEN de los Cavalleros de la Vanda año de 1368. *in-folio.*

PAPELES curioſos del Reyno de Portugal. *in-folio.*

DESCRIPCION de la Ciudad y Provincia de Tlaxcala de la nueva Eſpaña y Indias del Mar Oceano para el buen Govierno, por Diego Munõs Camargo, Vezino y natural de la miſma Ciudad. *in-folio.*

LIBRO primero de la Governaçion Spiritual de las Indias. *in-folio.*

INVENTAIRE du Tréſor des Chartres. 8. Vol. *in-folio.*

INVENTAIRE des Manuſcrits de M. de Brienne. 4. Vol. *in-folio.*

MISCELLANEA *in-folio.*

RECUEILS d'Hiſtoire, de Commerce & de Litterature. (par M. de Sallo) 5. Vol. *in-folio.*

RECUEILS par ordre alphabetique de M. de Sallo. 4. Vol. *in-folio.*

FIN.

TABLE
DES AUTEURS.
A

ABADIE (Jacques)	pag. 15.
Abarca (Pedro)	125.
Abiffelt (Michaël)	113.
Ablancourt (Nicolas Perrot, Sieur d')	80.
Abulfeda (Ismaël)	90.
Académie des Belles Lettres,	168.
Academia Naturæ Curioforum,	29.
Académie des Sciences,	32.
Accurfius (Mariangelus)	54.
Acerra Philologica,	65.
Acheri (Lucas d')	4, 5.
Acofta (Jof.)	165.
Acofta (Ishak d')	7.
Acropolita (Georgius)	88.
Adamannus,	153.
Addiffon (M.)	93.
Adricomio (Chrift.)	158.
Aedo y Gallart (Diego de)	134.
Afferden (Franc. de)	69.
Africa (Hiftoria de la Guerra de)	159.
Agathias,	87.
Agoftino (Antonio)	83.
Agreda (Diego)	63.
Agreda (Maria de)	6.
Agricoltora (Memorial por la)	31.
Agrippa (Henr. Corn.)	65
Agropoli (El Marquez de)	131.
Aguiar (Diego de)	149.
Aguilar y Zuniga (Eftevan de)	157.
Aguilla (Manuel Guillen de la)	18.
Aguillar (Juan-Bapt.)	92.
Aitzema (Leon. ab)	113.
Alarcon (D. Antonio Suarez de)	123, 130.
Albertus (Leander)	72.
Albertus Magnus,	40.
Albornoz (Diego de)	35.
Albornoz (Diego Fel. de)	106.
Albuquerque (Afonfo)	142.
Alcazar (Bartholomeo)	124.
Alcantara (Felipe de)	136.
Aldrete (Bernardo)	137
Aleman (Matteo)	60.
Alemannus (Nicolaus)	87.
Alemos (Baltazar)	78.
Alençon Comte du Perche (Procès de René d') *Mff.*	144.
Aleffandri (Vincenzo d') *Mff.*	173.
Alexandro (Alexander ab)	63.
Alexandre (Noël)	157.
Allatius (Leo)	88.
Allemagne (Affaires d') *Mff.*	175.

TABLE

Allemagne (Memoire sur les affaires d') *Mss.*	175.
Almeida (Manoel d')	159.
Almonacid (Joseph de)	10, 26.
Alonso (Fernando)	140.
Alquié (Fr. P.)	150.
Alvares (Francisco)	159.
Alvarez (Emanuël)	43, 50, 146.
Alvarez (Gab.)	67.
Alvarez (Nuño)	142.
Aluez d'Andrado (Paulo Gouçales)	57.
Aluia (Fernando)	146.
Amantius (Bartholomæus)	41.
Amasæus (Romulus)	78.
Amelot-de-la-Houssaye (Nicolas)	19, 20, 64, 79, 81, 94.
Amour (Traité de la Nature d') *Mss.*	171.
Amyot (Jacques)	42, 78.
Andrada (Jacinto Freire de)	163.
Andrada (Pedro Fernandez de)	30.
Andrada (Ruy Freyre de)	154.
Andrade (Alonso de)	14, 134.
Andrade (Antonio Galuam)	
Andrea (Alex.)	92.
Andry (M.)	12, 40.
Anne d'Autriche (Regence d') *Mss.*	174.
Anonymiana ,	64.
Anselme (le P.)	97.
Antonius (Nicol.)	166.
Apiano Alexandrino ,	78.
Apuleyo ,	59.
Aranda (Emanuel d')	160.
Aranda (Luys de)	35.
Arcos (Christoval de)	91.
Ardinghello (il Signor) *Mss.*	173.
Aremberg (Alberto d')	28.
Aretino (Pietro)	62.
Argensola (Leon de)	46.
Argensola (Leonardo de)	152.
Argote y Molina (Gonçales de)	137.
Argote (Jeronimo Contador de)	51.
Ariosto (Ludovico)	45.
Aristocles ,	24.
Arliaga (Felix de)	57.
Arnauld (Antoine)	8, 11.
Arnauld d'Andilly (Robert)	3, 74, 79.
Arraiz (Amador)	42.
Arrelare Marino (Juan de)	8.
Arrianus ,	80.
Arruego (Juan de)	125.
Artois (Procès de Robert d') *Mss.*	174.
Ascalon (l'Evêque d')	157.
Asfeld (M. l'Abbé d')	10.
Athenagoras ,	4.
Atlas , d'Allemagne ,	66.
Atlas , d'Amerique ,	67
Atlas , d'Angleterre ,	66
Atlas , d'Asie ,	ibid.
Atlas , d'Espagne ,	ibid.
Atlas , de France ,	ibid.
Atlas , d'Hollande ,	ibid.
Atlas , d'Italie ,	ibid.
Atlas , des Pays-Bas ,	ibid.
Atlas , de Suisse ,	ibid.

Avaux (le Comte de)	2.
Aubigné (Theodore Agrippa d')	95.
Aubery (François)	101.
Audiguier (Jean d')	58.
Avellaneda (Alonso Fern. de)	58.
Avendano (Alexandro de)	27.
Augustin (Saint)	4, 10.
Avilla y Hereno (André d')	37, 57.
Avila (Henr. Cat. d')	96.
Avila (Gil. Gonz. d')	122, 123, 124.
Ausonius,	54.
Aiguanus (Michaël)	2.
Aymon (Jacques)	20, 77.
Aynsay de Yriarte (Diego de)	124.
Aytona (El Marquez de)	31.
Azias (Manuël de)	19.

B

Bacan y Mendoça (D. Maria)	132.
Bacon (Franc.)	107.
Bachelier (Nicolaus)	168.
Baena Pareda (Juan de)	145.
Baeza (Didacus de)	3.
Baglioni (Giovani)	30.
Baillet (Adrien)	167, 168.
Baldi (Bernardinus)	85.
Balicius (Jacobus)	127.
Ballester (Fray)	12.
Ballestero (Juan Mateos)	30
Baluze (Estienne)	98.
Balzac (Jean-Louis Guez de)	29, 37, 43
Bandello,	58.
Bandurius (Anselmus)	83, 89.
Banque (Edits sur la)	21.
Barahona (Luys)	46.
Barbarus (Daniel)	2.
Barbeyrac (Jean)	19, 22.
Barbier d'Aucourt (Jean)	62.
Barbosa (August de)	44.
Barclaïus (Johannes)	59.
Barlæus (Gaspar)	161.
Barone (J.)	91.
Baros (Luis Ribero de)	133.
Barre (Ludovicus Franciscus-Josephus de la)	4.
Barre (le Sieur de la)	165.
Barreme (François)	19.
Barreiros (Gaspar)	49.
Barrete (Joan. Franco)	41.
Barros (Joan.)	151, 153.
Barthius (Gasp.)	54, 62.
Bartoli (Sentenza del sancto Officio contro Francisco) Mss.	172.
Basile (Saint)	10.
Basnage (Jacques)	71, 80, 112.
Basnage de Beauval (Henri)	169.
Bassompierre (François Maréchal de)	102, 274.
Bastida (Hieron.)	49.
Bauhinus (Gaspar)	26, 38.
Baudelot de Dairval (Nicolas)	149.
Bavia (Luys de)	145.
Bayle (Pierre)	16, 17, 43, 62, 167, 169.
Beaumont (l'Abbé de)	43, 68.

Beausobre (Charles de)	6.
Bedmar (Francisco de)	160.
Becker (Baltazar)	34.
Belisarius Neritinorum Dux,	36.
Bellanger (M. l'Abbé)	79.
Bellay (Martin du)	96.
Bellefort (François de)	58, 59.
Bellerive (le Chevalier de)	119.
Bellonius (Petrus)	166.
Benbellona de Gedentiis (Antonius)	20.
Benoît (M.)	75.
Bentivoglio (Guy Cardinal)	111.
Bergerac (Cyrano de) 65.	65.
Bergeron (Pierre)	149.
Benzo (Hier.)	164.
Berguen (Robert de)	29.
Berigny (Le Sieur de)	100.
Berkelius (Abrahamus)	32.
Bernard (Jacques)	107.
Bernardino (Gaspar)	154.
Berneggerus (Mathias)	69.
Bernier (Franc.)	158.
Bernier (Nicolas)	26.
Besançon (Germain de)	69, 100.
Besly (M.)	97.
Beurrier (Paul)	14.
Beuter (Petro Antonio)	127.
Beza (Theodorus)	17, 168.
Biblia Española,	2.
Bie (Jacques de)	84.
Biedma (Fernando de)	81.
Bilain (Ant.)	104.
Bigot (Emeric)	171.
Binet (Estienne)	43.
Blanc (M. le)	99, 149.
Blanchard (Franc.)	97.
Blancardus (Nicol.)	80.
Blancas (Geron de)	134.
Bleda (Jayme)	121.
Blond (Jean-Claude)	26.
Bocangel (Gabriel)	56.
Boccalini (Trojano)	94, 169.
Boccace (Jean)	61.
Bochartus (Samuël)	3, 66.
Bodin (Jean)	24.
Bohemia (Historia della Ribellione di) $M\beta$. 175.	
Boileau des Preaux (Nicolas)	43.
Bois (M. du)	65.
Bois de Saint-Gelais (M. du)	39.
Boivin (J.)	99.
Bolan (Pedro)	37.
Bongarsius (Joannes)	69.
Bond (J.)	63.
Bonet (Juan Pablo)	43.
Bonjours (Christop.)	112.
Bons mots (Choix des)	65.
Borellus (Petrus)	
Borrhæus (Martinus)	2.
Boscheron (Nicolas)	64.
Bossu (René le)	52.
Bossuet (Jacques-Benigne)	15, 68, 70, 75.
Bosto (Laurenço de)	149.
Boteri (Giovanni)	36.

Botero

Bovadilla (Castillo de)	18.
Bouche (Honoré)	97.
Bouchet (M. de)	ibid.
Bouhereau (Elie)	7.
Bouhours (Dominique)	62.
Boüillon (Frederic-Maurice de)	102.
Boistau (Pierre)	34, 58.
Boulainvilliers (le Comte de) *MS*.	174.
Boulay,	82.
Bourbon (Procès du Connétable de) *MS*.	174.
Boursault (Edme)	54, 55, 63.
Boxhornius (Marc. Zuerius)	111.
Boyardo (Mairo Maria)	
Boyer (Claude)	30, 44.
Brancacho (Lelio)	31.
Brandano (Alessandro)	145.
Braturi (Vicente)	159.
Brebeuf (Guillaume de)	
Bremundan (Franc. Fabro)	123.
Brice (Germain)	104.
Brienne (Comte de)	103.
Brienne (Inventaire des Manuscrits du Comte de) *MS*.	176.
Briord (le Comte de) *MS*.	174.
Briot (M.)	90, 91.
Brisaccioni (Maïorlino)	106.
Brissonius (Barn.)	86.
Britto (Bernardo de)	72, 141.
Brito (Francisco de)	162.
Brencohorst (Theodore de)	35.
Brue (J. la)	155.
Brun (M. le)	170.
Bruyere (Jean de la)	32.
Bruyn (Corneille)	113.
Bry (Theodore de)	161.
Buchananus (Georgius)	109.
Buchnerus (August.)	62.
Buena Parada (Juan de)	145.
Buffalis (Avantures de D. Antonio de)	60.
Bullart (Isaac)	166.
Bulteau (Raphaël)	40.
Buonarotti (Michaël-Angelo)	30.
Buonarotti (Philip.)	85.
Burchet (M.)	108.
Burnet,	77.
Burnet (Gilbert)	93, 107.
Buscayolo (Marques de)	39.
Bussy (Roger Comte de)	62, 65.
Buzandra (Gaspar de)	20.

C

Cabeça de Vaca (Alvar Nunez)	163.
Cabrera (Luy de)	122, 167.
Cabrera Nuñez de Guzman (Melchior de)	133.
Caceres (Leandre)	145.
Cæsar (C. Julius)	81.
Cæsius (Philippus)	113.
Caffres (Memoires sur le pays des)	160.
Caillieres (M. de)	37, 51.
Calado (Manuel)	143.
Calderon de la Barca (Fernandez)	25.
Calmet (Augustin)	4, 7.

Calvette de Estrella (Juan Chrestoval)	122.
Camargo (Diego Muños) *Mss.*	176.
Camargo (Hernando de)	77.
Cambdenus (Guil.)	107, 108.
Camerarius (Joachimus)	51.
Camerino (Joseph)	27.
Camoens (Luis de)	41, 57.
Campistron (Jean Galbert de)	55.
Campo (Floriando del)	121.
Camusat (François-Denis)	64.
Caninius (Joannes Angelus)	166.
Cananus (Joannes)	88.
Canonios (Marco-Antonio de)	24.
Cano (Juan)	129.
Cansinus (Jacobus)	90.
Cantacusenus (Joannes)	89.
Caramuel (Juan)	143, 145, 148.
Carda (Juan de la)	27.
Cardanus (Hieronimus)	42.
Cardenas (Juan de)	40.
Cardenas y Cano (Gabriel)	164.
Cardoso (George)	141.
Carmes (Conduite des Novices)	13.
Carillo (Alonso)	137.
Carillo (D. Martin)	93, 121.
Carillo y Arragon (Placido)	16.
Carneiro (Domingo)	5.
Carnero (Antonio)	111.
Carpiano (Franc. Duque de)	112.
Carranza (Miguel Alfonso)	11
Carrel (Pierre)	12.
Cartes contraire à la Foi (Philosophie de M. des)	33.
Cartes (René des)	27.
Carvallo (Luy Alonso de)	125.
Casanova (Ludovicus à)	42.
Casas (Bartolomeo de las)	163
Casaubonnus (Isaacus)	32, 62, 82.
Cascales (El Licenc.)	127.
Casearius (Johannes)	26.
Caselius (Johannes)	32.
Cassagnes (l'Abbé)	43.
Castejon y Fonsec, (Diego de)	
Castelas (l'Abbé de)	59.
Castellaños (Juan de)	46.
Castelnau (Michel de)	96.
Castiglione (Baltazar)	37.
Castiglio (Sebastiano)	80.
Castilla (Henrique de) *Mss.*	175.
Castilla (Francisco de)	55.
Castillejo (Cristoval de)	ibid.
Castillo (Alonso de)	60.
Castillo (Baltazar Perez de)	34.
Castillo (Juan Fernandez de)	31.
Castillo (Julian de)	121.
Castillo (Leonardo del)	133.
Castro (Alonso Nivez de)	112, 124, 134.
Castro y Velasco (Antonio Palamino de)	25.
Castro (Fernando Alvia de)	29, 132.
Castro (Pedro de)	58.
Castro (Scipio da) *Mss.*	172.
Catalogus Bibliothecæ Lugduno-Batavæ,	167.
Catanæus (Jos. Mar.)	62.

DES AUTEURS.

Catena Græca in 50. Pfalmos,	2.
Catel (Guillaume)	97.
Cathedratico (Sanchez)	56.
Catrou (François)	75, 79.
Caulet,	23.
Caxa de Lernela (Miguel)	137.
Cebes,	32.
Ceccarello (Alf.)	93.
Centino (Giacinto) *Mß.*	172.
Cedrenus (Georgius)	87.
Cepeda (Franc. de)	131.
Cepeda y Carajaval (Luis de)	131.
Ceremonial, *Mß.*	174.
Cerda (Luys Valle de la)	29.
Cerf de la Vieuville (M. le)	38.
Cervantes (Miguel de)	58.
Cervera de la Jorre (D. Antonio)	133.
Cespedes y Meneses (Gonsalo de)	123, 134.
Chaillou (Jacques)	39.
Chalcondyle,	90.
Chamberlayne (Edoüart)	109.
Chambre des Comptes de Bretagne (Extrait des Regiſtres de la) *Mß.*	175.
Champlain (le Sieur de)	164.
Chancellerie (Reglement pour les affaires de la grande)	23.
Chanet (le Sieur)	34.
Chansons choisies (Recueil de)	55.
Chanut (Pierre)	119.
Chapelain (Jean)	64.
Chappuis (Gabriel)	110.
Chapuis (Michel)	59.
Chardin,	158.
Charles IX. (Etat de la France sous)	101.
Charles II. Roy de Navarre (Procès de) *Mß.*	174.
Charon (Pierre)	34.
Charpentier (François)	99.
Charpentier (J. le)	151.
Chartier (J.)	96.
Chartres (Inventaire du Tréſor des) *Mß.*	176.
Chartreux (Directoire des Novices)	13.
Chatillon (Gaspar de Coligny, Seigneur de)	107.
Chaumont (M. de)	159.
Chauffé de la Ferfiere (Jacques)	14.
Chesne (André du)	95, 98, 170.
Chetardie (M. de la)	37.
Chevalier (Nicolas)	86.
Cheyne (M.)	40.
Chifflet (Philippe)	111.
Choul (Guillaume du)	82.
Chronicarum (Supplementum)	67.
Chrysoloras (Manuëlis)	88.
Ciaconius (Alphonsius)	71.
Ciampolini (Fab.)	104.
Cieca (Leon de)	165.
Cicero (M. Tullius)	42, 65.
Cinnamus (Joannes)	88.
Clairanville (Promenades de)	62.
Clarck (M.)	33.
Clarendon (Edoüard Comte de)	108, 110.
Clasenius (Daniel)	35.
Clerc (Daniel le)	167.

vij

Clericus (Joannes)	4, 17, 50, 64, 112, 169
Clopinel (Jean) *Mſſ.*	41, 172.
Cocceïus (Joannes)	3.
Cochlæus (Joſſ.)	71.
Codinus (Georgius)	88.
Colen (François)	152.
Collenuccio (Paulo)	94.
Colmenares (Diego de)	126.
Colodrero (Miguel)	46.
Colomb (Arnoldus)	66.
Colomiez (Paul)	64.
Combefis (François)	87, 162.
Commerce (Tréſor du)	23.
Commerce de France, *Mſſ.*	175.
Commerce (Ordonnance ſur le)	20.
Commines (Philippes de)	96, 100.
Comnena (Anna)	87.
Concepçion (Geronimo de la)	126.
Conclaves (Hiſtoire des)	74.
Conclavi di vari Summi Pontefici, *Mſſ.*	172.
Confucius,	24.
Conneſtaggio (Jeronimo)	147.
Conſeiller d'Etat,	37.
Conſtitution (Preuves des Libertés de l'Egliſe Gallicane dans l'acceptation de la)	75.
Coquette (Almanach des)	61.
――― (Portrait des)	ibid.
Conringius (Hermannus)	117.
Cotolendi (M. de)	64, 65.
Conſtantinus (Robertus)	38.
Contie (Bouleſtois de la)	106.
Contzen (Adamus)	24.
Corbinelli (M.) *Mſſ.*	171.
Cordero (Juan Martin)	84.
Cordeyro (Antonio)	163.
Coreal,	165.
Corneille (Pierre)	8, 54.
Corneille (Thomas)	54.
Cornejo (Damian)	72.
Correu (Luys Alvares)	35.
Cortez (Geronimo)	38.
Coſta (Antonio Carvalco da)	141.
Coſte (Pierre)	28, 32, 102.
Covarrurias (Sebaſtian)	40.
Couplet (Sebaſtien)	24.
Courbeville (le Pere de)	34.
Couronnement des Rois de France, *Mſſ.*	174.
Courtils (Gratien de)	59, 102, 103, 118.
Courtin (M. de)	19.
Couto (Diego do)	151.
Coutures (le Baron des)	53.
Coypel (M.)	30.
Craſſo (Lorenzo)	166.
Crebillon ( )	55.
Creech (Thomas)	53.
Critici ſacri,	3.
Chriſtan (Juan Gonçales de)	12.
Croiſſy (le Comte de)	21.
Croix (M. de la)	103, 158.
Crot (Lazare du)	23.
Crouzas (Jean Pierre de)	33.
Crozo (Mathurin Veiſſiere de la)	165.
Crus (Gaſpar da)	154.

Crux (Juan de la)	138.
Cunæus (Johannes)	80.
Cunha (Rodrigo da)	142, 143.
Cunha seu Trichante (Antonio Alvarez da) *Mss.*	176.
Cuplet (Felix)	157.
Cureau de la Chambre (Marin)	27.
Curio (Cœlius)	42.
Curita (Geron.)	125.
Curtius (Quintus)	80, 81.
Curvo Semmedo (Juan)	26.
Cyriacus Anconitanus,	83.

D

Dameto (Juan)	92.
Dan (le Pere)	97.
Danemarck (affaires de) *Mss.*	175.
Danetius (Petrus)	43, 85.
Dangeau (M. l'Abbé de) *Mss.*	172.
Daniel (Gabriel)	98, 100.
Davisius (Joannes)	65.
Davity,	68.
Davy (Pedro)	153.
Declumes,	114.
Delcinel (Orazio) *Mss.*	173.
Delfau (François)	23.
Dellon (M.)	156.
Dexter (Flavius Lucius)	68.
Diego (Francesco)	127.
Diez de Aux y Granada (Fernando Alvaro)	82.
Diodore de Sicile	78.
Divæus (Petrus)	113.
Domaine (Edits sur le)	20.
Donatus (Alexander)	83.
Doni,	59.
Dormer (Diego Joseph)	125.
Douza (Theod.)	88.
Drozeo (Pedro de)	11.
Duarte (el Licenciado)	
Duglossi (Johannes)	116.
Dupont-Bertrix (M.)	170.
Durand (Ursinus)	5.
Durand (M.)	17, 34, 170.

E

Eaux & Forêts (Ordonnance sur les)	20.
Echellensis (Abraham)	170.
Edits & Déclarations,	21.
Effen (M. Van)	60, 61.
Eglise depuis les Apôtres (Etat de l')	77.
Egmont (Procès fait au Comte d') *Mss.*	175.
Elmacinus,	90.
Emiliane (Pierre d')	16.
Empyricus (Sextus)	24, 32.
Enigmes (Recueil d')	55.
Entrées & sorties (Tarif des droits d')	20.
Epictetus,	32, *Mss.* 172.
Epigrammatistes François,	55.
Episcopus Salisburiensis,	3.
Epine (Louis de l')	50.
Epistolæ Selectiores,	169.

Erasmus (Desiderius) 61, 62.
Erçilla (Alonso de) 46.
Erpenius (Thomas) 90.
Escolano (Gaspar) 127.
Espagne (Affaires d') *Mß.* 175.
Espana (Varones de) *Mss.* ibid
Espinola (Juan de) 156.
Espinar (Martinez de) 31.
Espinosa (Nic.) 49.
Espinosa de los Monteros) Pablo de) 126.
Esprit (François) 51.
Estaço (Gaspar) 143.
Estevão (Gomez de S.) 146.
Estevan (Martin) 10.
Estienne (Henry) 16, 40, 62, 78.
Estienne (Robert) 6.
Estrades (le Maréchal d') 21, 22, 103.
Eyb (Albertus de) 41.

F

FABRO (Miguel) 90.
Fabrottus (Annibal) 87, 88.
Faria y Souza (Manuel de) 41, 49, 64, 141, 143, 155.
Farnabius (Thomas) 54.
Favin (André) 68, 97.
Favole (Italiane) 52.
Faxardo (Antonio) 68.
Faydit (Valentin) 53, 58.
Felibien (André) 30.
Felibien (Michel) 72.
Felini (Pedro Martyr) 94.
Felippe (Bartolomæo) 29.
Fenelon (François de Salignac de la Motte de) 52, 57.
Fenestellus (Lucius) ibid.
Fernandez Navarette (Domingo) 151.
Fernardez (Frego) 162.
Fernandez (Sebastien) 69.
Fernandez (Nicolas) 146.
Fernando y D. Isabella (Chronica de) *Mß.* 175.
Ferreira (Alvaro) 49.
Ferreras (Juan de) 130.
Ferreyra (Christ.) 144.
Ferro (Giovanni Maria) 25.
Fevre (Tanneguy le) 64.
Fevre Chantereau (Louis le) 98.
Fialetti (Odoart) 75.
Figueroa (Christoval Suarez de) 155, 133.
Figueroa (Pedro de) 36.
Filtz Moritz (M.) 105.
Flavin (Bernard de la Roche) 97.
Flechier (Esprit) 139.
Fletwood (Guilelm.) 86.
Fleury (Claude) 76, 169.
Flores (Antonius) 67.
Florez de Ocaris (Juan) 161.
Florindo (Andres) 137.
Florus (Lucius) 81.
Fonseca Henriquez (Francisco de) 39.
Fonseca de Almeyda (Melchior de) 5.

Fontaine (Jean de la)	54.
Fontenelle (Bernard de)	85.
Fontrailles (M. de) *Mss.*	173.
Force (M. Piganiol de la)	104.
Forestier (le Sieur)	16.
Forge (Louis de la)	27.
Fosse (M. de la)	55.
Fourmont (M.)	15.
France depuis 1515. jusqu'en 1689. (Memoires pour servir à l'Histoire de)	101.
Francfer (Arnaldo)	66.
Franciosini (Lorenzo)	50, 62.
Franco (Antonio)	73.
Frayle Menor,	42.
Freherus (Marquardus)	54, 115, 116.
Freherus (Paulus)	172.
Freinshemius (Johannes)	80, 81.
Freire (Jacintho)	163.
Fremont d'Ablancourt (M.)	147.
Fresne (Carolus du)	86, 88, 89, 96.
Fresne (Raphael Trichet Sieur du)	75, 168.
Fresnoy (Charles-Alfonse du)	38.
Frezier (M.)	164.
Froger (M.)	150.
Fuarez de Chaves (Lorenzo)	56.
Fuentes (Diego de)	123, 139.
Furetiere (Antoine)	171.
Furstemberg (Car. Ego de)	117.
Fuschius (Leon)	38.

G

Gabais (le Pere des) *Mss.*	171
Gagnier (Joh.)	90.
Galardi (le Sieur de)	147.
Galarza (Antonio Lopez de)	45.
Galenus,	31.
Galera (Modo di arma è disarmare una) *Mss.*	102.
Galland (Auguste)	34.
Gallo (Alonso)	140.
Gallæus (Servatus)	10.
Gallois (M. le)	39.
Galucio (Juan Paulo)	66.
Gama (Emanuel de)	23.
Gamucci (Bernardo)	93.
Garcia (Gregorio)	164
Garibay y Camalloa (Estevan)	121, 130.
Garnesay (M. de)	105.
Gassendi (Pierre)	26.
Gaufridy (J. F.)	97.
Gaulthier (Henri)	37.
Gausie (le Sieur de la)	52.
Gaussen (M.)	16.
Gellée (Vincent)	23.
Gellius (Aulus)	63.
Gendre (M. le)	38.
Gendre (Louis le)	102.
Genebrard (Gilb.)	79.
Geographie (Cartes de)	66.
George (le Chevalier de Saint)	109.
Georgieviz (Barth.)	91.
Gerhardi (le Sieur)	55.

Germain (Saint)	112.
Geronimo (Juan de S.)	35.
Geffelius (Timann.)	74.
Geulette (M.)	60.
Giblet (Henri)	158.
Gilles (Nicole)	95.
Giraud (Jean)	171.
Giry (Louis)	10.
Glycas (Michaelis)	87.
Goar (Jacques)	87, 88.
Godeau (Antoine)	71.
Godefroy (Theodore) *Mß.*	175.
Godefroy (Denis)	96.
Godinho (Manoel)	154.
Goes (Damião de)	142, 148.
Goibeau du Bois (Philippe)	4, 65.
Goldastus (Melchior)	20.
Goltzius (Hub.)	85, 115.
Gombault (Jean Ogier de)	45.
Gomez (Antonio Henriquez)	134.
Gomez (Duarte)	155.
Gomez (Magdeleine Poisson de)	59.
Gongora y Torreblanca (Garcia de)	127.
Gongora (Luis de)	46, 56.
Gonzaga (Franc.)	72.
Gorfeius (Jacobus)	28.
Gorlæus (Abrah.)	85.
Gosselin (Guillaume)	38.
Goudelin (Pierre)	45.
Goujon (Jacques)	153.
Gouvea (Franc. Valesco de)	142
Graaf (Nicol.)	156.
Grace (Histoire des Controverses nées sur la) 11.	
Gracian (Baltazar)	34.
Gracian (Lorenzo)	49.
Grævius (Johannes)	54
Gramaye (J. B.)	112.
Gramont (le Maréchal de)	104
Granada (Luis de)	5.
Grand (Joachim le)	107.
Grange (M. de la)	55.
Gratiani (Girol.)	54.
Gretserus (Jacob.)	88, 89, 153.
Gronovius (Joan-Frideric)	21, 22, 32, 62, 81, 86.
Gronovius (Jacobus)	51, 52, 63, 81.
Grossipus (Pasc,)	86.
Grotius (Hugo)	19, 21.
Gruë (Thomas la)	74.
Gruterus (Janus)	62, 81.
Guadalajara y Xavier (Marc. de)	131.
Gualdo (Paulo)	168.
Guarini,	54.
Gudiel (Geron.)	130.
Guedeville,	60.
Gueret (M.)	169.
Guerin,	33.
Guerra (Dialogo de la)	31.
Guerra y Villegas (Joseph Alfonso)	129.
Guerra (Miguel de la)	14,
Guerreiro (P. Fernam)	155.
Guette de Citry (M. de la)	165.

Guevara (Miguel Ladron de)	126.
Guichard (Eſtienne)	50.
Guichard (Charles)	83.
Guichardino (Franc.)	67, 94.
Guignard (M.)	
Guimeran (Philippe de)	76.
Guinée (Voyage en)	160.
Gumble (Thomas)	108.
Gutierrez de los Rios (Gaſpard)	30.
Guzman (Fernand Perez de)	42.
Guzman (Franc de)	56.
Guzman (Luys)	152.
Gyllius (Petrus)	91.

H

HACLUYT,	149.
Hadrianides (Michael)	59.
Haedo (Diego de)	159.
Haillan (Bernard de Girard Sieur du)	95.
Hallicarnaſſe (Denis d')	79.
Hamgrinus (Jonas)	119.
Hamilton (Mylord Georges)	59.
Hammen (Lorenzo vander)	133.
Harduinus (Johannes)	25, 85.
Haro (Alonſo Lopez de)	130.
Harræus (Franciſcus)	110.
Hartungus (Johannes)	2.
Hebed-Jeſu,	170.
Hebert (M.)	29.
Hebrera y Eſmir (Antonio de)	139.
Hecquet (M.)	12.
Heinſius (Daniel)	53, 111.
Heiſs (M.)	116.
Helyot (le Pere)	76.
Henao (Gabriël de)	128.
Henello (Ferd.)	147.
Hennequin (Jean)	23.
Henri III, & Henri IV. (Troubles ſous)	101.
—— (Ligue ſous)	ibid.
Heptateuchus Anglo Saxonicus,	9.
Herbert (Edward)	105.
Herbert (Thomas)	153.
Heredia (Andrés de)	39.
Heritier (Mlle l')	170.
Hermanides (Rutg.)	81.
Hermant (Godefroy)	10.
Hermas,	4.
Hermite Soulier (J. B. de l')	97.
Hernandez (Gonçalo)	161.
Herodote,	78.
Heroldus (Joannes)	89.
Heroldus (Joſephus)	115.
Herrera (Ant. de)	90, 99, 121, 123, 161, 162.
Herrera (Chriſtoval Perez de)	31.
Herrera (Jacinto de)	101.
Herrera (Pedro de)	134.
Hervetus (Gentianus)	24.
Hertet (le Pere)	30.
Heurta (Hieron. de)	39.
Hidalgo (Juan)	57.
Hiſpania illuſtrata,	120.
Hiſtoire & de Litterature (Fragmens d')	169.

d

Historiæ Augustæ (Scriptores)	81.
Historiques (Lettres)	70.
Historique (Mercure)	ibid.
——— (Journal)	ibid.
Hista (Gines Peres de)	138.
Hyacinthe (M. de Themiseüil de Sainte)	63.
Hoeschelius (David)	88.
Homem (Fr. Manoel)	145.
Homene (Barbosa)	36.
Homere,	52.
Hommes illustres (l'Esprit des)	64.
Hoppius (Joac.)	116.
Horatius (Quintus)	53.
Hornius (Georgius)	76.
Horosco (Agustin de)	131.
Hospital (Michel Chancelier de l') *Mss.*	175.
Hotman (la Tour)	107.
Hotmanni (Antonius & Franciscus)	85.
Houlieres (Madame des)	55.
Houtteville (M. l'Abbé)	7.
Howel (Henri)	166.
Huart (M.)	32.
Huarte (Juan)	33.
Huet (Petrus Daniel)	4, 33, 64, 86.
Hugo (Hermannus)	110, 111.
Hugo (Jacob.)	82.
Hulsius (Levinus)	84.

I

JACQUELOT (M.)	7, 10, 15.
Jaligny (Guillaume de)	96.
Jalousie (Traité de la)	14.
Jarava (Juan)	38.
Jardinier François,	37.
Jarricus (Petrus)	157.
Jarry (l'Abbé Julliard du)	14, 55.
Jaurigny (Juan de)	54.
Jay (Michel le)	1.
Idacio,	120.
Jesuites (le Testament des)	23.
Jesuites François (Lettres edifiantes des Missionnaires)	157.
Jesuites Portugais,	155.
Jesus (Raphael de)	163.
Jeu du Monde,	34.
Jeu de l'Ombre,	39.
Jeu du Trictrac,	39.
Jeux Académiques (Maison des)	39.
Illescas (Gonzales de)	67.
Illyricus (Mathias Flaccus)	4, 70.
Imhoff. (Jac. Wilhem)	98.
Imperanto (Ferrante)	25.
Indes (Edits sur la Compagnie des)	21.
Indias Occidentales (Historia de las)	164.
Indias y Mexico (Historia de las)	161.
Indias (Governaçion Spiritual de la) *Mss.*	176.
Instructions spirituelles sur divers sujets,	14.
Job Anglo Saxonicè,	9.
Joel,	88.
Joli (M.)	103.
Josephus (Flavius)	79.
Joseph (Leon de S.)	12.

Jove (Paul)	67.
Iſaïe,	9.
Iſles Antilles (Hiſtoire des)	164.
Iſraël (Manaſſey-Ben)	80.
Italie (Affaires d') *Mſſ.*	172.
——— (Principati d') *Mſſ.*	173.
Jubera (Alonſo de)	31.
Judith,	9.
Juſtinus (Sanctus)	4.
Juſtinus,	69.
Juvenalis (Q. Decius)	45, 53.
Juvenal des Urſins (Jean)	96.

K

KEMPIS (Thomas à)	8.
Kircher (Athanaſe)	150.
Korrea (Gonzales)	32.
Kuhnius (Joac.)	78.

L

LABAT (le Pere)	165.
Labbe (Philippe)	86, 87.
Laboureur (Jean le)	96, 117.
Lactantius Firmianus (L. Cœlius)	10.
Ladrones (Noblezza de los)	60.
Laet (Jean de)	161.
Laffitau (le Pere)	163.
Lainez (Joſeph)	3.
Lambecius (Petrus)	88.
Lampſonius (Dominicus)	25.
Lamy (Bernardus)	4, 7.
Lancelot (M.)	64.
Lancelot (Claude)	50.
Lanuſa (Vincentio Blaſco de)	125.
Laredo Salazar (Antonio de)	8.
Larrey (M. de)	105.
Laſſels (Richard)	93s
Lavana (Joan. Bapt.)	144.
Laviada (Iſidro Florés)	57.
Laurentius (J.)	53.
Law (Guill.)	
Lazarille de Tormes,	60.
Ledeſma (Pedro de)	13.
Leguat (Franç.)	159.
Leibnitz (Godefroy de)	33.
Lelevel (M. de)	70.
Lenfant (Jacques)	6, 64, 69.
Leo (Sanctus)	34.
Leon (Antoine de)	164, 157.
Leon Hebreu,	33.
Leo (Imperator)	87.
Leſclache (Louis de)	26.
Leſſio (Leonardo)	13.
Leti (George)	44, 94, 99, 106, 108.
Levant (Obſervations ſur divers voyages du) 153.	
Leunclavius (Johannes)	36, 87, 88.
Leytam (Manoel Rodriguez)	143.
Leyva Aguilar (Franciſco de)	32.
Lião Duarte (Nunez de)	44, 144.
Lião y Mortara (El Marques de)	127.

Libertino (Clemente (	136.
Limborch (Philippus à)	7.
Limiers (Philippe de)	62, 96, 102, 119, 171.
Linage de Vauciennes (Pierre)	
Lipsius (Justus)	32, 42, 83.
Lisan y Biedma (Mateo de)	135.
Livio (Tito)	81.
Lobera (Athanasio de)	135.
Loccenius (Joannes)	80.
Loigny (le Sieur de)	106.
Long (Jacobus le)	165, 166.
Longueruë (M. l'Abbé de)	95.
Lonivius (Petrus)	113.
Lopez (Diego)	45, 53, 168.
Lopez (Jean Luys)	163.
Lopez (Domingo)	73.
Lopez (Fern.)	141, 151.
Lopez (Luis)	134.
Lorente (André)	25.
Lorenzo (Bapt.)	93.
Lorys (Guillaume de)	41.
Lotichius (Josephus Petrus)	116.
Louis XIV. *Mss.*	174.
Laurenço (Bartholomo)	146.
Louvain (Docteurs de)	9.
Loyens (Hubert)	113.
Lozano (Christoval)	7, 134.
Lubin (le Pere)	117.
Lucanus (M. Annæus)	41, 53.
Lucar (Cyrille)	10.
Lucio (Francisco Ortiz)	6.
Lucretius (Titus)	52, 53.
Lugo (Pedro Alvatez de)	57.
Lulio (Raymundo)	5, 11.
Luna (Miguel de)	132.
Lupian y Zapata (Antonio)	139.
Lupis (Antonio)	35.
Lusitanus (Amatus)	38.
Lusso de Oropesa (Martin)	41.
Lyonne (M. de)	157.

M

Mabillonius (Johannes)	5, 165.
Macault (Robert)	78.
Machiavelli (Nicole)	36, 49.
Macrobius ( )	63.
Madagascar (Voyage de)	158.
Madera (Greg. Lopez)	126, 128.
Madere (Découverte de l'Isle de)	158.
Maffeus (Joan. Petrus)	151, 154.
Magnus (Olaus)	116, 119.
Mahomet,	17.
Maigrot (M.)	157.
Maimbourg (Louis)	20, 74, 99.
Maizeaux (Nicolas des)	33, 55.
Maldonado (Alonso)	67.
Maletie (le Pere)	120.
Malingre (M.)	10.
Mallea (Salvador de)	2.
Mallemant de Messanges (M.)	51.
Mallet (Pierre)	34.
Malvezzi (Virgilio)	9, 80, 132, 133.

Manasses (Constantin)	88.
Mancano (Francisco Ramos del)	134.
Mandoça (Salazar de)	124.
Maneschal (Antonio)	18.
Manley (Madame de)	60.
Manrique (Angel)	76.
Mantuano (Pedro)	131, 132.
Manuel (Auguftin)	146.
Manuel (François)	146
Maraccius (Ludovicus)	6.
Marana (Jean-Paul)	102.
Marandé (M. de)	54.
Marca (Petrus de)	97, 127.
Marcel (M.)	77.
Marchant (Pierre)	63.
Marchantius (Jacobus)	113.
Marco (Osias)	41.
Maria (Antonio de Jesus)	106.
Maria (Gabriël de Santa)	11.
Maria (Antonio de Santa)	120.
Maria (Franc. de Santa)	73, 143.
Maria (Nicolao de Santa)	71.
Mariages (Traités de)	174.
——— (Dissolutions de)	ibid.
Mariana (Juan de)	120.
Marin (Gines Miralles)	7.
Marine (Ordonnances sur la)	20.
——— (Dictionnaire de)	31.
Marinho (Luis)	146.
Marivaux (M. Carlet de)	58.
Mariz (Pedro de)	146.
Marlorattus (Auguftinus)	4.
Marmol (Luys de)	159.
Marot (Clement)	54.
Marques (Juan)	3, 7.
Marre (M. de la)	97.
Marsolier (M. le)	107, 149.
Martel (M.)	15.
Martel (Jeronymo)	135.
Martell (Carlos)	67.
Martenne (Edmundus)	4, 5.
Marti y Viladamor (Franc.)	136.
Martialis ,	54.
Martinez (Joseph)	154.
Martinez (Juan)	6.
Martinez (Juan Briz)	125.
Martiniere (M. de la)	55, 119.
Martinez (Matt.)	157.
Martinio (Martin)	157.
Martir (Petrus)	2.
Martyr Rizo (Juan Pablo)	124.
Maruli o Maurolico (Silv.)	71.
Marzari (Giacomo)	92.
Mascardi (Agoft.)	92.
Mascareñas (Ger.)	145.
Mascareñas (Padre)	ibid.
Masseville (M. de)	104.
Masson (M.)	170.
Mata (Geron. Fernandez de)	35.
Maternus (Julius Firmicus)	10.
Matheo (Pedro)	82, 99, 101.
Mathurins (les PP.)	160.
Matthiolus (Petrus Andreas)	26.

Maugin (M.)	147.
Maumont (Jean de)	4.
Maundrell (M.)	158.
Maurepas (Henri de)	74.
Mayor (Thomas)	11.
Mazarin (Jules, Cardinal) *Mß.*	174.
Mazochius (Jacobus)	83.
Meca Bobadella (Miguel de)	13.
Medeiros Correa (Joan. de)	31.
Medicis (Regence de Marie de) *Mss.*	102.
Medina (Franç. de)	108.
Medina (Pedro de)	5, 128.
Medina y Truxillo (Sebastian. Ant.)	134.
Medonio (Bern.)	88.
Medrano du Val de Osera (Fernandez)	28.
Megerlinus (Petrus)	168.
Metello (Manoel de)	27.
Mello (Julio de)	142.
Mela (Pomponio)	69.
Memo (M. A.) *Mss.*	173.
Mena (Juan de)	56.
Menage (Gilles)	64.
Mendez Sylva (Rodrigo)	108.
Mendez (Luys)	147.
Mendo (Andrés)	28.
Mendoça (Gonçales de)	146.
Mendoça Duque IV. de l'Infantado (Ynigo Lopez de)	128.
Mendoza (Hernandez de)	137.
Menestrier (Claude)	52, 169.
Menezes (Luis de)	141.
Menezes (Fernando de)	144.
Menin (M.)	105.
Menotus (Michaël)	14.
Mensor (Baldus)	86.
Mercator (Gerardus)	103.
Mercurialis (Hieron.)	83.
Merola (Hieronymo)	36.
Messa (Diego Perez de)	128.
Messanges (Pierre)	60.
Messenius (Joannes)	119.
Messine (Mouvemens de)	94.
Mestrezat (Jacques)	15.
Metellus (Johannes Matalius)	148.
Meursius (Johannes)	10, 63.
Meusnier (M.)	44.
Mexia (Diego)	46.
Mexia (Pedro)	63, 115.
Mexico (Statutos de la Universitad de)	167.
Mezeray (Eudes de)	96, 98, 100.
Michaël Palæologus,	88, 89.
Miedes (Bernardino Gomez)	126.
Minadoy (Thomas)	90.
Minaya (Frayle)	69.
Minutius Felix (Marcus)	10.
Mirabellius (Dominicus Nanus)	41.
Miranda ( )	27.
Miravall y Florcadell (Vincente de)	137.
Miræus (Aubertus)	113.
Miscellanea, *Mß.*	176.
Misson (Joseph)	93.
Modius (Franciscus)	39.
Molano S. V. D. (Joan.)	113.

Moles (Fabrique)	117.
Moliere (J. B. Pocquelin de)	54.
Molina (Gonçalez Argole de)	26, 126.
Molina (El Licenc.)	136.
Monardes (Nicoloso de)	40.
Moncenigo (il Signor) *Mss.*	173.
Monconys (M. de)	150.
Monde (l'Image du) *Mss.*	172.
Monde (Regions du) *Mss.*	172.
Mongaston (Juan de)	46.
Monis (Ant.)	146.
Monnoye (Bernard de la)	64, 167.
Mont (Joseph du)	21, 22.
Montagne (Michel de)	24, 28.
Montalvan (Juan)	57.
Montalvo (Franc. Ant. de)	73
Montanus (Arnoldus)	81.
Montchal (M. de)	102.
Montcornet (Jean Baptiste)	21.
Monte-Judaico (Jacobus a)	127.
Montemajor (Georgius de)	58.
Montesquieux (le President de)	63.
Montestuch (Pablo de)	133.
Montfaucon (Bernard de)	82.
Montfin (M. de) *Mss.*	173.
Montino (Martinez)	40.
Montlyart (Jean de)	42.
Montmort (M. de)	30.
Monttresor (M. de)	173.
Mora (Bernardo Gonçales Guemes de la)	29.
Mora (Juan Gomez de)	137.
Morery (Louis)	167.
Moret (Joseph de)	127.
Morga (Anton. de)	155.
Mortera (Halram Saul Levi) *Mss.*	171.
Morus (Thomas)	60.
Mosquera (Franç.)	46.
Mosquera (Christoval)	164.
Mothe (M. de la)	52.
Motteville (Madame de)	102.
Moüette (G.)	160.
Moulin (Pierre du)	14.
Moulinet (Claude du)	75, 83.
Moya (Juan Perez de)	51.
Munckerus (Thomas)	51.
Muños (Alonso)	94.
Munster (Paix de) *Mss.*	171.
Munsterus (Sebastianus)	1.
Muntaner (Ramon)	126.
Muralt (M. de)	104.
Murillo (Diego)	125.
Mut (Vicente)	92.

N

Nabarat (F. A. de)	71.
Nadal (M. l'Abbé)	85.
Napoli (Sant' Officio del Regno è Citta di) *Mss.*	172.
Narbona (Eugenio)	35, 134.
Narborouch (Voyage de)	165.
Nassare (Pablo)	38.
Navarra y de la Cueva (Pedro de)	29.

Navarette (Pedro Francisco) 26, 129.
Naudé (Gabriël) 34, 99, 168, 171.
Nauton (Robert) 108.
Nazaozarco (Tivifco de) 143.
Nebriffenfis (Ælius Antonius) 43, 122.
Negociations faites à Cologne en 1658, 19.
Negrini (Beffa) 93.
Nemours (Madame la Ducheffe de) 103.
Nepos (Cornelius) 67
Neretti (Philippe) 44.
Neuhufius (Henricus)
Newton (Ifaac) 33.
Nicephorus (Sanctus) 87.
Nicetas, 88.
Nicodemus, 9.
Nicole (Pierre) 12, 35.
Nicolini (Sebaft.) 74.
Niera Calvo (Sebaftian de) 140.
Nieremberg (Juan Euzebio) 5, 25.
Nimegue (Difficultés contre la Paix de) 21.
———— (Actes & Memoires de la Paix de) ibid.
Noailles (M. le Maréchal de) 103.
Noble (Euftache le) 66, 94.
Nodot (M.) 59.
Nolafque (Pierre) 160.
Noodt (M.) 22.
Noronha (Henrique de) 147.
Noftradamus (Michel) 37.
Novarro (Jofeph) 46.
Novart (Melchior de) 113.
Nouguier (le Sieur) 99.
Nunez de Liaõ (Duarte) 141.
Nunez (Juan) 160.
Nunius (Ludovicus) 43.

O

Occo (Adolphus) 84.
Ochinus (Bernardinus) 17.
Ojea (Franç. Hernando) 71.
Olearius (le Sieur) 152, 153.
Oleaftro (Hieronymus ab) 2.
Olivares (Gregorio de) 5.
Olivet (M. l'Abbé d') 64.
Oliveyra (Manoel Botelho d') 48.
Oliveyra (Nicolao) 146.
Olivier (M. l'Abbé) 60.
Olmedilla (Gonzalo Biefto de) 39.
Ordoñes (Pedro) 154.
Ordonnance criminelle, 23.
Orichovius (Staniflaus) 28.
Origenes, 4, 7.
Orleans (le Pere d') 148.
Orobio (Ishac) $M\beta$. 171.
Orfino (Ludov.) 173.
Ortelius (Abraham) 103.
Ofiander (Andræas) 4.
Ofius (Felix) 116
Oforio (Juan Cortes) 129.
Oforius (Hieronymus) 142, 148.
Offan y Tovar (Jofeph Bernardo Pellicer) 137.
Offat (le Cardinal d') 97.
Offuna (Martin de) 68.

Ovalle

Ovalle (Alonſo de)	163.
Oudin (Antoine)	44, 98.
Ovidius Naſo (Publius)	45, 53.
Ouzelius (Jacobus)	10.

P

Pacheco (Miguel)	142.
Pachymeres (Georg.)	89.
Padilla (Franciſco de)	120.
Pagan (le Comte de)	39.
Pagan (Ramirez)	55.
Pairies (Recuëil ſur les) *Mſſ.*	175.
Palafox (Juan de)	157.
Palazzo (Juan Antonio)	36.
Paleologus (Manuel)	ibid.
Palma (Juan de)	72.
Palmerin (Hiſtoria del Emperador)	42.
Paolo (P.)	92.
Parc (le Sieur du)	33.
Paredes (Antonio de)	56.
Paræus (David)	51.
Parme & Plaiſance (Droits du Pape ſur)	91.
Paſcal (Blaiſe)	12, 15.
Paſchalion , ſeu Chronicon Paſchale ,	87.
Paſtor (Enrique)	12.
Patin (Charles)	84.
Patin (Guy)	62, 64.
Paton (Bartol. Ximenez)	135.
Paulo (Marco)	151.
Paulo (Card. à Santo)	66.
Paulanias ,	78.
Payva (Diego de)	146.
Pearſonius (Johannes)	9.
Peché originel (Etat de l'homme dans le)	17.
Pedraça (Franciſco Vermudez de)	18, 135.
Peguilo (Franc. Belcarius)	96.
Pelletier (Jean le)	108.
Pellicer de Oſſa y Tovar (Joſeph)	56, 140, 168.
Pellicier de Salas y Tobar (Joſeph)	38.
Pellicier de Tobar y Abarca (Joſeph)	118.
Pelliſſon (Paul)	55, 170.
Peña (Antonio Fuente la)	12.
Pena (Juan Nuñez de la)	160.
Peña y Foreſt (Marc Felin de la)	127.
Penaloſa y Mondragón (Benito)	137.
Peneſtrain (le Comte de) *Mſſ.*	175.
Pereyra (Ant. Pinto)	163.
Pereyra (Benedictus)	40.
Pereyra (Fernao)	74.
Perez (Antonio)	8, 66.
Perez de Montalvan (Juan)	49.
Perez (Gonç.)	52.
Perez (Miguel)	66.
Perreau (Jacques)	32.
Perrier (Magdelaine du)	15.
Perriers (Bonaventure des)	61.
Perrin (François)	71.
Perrin (Jeremie)	114.
Perſe (les Beautez de la)	154.
Perſius (Aulus Flaccus)	53.
Perucci (Franc.)	84.

f

Petavius (Dionysius)	87.
Petit (J. François le)	111.
Petit (Samuel)	16.
Petronius (Titus)	59.
Peyrere (Isaac de la)	15, 120.
Phædrus,	53.
Picto (Paschalius Gallus)	170.
Pleix (Scipion du)	96.
Piedrabuena (Antoninez de)	61.
Piedrahita (Lucas Fernandez)	161.
Pignæus (Joannes-Baptista)	91.
Pignorio (Lorenzo)	92.
Pignorius (Laurentius)	83, 116.
Piles (M. de)	38.
Pinciano (Alonso Lopez)	44.
Pindare,	52.
Pineda (Johannes de)	3, 5.
Pineda (Juan de)	65.
Pinel y Monroy (Franç.)	123.
Pinet (Antoine du)	25.
Pineyro (Luys)	152.
Pinto (Hector)	13.
Pisa (Franc. de)	124.
Pise (Barthelemy de)	16.
Piso (Guilielmus)	151.
Pistorius (Johannes)	115.
Pithoeus (Petrus)	51.
Pithoys (Charles)	37.
Poyssenot (Philibert)	89.
Plantin (Christophle)	119.
Plautus (M. Accius)	52.
Plinius (C. Cæcilius)	44, 51. 62.
Plinius (Caius)	25.
Plutarque,	42.
Pluton Maltotier,	61.
Pogge (Franc.)	64.
Politi (Adriano)	51.
Polo de Medina (Salvador Jacinto)	49.
Pologne (Affaires de) *Mß.*	175.
Polybe,	79.
Pomet (Pierre)	26.
Pomey (Franc.)	44, 50.
Pompone (Simon Arnauld Marquis de)	21.
Pons (Fabricio)	117.
Pontanus (Jacobus)	63, 89.
Pontanus (Roverus)	71.
Porcacchi (Thom.)	84, 94.
Porta (El Padre de la)	13.
Porto Carrero y Guzman (Pedro)	129.
Portraits d'hommes illustres,	25.
Portugal (Neuvas de) *Mss.*	176.
—— (Papeles del Reyno de) *Mss.*	176.
Possinus (Petrus)	28, 87, 89.
Postilla Duque (Juan de la)	131.
Poyet (Procès du Chancelier Guillaume) *Mss.*	176.
Prade (Jean-Baptiste de)	100, 117.
Prado (Lorenzo Ramirez de)	25.
Prado (Matheo)	37.
Pradon (Pierre)	45.
Prempart (Jacques)	111.
Presentaçion (Juan de la)	132.
Prideaux (Humphridus)	80, 83.

DES AUTEURS.

Princes (Clef du Cabinet des) 70.
———— (Interêts des) *Mss.* 171.
Principes (Regimiento de los) 24.
Prioli (Benjamino) 99.
Priorato (Galeazzo Gualdo) 21.
Priorius (Philippus) 4.
Procopius, 87.
Provinces-Unies (Memoires fur les affaires des) *Mss.* 175.
———— (Memoires fur le Commerce des) *Mß.* ibid.
Pſalterium Alexandrinum, 9.
Puente (Franç. de la) 138.
Puente (Joſeph Martinez de la) 122, 154.
Puente (Juan de la) 128.
Puffendorff (Samuel) 19, 70.
Puga y Roxas (Thomas) 137.
Pujades (Hieronymus) 127.
Pulgar (Hern. de) 133.
Purchas, 149.
Purificaçam (Ant. da) 73.
Puteanus (Eric.) 110.
Pyrenées (Paix des) 21.

Q

Quena (le Chevalier) *Mß.* 173.
Queſne (M. du) 156.
Quevedo (Franc. de) 49.
Quien (M. le) 144.
Quiñones (Juan de) 134.
Quintana (Jacinto Arias) 136.
Quintilianus (Marcus Fabius) 51.
Quirini (Sebaſtian) 37.
Quiros (Alvaro Bernaldo de) 117.

R

Rabelais (François) 59.
Racine (Jean) 45.
Raderus (Matthæus) 80.
Rades y Andrada (Franciſco) 129.
Ragione di Stato (Teſoro Politico Sopra la) 36.
Raleigh (Walter) 165.
Ramnhuſius (Paulus) 89.
Ramos (Alonſo) 8.
Ramuſio (Giov. Battiſta) 149.
Rao di Aleſſano (Ceſare) 63.
Raphael de Jeſus (Padre) 163.
Raynauld (Theophile) 12.
Razzy (Silvano) 93.
Real (Céſar Vichard Abbé de Saint) 65.
Rebolledo (Bernardino de) 46, 57.
Recreations galantes, 58.
Redon (Franciſco) 11.
Reeſende (Garcia de) 142.
Regnard (Jean-François) 55.
Reland (Adrien) 17.
Remeſel (Antonio de) 72.
Remon (Alonſo) 9, 161.
Renfingo (Juan Diaz) 45.
Rennefort (M. Souchu de) 158.

Resendius (Luc. Andr.)	143.
Retraites (Lettres sur les)	14.
Retz (le Cardinal de) *Mss.*	103, 173.
Reuberus (Justus)	115.
Reuchenius (Robertus)	69.
Revenga (Alonso de)	33.
Rhé (Descente des Anglois en l'Isle de)	101.
Rheede (Henricus van)	26.
Rhenanus (Beatus)	115.
Rhodes (Alexandre de)	157.
Ribeiro (Duarte)	82.
Ribera (Luys de)	46.
Ribera (Anastasio Pantaleon de)	56.
Ribera (Manuel Mariana)	136.
Ribeyro de Macedo (Duarte)	37.
Ricault (M.)	90.
Richard (J. P.)	113.
Richard (M. l'Abbé)	101.
Richelet (Pierre)	44.
Richelieu (Armand-Jean Cardinal de)	101.
Ricotier (M.)	23, 33.
Ridolfi (Carlo)	30.
Riencourt (M. de)	100.
Rio Janeiro (Expedition de)	99.
Ripa (Domingo de la)	125.
Riswick (Actes & Memoires de la Paix de)	22.
Riuadeneyra (Pedro de)	5, 28, 106.
Riviere (M. de la)	80.
Rius (Gabriel Augustin)	136.
Roa (Martin de)	135.
Robas (Pedro Diaz de)	ibid.
Robbe (M.)	69.
Robertsonius (Guillelmus)	43.
Robinson Crusoë.	60, 120.
Robles (Eugenio de)	133.
Rocaberti (Ramon Dalmao de)	136.
Rocca (Vincente)	90.
Rochefoucault (M. le Duc de la)	103.
Rodericus,	122.
Rodrigues (Alonso)	8.
Rodriguez (Antonio)	166.
Rodriguez (Fernando)	135.
Rodriguez (Manuel)	162.
Rogemont (François de)	154.
Roger (A.)	155.
Roger (Eugene)	153.
Rogers (Woodes)	150.
Rohan (M. le Duc de)	101.
Roi (Loys le)	78.
Rojas (Pedro de Soto de)	56.
Rojas Condé de Mora (Pedro de)	124, 138.
Roig y Jalpi (Juan Gaspar)	128, 140.
Roma (Corte di) *Mss.*	173.
Romains (Finances des) *Mss.*	172.
Roman (Hyeronim.)	67, 145.
Roman (Franc. Anton. de San)	144, 150.
Roman y Cardenas (Juan)	138.
Romany (Baltazar de)	41.
Rome (Politique charnelle de la Cour de)	23.
Rome (Differens depuis 1679. entre la Cour de) *Mss.*	174.
Ronsard (Pierre)	43.
Roque (André de la)	99.

Roque (Gilles André de la)	98.
Roque (M. de la)	158.
Roque (M. de la)	170.
Ros (Alexandre de)	136.
Rosemond (M. de)	77.
Ross (Alexandre)	74.
Roüillé (Joseph)	79.
Rousseau (Joseph)	45, 55.
Roux (Philippe-Joseph)	61.
Rouxel (Claude)	70.
Roxas (Juan de)	29.
Roy (Louis le)	35.
Ruæus (Carolus)	45.
Ruffi (Antoine de)	97.
Rufina (Histoire de D.)	60.
Ruteau (Antoine)	110.
Ruvios (Palacios)	25.
Ryer (André du)	17.
Ryer (Pierre du)	41, 81, 78.

S

Saady (Musladini)	34.
Saavedra (Diego de)	43.
Saba (la Reyna de)	10.
Sabars (Alonso Geronimo de)	60.
Saci (Isaac le Maître de)	2, 9.
Sage (M. le)	58, 60.
Salas (Manuel Lopez Ponce de)	132.
Salazar (Amb. de)	104.
Salazar (Ant. Nunez)	140.
Salazar (B. Pedro de)	123.
Salazar (D. Luy de)	130.
Salazar y Castro (Luis de)	128.
Salazar (Pedro de)	116.
Salazar de Mendoça (.....)	138.
Salgado (Juan de)	146.
Salina (Franciscus)	25.
Salinas (Miguel de)	131.
Sallo (Denis de) *Mß*.	176.
Sallustius Crispus (Caïus)	81.
Salmasius (Claudius)	81.
Salmeron (Marcos)	3, 72.
Samper (Hyppolite de)	129.
Sanchez (Franciscus)	27.
Sanderus (Franciscus)	108.
Sandoval (Franç. de)	136.
Sandoval (Prudencio de)	120, 121, 122.
Sang (Pieces sur la transfusion du)	32.
Santa-Crux Duenas (Melchor de)	35.
Santander (Juan de)	76.
Santiago, Patron de las Espanas,	120.
Santistevan Osorio (Diego)	56.
Santos (Juan)	73.
Santos (Franc. de los)	124.
Santos (Manoel dos)	76.
Sao de Mirada (Franc. de)	57.
Saraïna (Torello)	92.
Sarmiento & Valladares (Didacus)	166.
Sarpi (Frà Paolo)	20.
Savary (Jacques)	18, 19.
Savot (Jacques)	84.

Savoye (Histoire de)	95.
Saurin (Jacques)	3.
Sauvage (Denis)	67, 95.
Scaligerana,	54.
Scaligerus (Josephus)	54, 81, 92
Scarron (Paul)	65
Scavino (Idelfonzo)	31.
Sceau (Droits du) *MS.*	175.
Schefferus (Gaspar)	117.
Schenckius (Johannes-Georgius)	170.
Scherpzelius (Cornelius)	53.
Schildius (Johannes)	81.
Schopperus (Hartmannus)	38.
Schottus (Andreas)	81, 93, 168.
Schoutten (Gaultier)	156.
Schrevelius (Cornelius)	52, 53, 54.
Scriverius (Petrus)	39.
Scrupules (Lettres sur les)	14.
Scudery (George de)	44.
Scylitzes (Joannes)	87.
Sebastian (Pedro Cubero)	117.
Segovia y Peralta (Gaspar Nunez de)	110.
Seguera (Luys de)	136.
Seguinus (Petrus)	84.
Semedo (Alvarez de)	155.
Seneca (M. Annæus)	26, 32, 53.
Sens (Hieronymus de)	13.
Sepulveda (Johannes Genesius)	139.
Serres (Jean de)	95.
Serres du Pradel (Olivier de)	24.
Severus (Sulpitius)	76.
Seynes (Fr. Ant.)	145.
Sicardo (Joseph)	74, 152.
Silva, Conde de Portalegrette (Juan de)	29, 162.
Silva (Rod. Mendez)	121, 139, 148.
Simon (Pedro)	161.
Simon (Richard)	7, 63.
Sixte V.	2, 6.
Soarez (Juan)	28.
Socinianisme (Histoire du)	75.
Solis (Anton. de)	161, 165.
Solleysel (le Sieur de)	30.
Solorgano (Juan de)	162.
Sorbiere (M. de)	64.
Sorbin (Arnaud)	77.
Sosa (Geron. de)	138.
Sota (Franc.)	124.
Soto Mayor (Lodovicus)	2.
Sousa de Macedo (Antonio de)	5, 128.
Sousa (Francisco de)	151.
Sousa (Antonio de)	143.
Spanhemius (Fridericus)	74.
Spencerus (Johannes)	78.
Spinosa (Benedictus de)	8, 17.
Sponius (Carolus)	42.
Squarçafigo (Vincencio)	82.
Starovolsius (Simo)	167.
Statius (M. Papinius)	54.
Steele (Richard)	34, 35.
Stephanus (Carolus)	167.
Stewechius (Godescalchus)	39.
Strada (Famianus)	111, 113.

Straparole,	61.
Sturmius (Johannes)	115.
Suarez y Nova (Fernando Villamatin)	18.
Suarez (Joseph)	43, 156.
Suarez (Christoval)	155.
Suarez (Pedro)	126
Suede (Affaires de) *Mss.*	155.
Suetonius Tranquillus (Caïus)	81.
Sueur (Jean le)	74.
Sueyro (Emanuel)	110, 113.
Sully (Maximilien Duc de)	101.
Suppitio de Moraes (Pedro Joseph)	35.
Suriano (Nicolo) *Mss.*	173.
Suse (Madame de la)	55.
Sutil (Nuno Nisceno)	57.
Swifth (le Docteur)	61.
Syen (Arnoldus)	26.
Sylburgius (Fridericus)	78.
Sylva (André Nunez de)	57.
Syncellus (Georgius)	87.

T

Tabulæ Ægyptiacæ,	83.
Tacitus (C. Cornelius)	78, 79, 81.
Talon (Denis)	23.
Tamayo Salazar (Juan de)	8.
Tapia (Luys Gomez de)	57.
Tapia (Greg. de)	80.
Tapia (Juan Antonio)	168.
Tartaglia (Nicolas)	38.
Tarteron (le Pere)	53.
Tasso (Torquato)	42, 54.
Tatianus,	4.
Tavora (Luys Lorenço)	130.
Tauste (Francisco de)	44.
Teissier (Antoine)	170.
Teixeyra (Franc. Dom.)	142.
Teixeyra (Joseph)	144.
Teixeyra (Pedro)	
Tellez (Baltazar)	73.
Tellez (Emanuel)	159.
Temple (M. le Chevalier)	66, 70.
Tentations (Instructions pour se bien gouverner dans les)	14.
Terentius,	52.
Teresia (Giov. di Santa)	162.
Terracina (M. de) *Mss.*	172.
Terrasson (M. l'Abbé)	52.
Tersia (Antonio Pablo de)	92.
Tertulianus (Q. Septimius Florens)	4, 10.
Thebayda (Comedia)	41.
Theologia universa, *Mss.*	171.
Theophylactes,	87, 28.
Theophraste,	32.
Theresa (Pedro de Santa)	29.
Thesauro (Emanuel)	92.
Thevenot (Melchisedech)	149, 150.
Thevet (André)	66.
Theyls (Guillaume)	119.
Thomas (Lucas de Santo)	11.
Thomassin (Louis)	18, 19, 40, 104.
Thou (Jacques Auguste de)	96, 168, 170.

Thuillier (D. Vincent)	79.
Thwaites (Eduardus)	9.
Thysius (Antonius)	53, 63, 69, 81.
Tiepoli (Paolo) *Mß.*	173.
Toc (Fauvelet du)	97.
Toccolo (Pietro Franc.)	158.
Toledo (Alvaro de)	9.
Toledo y Obregon (Juan Suarez de)	126.
Toledo y Pellicer (D. Gabriel Alvarez)	132.
Tollius (Jacobus)	54.
Tomaïo de Vargas (Thomas)	68.
Tomasi (Tomaso)	92.
Torquemada (Juan de)	161.
Torre (Philippe de la)	22.
Torre Joncillo (Francisco de)	15.
Torres (Diego de)	160.
Torres (Juan de)	25.
Torres (Luys de)	147.
Torres (Pedro de)	32.
Torresam (Simao) *Mß.*	172.
Torrez (Bartolome de)	56.
Toscano (Sebastien)	10.
Tostado (Alonso)	5.
Tovar (Simon de)	30.
Tour (Roman du Chevalier de la) *Mß.*	172.
Tournefort (Joseph Pitton de)	153.
Tourreil (Jacques de)	49.
Traité entre la France & la Savoye,	19.
——— entre la France & l'Angleterre,	*ibid.*
——— entre la France & l'Empereur,	*ibid.*
Trancoso (Gonçales Fernandez)	35.
Trevoux (Dictionnaire de)	40.
——— (Memoires de)	169.
Tribaldos (Luis)	69.
Tricaud (M. l'Abbé de)	119.
Trigault (Nicolas)	154.
Trillo (Anton.)	112.
Trinita (Philippo della Santa)	156.
Tristani (Buenaventura de)	129.
Troyes (Jean de)	100.
Trudon (le Sieur)	70.
Tuffo (Giov. Batt. del)	71.
Turnebius (Adrianus)	51.
Turquois (Laurent)	96.
Tyrius (Guillelmus)	89.

V

VAILLANT (Johannes)	84.
Val (Jean-Baptiste du)	63, 84.
Val (Gulielmus du)	24.
Valdecebro (Andrés Ferrerés)	28.
Valdere (Joannes-Baptista de)	113.
Valdes de la Plata (Juan Sanchez)	24.
Valera (Cypriano de)	2, 9.
Valerianus (Joannes Pierius)	42.
Valerio,	120.
Valeriola (Franciscus)	31.
Valesiana,	64.
Valesius (Hadrianus)	95.
Valette (Procès du Duc de la) *Mß.*	175.
Valincourt (Jean-Baptiste Henri du Trousset de)	58.

Valla (Laurentius)	80.
Vallé (Pietro della)	153.
Vallées Sernay (Pierre des)	77.
Vallemont (M. l'Abbé de)	39, 69.
Valles (Claude de)	166.
Valles (Maeftro)	123, 139.
Valletica (Jacobus a)	127.
Valleticca (Gulielmus a)	127.
Vallieres (Adrien de)	36.
Valois (Marguerite de)	61.
Valois le Fils (M. de)	64.
Vanderlinden (Joh. Antonius)	170.
Vanegas (Alexo)	168.
Vanini (Lucilio)	16, 170.
Varen de Soto (Bafilio)	96, 111.
Vargas (Barnabé Moreno de)	137.
Varillas (Antoine)	75, 95, 99, 100, 118. 133, 139.
Vafari (Georgio)	30.
Vafconcellos (Aug. Emanuel)	148.
Vafconcellos (Gomés)	148.
Vafconcellos (Simon)	162.
Vafconcellos (Simarade)	73.
Vafconiana,	64.
Vafæus (Johannes)	138.
Vafquez (Antoine)	77.
Vaffor (Michelle)	101.
Vau (M. de)	34, 60, 150.
Vaugelas (Claude de)	44. 80.
Vaultier (le Sieur)	102.
Vayer (M. de la Mothe le)	104.
Vayrac (Jofeph de)	51, 118, 138.
Ubaldino (Pietro)	106.
Ubeda (Francifco Lopez de)	60.
Uberrera (Fernando de)	46.
Ubilla y Medina Marquez de Ribar (Antonio de)	123.
Veenhufen (Johannes)	54.
Vega (Antonio Lopez de)	28.
Vega Carpio (Felix Lope de)	46, 56, 57, 58.
Vega (Chriftoval de)	12.
Vega (Garcillaffo de la)	162.
Vegerius ,	39.
Velafco y Azevedo (Juan Baños de)	9.
Velafquez Salamantino (Ifidro)	145.
Velafquez (Antonio)	92.
Veneroni (Antoine)	50.
Venife (la Ville & Republique de)	94.
Vera (Juan Antonio de)	46.
Vera y Figuera (Juan Antonio de)	132, 133.
Vera y Zuniga (Juan Antonio de)	29.
Veragas (Thomas Jamaïs de)	131.
Verdier (M. du)	105.
Vergara (Hyppolite de)	139.
Vergas (Bernardo de)	39.
Verries (Bernabé)	11.
Verrot (René d'Aubert de)	82, 119, 147.
Vervvins (Paix de) Mſſ.	171.
Viana (El Licenciado)	45.
Vico (Francifco de)	91.
Victor (Aurelius)	81.
Victoria (Juan Baltazar)	45.
Victorius (Petrus)	42.

TABLE

Vicus (Æneas)	84.
Viegas (Antonio de)	144.
Vieyra (Antonio)	8.
Vigenere (Blaife)	89, 90.
Vignacour (le Commandeur de)	58.
Vigne (André de la)	96.
Villa-Humbrofa (El Condé de)	155.
Villa-Caftin (Thomas de)	13.
Villanus (Nicolaus)	116.
Villaroel (Gafpard de)	18.
Villegas (Diego Enriqués de)	13.
Villena (Francifco Carredo de)	49.
Villegutiere (Juan de)	162.
Ville-Hardoüin (Geoffroi de)	89.
Villeroy (M. de)	101.
Villon (François)	54.
Vincenzo d'Aleffandri, *Mſſ.*	173.
Vinchant (François)	110.
Vinetus (Elias)	54.
Virgilius Maro (Publius)	45, 53.
Vifa (Edits fur le)	21.
Vifcomti (le Nonce)	77.
Vitrian (Juan)	
Vivianus (Joannes)	103.
Vliet (Jeremie van)	154.
Ulloa (Alfonfo)	153.
Vocation (Meditations fur les moyens de prendre l'efprit de fa)	13.
Voiture (Vincent)	65.
Voltaire (M. Arouet de)	55.
Volufius Mœciantes (Lucius)	86.
Voffius (Gerardus Johannes)	167.
Voffius (Ifaacus)	69.
Urrea (Hieronymo de)	45.
Urreta (Luis de)	159.
Urftifius (Chrift.)	115.
Ufures (Pratique des) *Mſſ.*	171.
——— (Traité des) *Mſſ.*	ibid.
Utchmannus (Alardus)	16.
Utrecht (Actes & Memoires de la Paix d')	22.
——— (Lettres fur les Negociations de la Paix d')	ibid.
——— (Avis aux Negociateurs de la Paix d')	ibid.
——— (Remarques fur les Negociations de la Paix d')	ibid.
——— (Défenfe du Miniftere Anglois durant la guerre qui a précedé la Paix d')	ibid.
——— (Conduite des Alliez avant la Paix d')	ibid.
——— (Avant-Coureur de la Paix)	ibid.
Vulcanius (Bonaventura)	86, 87.
Vulfon de la Colombiere (M.)	67.

W

Wagenfeilius (Chryftophorus)	49.
Walfingham (Jean)	106.
Walton (Brianus)	1.
Werdenhagen (Johannes Angelus)	116.
Wicquefort (Abraham de)	29, 152, 153, 154.
Wilhenius (Jacobus)	91, 116.
Wintertonus (Rodulphus)	52.

Witt (Jean de) 114.
Wolfius (Johannes) 32.
Wolfius (Heronimus) 88.
Wrée (Olivier de) 110.

X

Xenophon, 42.
Ximena (Martin de) 126.
Ximenius (Balthasar) 44.
Xylander (Guillelmus) 87, 88.

Y

Yanez (Juan) 133.
Ybanez de la Renteria (Joseph-Antoine) 15.
Ybanez (Joseph-Antoine) 103.
Yepes (Antonio de) 71, 106
Yepes (Diego de) 6.

Z

Zabalete (Juan de) 49.
Zamora (Lorenço de) 56
Zarabella (Battista) 92.
Zarata (Aug. de) 162, 165.
Zarate (Franc. Lopez de) 46, 56.
Zepeda y Andrada (Alonso de) 5, 11.
Zevallos (Geronimo de) 28
Zonaras (Joannes) 86.
Zubiaur (Matteo) 27.
Zuniga (Antonio Ortiz de) 10.
Zunigo (Diego Ortiz de) 126.

Fin de la Table.

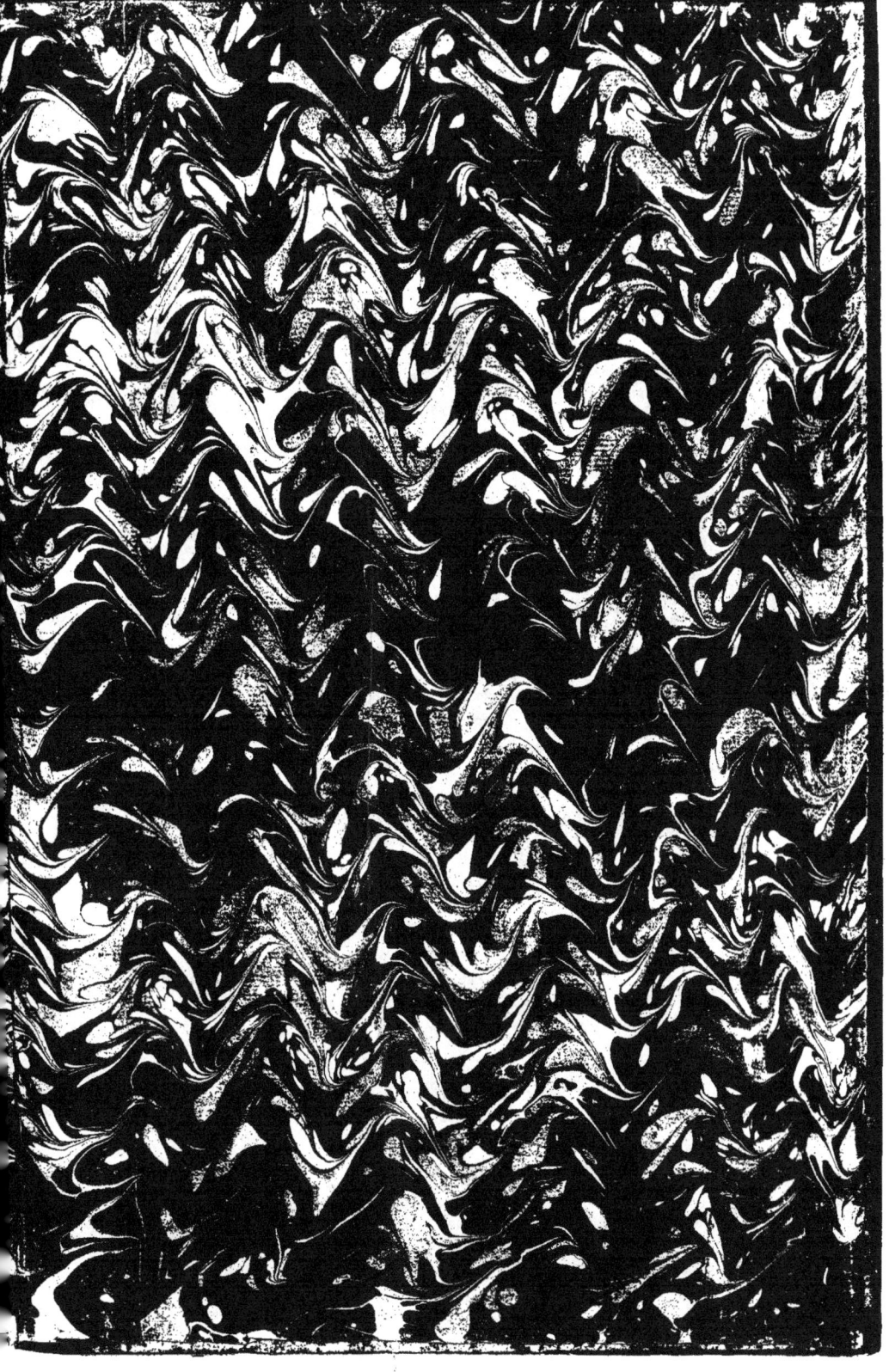

www.ingramcontent.com/pod-product-compliance
Lightning Source LLC
Chambersburg PA
CBHW051917160426
43198CB00012B/1925